Knaur.

Von Anne West außerdem im Knaur Verlag erschienen:
Erste Hilfe für Verliebte
Gute Mädchen tun's im Bett – böse überall
Handbuch für Sexgöttinnen
Sag Luder zu mir
Feeling – Das Gefühl
Sex für Könner

Über die Autorin:
Anne West ist das Pseudonym der Hamburger Publizistin Nina George, geboren 1973. Seit 1992 arbeitet sie als freie Journalistin, Editorial-Designerin, Dozentin und Autorin von Reportagen, Kolumnen, Sachbüchern, Thrillern und Romanen. Mit ihren charmanten Büchern rund um Sexualität, Liebe und Partnerschaft gehört Anne West zu den erfolgreichsten deutschsprachigen Erotika-Autorinnen.
www.annewest.de

Anne West

Absolut
SEX

Wie Sie jeden Mann
um den Verstand bringen

KNAUR TASCHENBUCH VERLAG

Besuchen Sie uns im Internet:
www.knaur.de

Originalausgabe November 2009
Copyright © 2009 by Knaur Taschenbuch.
Ein Unternehmen der Droemerschen Verlagsanstalt
Th. Knaur Nachf. GmbH & Co. KG, München
Alle Rechte vorbehalten. Das Werk darf – auch teilweise –
nur mit Genehmigung des Verlags wiedergegeben werden.
Redaktion: Beate Koglin
Umschlaggestaltung: ZERO Werbeagentur, München
Umschlagabbildung: folio-id-com
Satz: Adobe InDesign im Verlag
Druck und Bindung: GGP Media GmbH, Pößneck
Printed in Germany
ISBN 978-3-426-78236-1

11   13   14   12   10

Inhalt

Vorwarnung 8

**Absolut Ich –
die Entdeckung der Lust** 15

Hommage an die Vulva 16
   Ich bin so wild nach deinem Erdbeermund 23
   Willkommen im Wunderland 28
   Die Zentrale des Orgasmus:
   die Klitoris und ihr Y-Prinzip 31
   Und wie ist das mit dem Orgasmus? 36
   Innere Werte: die Vaginakonstruktion 39

Lieben Sie sich selbst –
und es ist (fast) egal, mit wem Sie schlafen ... 42
   Die Vulva-Dialoge 44
   Solo mit Dame 52
   Sinnliche Freuden 60
   Nehmen Sie Sex persönlich 69
   Sexuelle Unabhängigkeitserklärung 71
   Mögen Sie Männer? 82

**Absolut unwiderstehlich –
die Kunst der Verführung** 88

Der Zauber des Unberechenbaren 90
   Die Verführung eines Fremden 92
   Das erotisierende Gespräch 102

Zwischenfrage: Gibt es zu schnellen Sex? 108
Das erste Schweigen verrät alles 109
Die Verführung des eigenen Mannes 119
Die Macht der Worte 137
Verbalerotik ist nicht Dirty Talk 140
Die Sprache des Sex 142
Allerlei Bettgeflüster 150

Absolut heiß –
Spiele, die ihn (fast) um den Verstand bringen . . . 156
Vier Thesen zu Männern und Vorspiel 157
Lust mit allen Sinnen 165
Ich schau dir in die Augen, Kleiner 172
Licht aus? Licht an? 180
Nackt oder fast nackt? 181
Der Männermund 184
Da war mal Haar da 191
Hals-Nase-Ohren 195
Der Atlas-Gleiche: Schultern und Rücken 204
Kesse Sohlen und erotische Fußmassagen 208
Der variable Unterschied 210
De bello Phallico 211
Die Physiologie des Penis 214
Die Psyche des Penis 222
Was geht, wenn nix mehr geht? 226
Hoden, Damm, Prostata 229
Schöner blasen 232
Technik, die begeistert 237
Und was mache ich, wenn er mich leckt? 241
Handarbeitsklasse –
ihm richtig schön einen runterholen 245

Strafe muss sein 250
Zehn Dinge, die Sie mit einem
gefesselten Mann machen können 251

Absolut Sex:
ein genitaler Reise(ver)führer 254
Mythen, die den Spaß verderben 255
Stellungen, Spiele, Sensationen 276
Missionare und andere Priester der Lust 277
Er unten, Sie oben 283
Schön von hinten 286
Stehende Ovationen 289
Löffel, Schere, Schlittenfahrten 291
Über Tisch und Bänke 292
Der Heilige Gral oder wo geht's hier zum Gipfel? 294
Danke, wir kommen gern 299
Technik, die begeistert II: mehr Spaß beim Vögeln..... 302
Bewegungsvariationen 302
Lösungen für alle Größen 305
Das »falsche« Loch – Machigatta dokutsu 306
Schöne, schmutzige und andere Spielvorschläge 309
... und danach? 320

Absolut phantastisch:
das weite Land in meinem Kopf 322
Zwölf Realitäten über die Phantasie 325
Phantasietransfer in die Realität 328
... und seien Sie vorsichtig, wenn er fragt:
»Und was hast du so für Phantasien, Schatzi?« ... 333
Ich träume von ... Bekenntnisse lustvoller Frauen 338

Vorwarnung

Dieses Buch ist ein trojanisches Pferd. Von außen sieht es so aus, als stünde hier drin, was eine Frau *tun* müsste, um einen Mann verrückt zu machen, ob für eine Nacht oder ein ganzes Leben.

Das Tun kommt zwar nicht zu kurz – doch ebenso wird es darum gehen, Sie zu bitten, Ihre Einstellungen und Meinungen in Bezug auf Sex zu überdenken und eventuell anders als bisher zu denken. Und auch manches *nicht zu tun*, was Ihnen vielleicht Zeitschriften, Bücher, Ihre Vertrauten, Werbebotschaften oder Fernsehen empfehlen, um verführerisch zu sein.

Als der Verlag mich bat, für Frauen das Äquivalent zu *Sex für Könner – die Kunst, Frauen um den Verstand zu bringen* zu schreiben, bat ich meine Freundinnen, meine Mutter, meine Schwester, mir zu sagen, was sie sich von einem modernen, intelligenten Buch über Sex wünschen.

»Weniger Chichi, mehr Herz. Nicht nur technischen Kram, sondern mehr Emotionales«, sagte Freundin A.

»Und dass man als Frau ja auch nicht ständig Bock drauf hat, Männer verrückt zu machen, sondern sich wohl mit sich selber fühlen will. Ohne das geht's doch nicht«, erklärte meine Schwester.

»Etwas, was klug ist und Frauen hilft, ihre individuelle Sinnlichkeit zu zeigen, nicht die, die man vorgefertigt bekommt«, verlangte meine Mutter.

»Also, ein paar spezielle Dinge … will ich schon gern wissen«, räumte die Freundin B. ein. »Denn wenn mein Mann es mir nicht freiwillig erzählt, wie ich ihm richtig schön einen runterhole, dann muss ich es eben auf andere Weise erfahren.«

»Darf ich dazu auch mal was sagen?«, rief mein Vater von hinten aus der Küche.

Fünf Augenpaare fixierten ihn und meinen Mann; die Herren saßen bei Käsebrot und Kaffee.

»Bitte«, beschied meine Mutter nach einigen Augenblicken.

»Dass Frauen sich auch mal für Männer interessieren und was die wollen. Und vor allem, was sie nicht wollen. Diese große Oper zum Beispiel vor dem Sex, erst den Kamin anzünden, erst den Wein trinken, erst diese ganze Redesache … das liegt uns zum Beispiel nicht. Das ist wie bitte, bitte sagen. Oder dieser Kram mit der Unterwäsche und den Schuhen und …«

»Es müsste euch doch gefallen, dass wir uns wünschen, euch verrückt zu machen!«, rief eine andere Freundin hitzig.

»Nee«, sagte mein Vater, »ihr macht Männer verrückt, weil ihr Angst habt, dass es sonst 'ne andere tut. Ihr tut das mehr für euch, nicht für uns. Wenn ihr Applaus sucht, nützt das aber alles nichts. Ihr müsst doch nichts leisten oder so, damit wir euch lieben. Und außerdem: Denkt ihr wirklich, ein Mann verfällt einer Frau nur, weil sie so gut bumsen kann?«

»Ja, klar«, erwiderte ich trocken.

Mein Mann lachte ein bisschen dreckig auf.

»Bestimmte Männer, vielleicht«, sagte er schließlich räuspernd. »Denen reicht das. Aber die Männer, die ihr nicht nur als Liebhaber, sondern für alles haben wollt, sicher nicht! Das würdet ihr ihm nie verzeihen, dass er euch heiratet, weil ihr ihm seine Eier gut leckt. Also behandelt die Männer auch nicht so, als ginge es ihnen nur darum, eine Kanone in der Kiste zu haben. So simpel sind wir nun doch nicht gestrickt. Und ihr auch nicht: Ihr wollt, dass ihr als Persönlichkeit wahrgenommen werdet. Also bumst mit eurer Persönlichkeit.«

Was mein Mann und mein Vater sich damit eingebrockt hatten? Sie mussten mitarbeiten. Mein Mann ist die stellvertretende männliche Stimme, die in diesem Buch dann einen Einblick in die männliche Seele gibt, wenn ich nur Vermutungen hatte oder mir unsicher war; und meinen Vater bat ich zur Hilfe, wenn ich meinem Mann nicht ganz glaubte. Ich weiß bis heute nicht, ob die beiden je darüber sprachen, aber sie ergänzten sich verdächtig gut.

Auch sonst bat ich immer wieder Männer, mit mir über Frauen, Erotik und Sexualität zu reden; ab und an werde ich exemplarische Situationen wiedergeben. Es ist teilweise erstaunlich, wie bestimmte Dinge, von denen wir Frauen fest glauben, dass sie »wirken«, von Männern aufgenommen werden – wie beispielsweise dünn sein, sexy wirken, geschminkt und gestylt sein. All das ist für die männliche Sexualität so nebensächlich wie das Wetter.

In den ersten Kapiteln geht es erst mal um Sie – um Sie als Individuum, aber auch um Sie als Frau in einer Gesellschaft, die ein bestimmtes Frauenbild propagiert und bestimmte Rollen für Frauen vorsieht, eben angibt, wie Frauen zu sein haben. Denn was mir bei der Planung dieses Buches aufgefallen ist, ist ein Dilemma: Auch wenn wir (Frauen) freier zu sein scheinen als noch vor vierzig Jahren, so ist es die Gesellschaft, in der wir uns bewegen, nicht. Es gibt immer noch die Aufteilung in »anständige« und »unanständige« Frauen, quasi in Huren, Heilige oder die schöne Helena; den Männern passiert es nach wie vor nicht, über ihr sexuelles Verhalten bewertet zu werden.

Wir leben in einer Zeit der Doppelbotschaften: Gleichberechtigung soll sein und muss sein – und das heißt im Alltag, nicht mehr zwischen Mann und Frau unterscheiden zu dürfen. Gleichzeitig erlebt die ständige Unterscheidung von Mann – Frau einen Aufschwung, man werfe nur einen Blick in die Bücherregale von Thalia & Co. und die diversen Typisch-Mann-, Typisch-Frau-Bände. Dazu kommt das Schönheitsideal, das sowohl Männern als auch Frauen vermittelt, was weibliche Attraktivität, was männliche sei. Oft sind die optischen Attraktivitätsanforderungen eine Rückwärtsrolle in die Geschlechterklischees der Fünfzigerjahre des letzten Jahrhunderts; versaut, aber prinzipiell unschuldig; verlockend, aber nicht aktiv, im nackten Zustand perfekt, aber den perfekten Körper bitte so kunstvoll verhüllen, dass er noch reizvoll die männliche Phantasie anregt. Was dabei herauskommt: der Anspruch, im Alltag politisch korrekt, emanzipiert und neutral zu sein, aber, um beim Sex »Erfolg« zu haben, dennoch möglichst »weiblich« zu agieren.

Manche Frauen agieren prompt über-weiblich, um eindeutig als Frau wahrgenommen zu werden, und achten 24 Stunden täglich darauf, reichlich feminine oder sexuell motivierende Signale auszusenden; lassen bei jeder Gelegenheit den Pumps vom Zeh baumeln, weil das Dita Von Teese auch so macht, lassen die Absätze der Stilettos in der Luft schweben, wenn sie die Treppen vor einem Mann hochgehen, wie es Diane Brill empfahl, kontrollieren in jedem Schaufenster ihren »Auftritt« und ihre Silhouette.

»Was'n Schmu«, höre ich einen befreundeten Luden sagen; »das ist doch Pillepalle. Wenn eine Frau keinen Sex in sich hat, kann sie lange mit dem Schuh an ihren Zehen wedeln und sich auf'm Laufband abrackern.«

Da ich all diese Dinge selber eifrig ausprobiert habe, weiß

ich, wie sehnsüchtig man als Frau nach solchen »Tricks« sein kann – und auch, was sie bewirken: nichts. Außer Verkrampfung. Es muss doch irgendwie anders gehen!

Erinnern Sie sich an die Szene bei *Sex and the City*, als Miranda sich beschwert, dass die Männer an ihr desinteressiert seien, wenn sie sich als erfolgreiche Anwältin vorstelle, aber abgehen würden wie Schmidts Katze, wenn sie sich als sexuell verfügbare und mental einfach gestrickte Stewardess ausgebe? Diese Szene kommt der Realität gefährlich nah. Und führte bei mir dazu zu überdenken, ob manche Tipps nicht auch aus Ihnen nur eine Verstellungskünstlerin machen würden. Also ließ ich die meisten der Schuhwedeltricks weg, das Leben bietet dafür einfach nicht die Bühne. Und die Kulisse liefert es auch nicht.

Unsere sexuelle Reife mag hoch sein, und auch die Medien können wie verrückt propagieren, dass Frauen das stärkere Geschlecht seien, dass die weibliche Sexualität erforscht sei, dass Frauen so chancenvoll, selbstbewusst und erotisch unabhängig seien wie nie zuvor. Das ist allerdings eine subjektive Realität und manchmal nur im Ansatz vorhanden in den kleinen, großstädtisch geprägten Kreisen der Medienleute, die diese Schlagzeilen von der sexuell freien Frau in ihre Hefte stricken.

Es wird noch eine Weile dauern, bis »klug und witzig« das neue Sexy sind; aber wir sind auf dem Weg.

Schauen wir in den normalen Alltag, dann begegnen uns nicht immer Freiheit, Gleichheit, Unabhängigkeit. In den reflexhaften Verhaltens- und Denkweisen der meisten Menschen sind die Rollenstereotype von Weib und Mann immer noch verankert.

Das gilt noch mehr für Sexualität und alles, was da dranhängt – die Verhaltensweisen, bis es zum Sex kommt, etwa dass der sexuelle Trieb bei Frauen anders bewertet wird – moralisch wie auch pseudowissenschaftlich, dass die erotischen männlichen Bedürfnisse simplifiziert werden auf das sexuelle Einmaleins des Fuck 'n' go. Und es verwundert nicht weiter, dass die daraus resultierenden Angebote an Verführungstechniken für Frauen ebenso schlicht gestrickt sind.

Ja, welche Angebote werden uns gemacht, um unsere Sexualität auszudrücken? Meist sehr pragmatische. Zig Botschaften, die diktieren, was eine Frau nur *tun* müsse, um Männer um den Verstand zu bringen. Sich auf bestimmte Weise kleiden und verhalten, ihn so oder so anfassen, so oder so dazu bringen, dass er sie interessant findet, sich rar machen, tausend Blasetricks kennen und die Budapester Beinschere. Die sollen nur ein paar dahergelaufenen Ungarn beherrschen, ist aber nichts anderes als eines seiner Beine in der Missionarsstellung zwischen die eigenen zu nehmen. Also, die des Liebhabers, nicht des Ungarn.

Das Leben ist zu komplex für die Idee, allein das richtige Tun zur richtigen Zeit verhelfe zum Glück. Die Sexualität und Sinnlichkeit einer Frau bestehen aus mehr als Optik, Technik und Manipulationstricks. Und die Sexualität des Mannes ist wesentlich komplexer, als dass er sich auf Dauer von einem scharfen Fummel oder Bumstechniken beeindrucken ließe – dieser Ansatz beleidigt sowohl die Persönlichkeit der Frauen als auch die der Männer. Lustvolle Sexualität beginnt nicht im Schlafzimmer, sie findet dort einen von x-möglichen Ausdrücken. Und der Weg dorthin ist so einzigartig, wie Sie es sind, wie der Mann an Ihrer Seite und wie das Ding, das Sie beide am Laufen haben.

Zurück zu Ihnen. Abgesehen von dem Umfeld, in dem wir Frauen uns als sexuelle Wesen bewegen (oder sogar verstecken müssen, um keine Abwertung zu erfahren), steht als

Allererstes, was für ein sexuelles Wesen Sie persönlich überhaupt sind. Oder sein möchten. Sein können.

Ihre Lust ist es, die Sie selbst mitreißt und einen Mann. Erst wenn Ihr Herz offen ist, der Zugang zu Ihrer eigenen Lustfähigkeit, und Sie sich in Ihrer Sinnlichkeit erkannt und akzeptiert haben – dann werden Sie zu der Frau, der Mann wirklich nur schwer widerstehen kann. Ob mit oder ohne Schuhtricks. Weil Sie nicht mehr mit Maschen darum kämpfen, dass Träume wahr werden, sondern Ihre Träume leben.

Und die sollten nicht länger warten:

Absolut Ich – die Entdeckung der Lust

> »Jene Frauen, die unverhohlen sexuell sind, denen der Schoß deutlich im Gesicht geschrieben steht (...); jene Frauen, die uns ihren Sex ins Gesicht schreien, mit ihrem Haar, ihren Augen, ihrer Nase, ihrem Mund, ihrem ganzen Körper – das sind Frauen, wie ich sie liebe.«
> (Aus: *Verborgene Früchte*, Anaïs Nin)

Wer sich aufrichtig mit Sexualität beschäftigt, gerät bald an ihre Grenzen. Irgendwann, nachdem alle Techniken, alle biochemischen Reaktionen und Erregungszustände durchdekliniert sind, muss man über den Sex als einzelne, losgelöste Tätigkeit hinausgehen und eintauchen in die Erotik, in das Leben, in die Persönlichkeit, in die chaotische Gefühlslandschaft. Sie müssen sich Fragen stellen wie wer eigentlich mit wem und warum Sex hat. Das ist heikel, verlassen Sie doch die sicheren Gefilde des How-to-do und denken darüber nach, warum geht das so – warum geht was nicht. Und plötzlich befinden Sie sich in einer Welt, die oft verborgen ist, die manchmal halb geträumt, halb erhofft, halb gelebt, halb zwiespältig, aber selten eindeutig ist. Unmöglich, sie in einfache Regeln zu pressen. Oder gar in absolute, kollektive Wahrheiten.

Die eigene Lust ... sie gleicht einem Tanzpartner, sie führt, manchmal lässt sie sich führen. Sie ist mal zart, mal fordernd, mal trifft sie uns alleine an, mitten auf der Autobahn, in einem leeren Fahrstuhl, mal mitten unter Menschen. Mit ihr zu leben ist wie ein Tanz mit der Unberechenbarkeit, der, sobald er die gelernten Schritte variiert, die Sinne raubt. Verstört. Stolpert. Keinen Namen mehr hat wie Tango, Walzer, Mambo – es ist ein Tanz ohne alle Standards. Und dazu möchte ich Sie auffordern: mit Ihrer Lust zu tanzen. Ihre eigene Schrittfolge zu finden. Es gibt keine Kür, keine Pflicht, weder richtig noch falsch, es gibt kein Ziel außer den Tanz selbst. Ein Teil des Tanzes ist es, die Majestät und Schönheit Ihres Geschlechts zu kennen und ihm (ihr!) eine freimütige Unbescheidenheit oder Liebe oder Respekt – auf jeden Fall zärtliche Verbundenheit zu schenken.

Hommage an die Vulva

Ich beglückwünsche Sie zum Besitz Ihrer Vulva. Bei ihr handelt es sich um das meistbesungene Organ aller Zeiten, ihretwegen wurden Religionen gegründet, um sie zu unterdrücken oder im Gegenteil, wie bei den Hindus, hochleben zu lassen. Für sie fand man Bezeichnungen wie Schoß des Lebens, Tor zur Hölle und Durchgang zum Nirwana.

Die Vulva – das doppelte Lippenpaar nebst Klitoris (die übrigens erst im 16. Jahrhundert von einem Venezianer »entdeckt« wurde; also haben Sie Nachsicht, wenn Ihr Geliebter auch seine Zeit braucht) sowie der Hügel der Venus und die hinter der Vulva versteckt wie hinter einem Vorhang verborgene Vagina – war bis vor knapp 4000 Jahren hoch angesehen. Es wurden faszinierende Altäre, Figuren und Tempel an den verschiedensten Orten der Erde errichtet und Zeichnungen angefertigt, nur um die wunderbare Vulva zu preisen. Sie war ein Lebenstor, und manch esoterisch angehauchter Feminismus sieht darin bis heute das wahre Göttliche. Dabei würde es ja schon reichen, wenn sie insgesamt wohlwollender behandelt würde.

Eine Reihe Wissenschaftler vermuten, dass die Vulva unter anderem deshalb der Hit aller Homo sapiens war, weil sie sich nicht nur unvergleichlich gut anfühlt, sondern weil dem männlichen Teil der Menschheit lange Zeit *nicht* klar war, wie genau die Babys gemacht werden. Man(n) hielt die Vulva für die alleinige Quelle alles menschlichen Ursprungs, also für das Antlitz der (göttlichen) Schöpfung. Und die Frauen haben es natürlich nicht verraten, dass nicht sie allein es sind, die für den Fortbestand der Art sorgten. Als die Herren herausfanden, dass es zur Hälfte ihre Nachkommen sind, die nach einem zünftigen Von-hinten-Quickie entstanden, machten sie Schluss mit ihrer bedingungslosen Anbetung und sahen zu, dass es irgendwie illegal wurde, dass Frau sich mit weiteren Herren anstatt nur dem einen Besamer einließ. Und was passte da besser als zum Beispiel eine monotheistische Religion, die von Gottes Weihen (also eines himmlischen Mannes, natürlich) dafür sorgte, dass Frauen unter Aufsicht blieben und sich nicht draußen rumtrieben?

Die Freude über die Vulva wandelte sich.

Danach sorgten ein paar miese Verleumdungskampagnen dafür, dass die wunderbare Vulva – zumindest in den Gegenden der drei Weltreligionen (Christentum, Islam, Judentum) – als unaussprechlicher, unangesehener und höchst unzivilisierter Ort galt, der dem Tierischen näher war als dem Menschlichen. Sie wurde allgemein als »das Böse« identifiziert – sie mache aus Männern, die sich von einer Vulva besonders angezogen fühlten, Marionetten, aus braven Ehefrauen vampirische Lusthyänen, die einzig an ihr Vergnügen dächten und dafür Treue, Haushalt und Kinder vernachlässigten; ihr Anblick brächte Unglück, Lepra und Zahnausfall, sie stehe als Hexenvulva mit dem Teufel in engster Verbindung, und es gelte unbedingt zu vermeiden, dass die Frauen entdeckten, wie viel Freude sie mit ihr haben konnten. Auch allein. Oder mit anderen Männern. Oder Frauen. Und mit wer weiß was noch! Für jegliches Verlustieren wurde flugs eine Mär erfunden, um Frauen davon abzuhalten, ihrer Vulva gutzutun. (Weibliche) Lust und Gier würden in die Hölle führen, Masturbation habe Blindheit/Wahnsinn/Haare auf den Händen zur Folge, und lesbische Liebe ... hmm, na gut, aber nur, wenn sie es nicht lieber mag als mit ihm!

Als das nicht mehr so klappte mit den Frauen und dem Unter-Aufsicht-Halten, sie sogar wählen durften, studieren und – o Graus! – einen Beruf ergreifen, versuchte man(n) es noch mal anders und erfand zügig die »von Natur aus« an Sex uninteressierte Frau.

Das funktionierte mit Hilfe hübscher wissenschaftlicher Verbrämung, und dieses Image der erotisch desinteressierten Frau wurde noch bekräftigt mit Aussagen, dass das Weib wie auch die entsprechende Vulva treuer seien als der Mann, dass eine Frau Sex als Opfer für die Liebe oder Fortbestandsmittel empfinden würde und Orgasmen diesem sanften Wesen auch nicht so wichtig seien, patati, patata.

Diese Behauptungen wurden durch vermeintliche Erkenntnisse der »Evolutionswissenschaft«, der Genetik wie auch der Verhaltensforschung gestützt (und werden bis heute wiedergekäut). Dumm nur, dass sie sämtlich von Männern kamen.

Leider fielen die meisten Frauen und auch Männer auf die Legende herein, dass das Weib an sich das geschlechtsneutralere Wesen sei – wäre es nicht so traurig, es wäre zum Lachen.

Denn sowohl im alten Griechenland, als man noch Götter kannte, als auch im vorislamischen Orient war es unter anderem durch die Legende über den blinden Seher Tereisias sehr wohl bekannt, dass Frauen neunmal mehr Lustfähigkeit besitzen als Männer. Das erfuhr Tereisias, als er sieben Jahre im Körper einer Frau gefangen war.

Neunmal mehr! Den Herren lief der Schweiß. Um diese Zeit müssen die ersten erektilen Dysfunktionen ihren Anfang genommen und die ersten Penisverdickungsmaßnahmen begonnen haben. Unter anderem ließ man(n) sich im antiken Orient von gemeinen Käfern schmerzhaft beißen, damit das Glied anschwoll. Na, das nennt sich doch Einsatz!

Das Vulvaverbot griff auf vielerlei Art um sich. Es wurde strengstens untersagt, sich mit ihr zu beschäftigen: nicht anfassen, nicht angucken, nicht darüber reden. Zur Unterstützung wurde der gesamte Bereich der Vulva als »Scham« deklariert. Scham kommt von schämen. Hatten Frauen erstmalig Sex, verloren sie ihre »Unschuld« und wurden somit schuldig. Der Phallus dagegen erwuchs zum Stolz des Mannes, zum »besten Stück«. Was Marken und Begriffe so alles bewirken können.

Die Vulva verbrachte die vergangenen Jahrhunderte in tiefer Dunkelheit, der Vagina wuchsen sogar Zähne, die manche Herren bis heute fürchten.

☞ Sigmund Freud ließ den Mythos der Vagina dentata, der »bezahnten Vagina«, wieder aufleben, als er die Kastrationsangst des Mannes beschrieb, die diesen bisweilen beim Liebesakt befällt – Freud orientierte sich an den Legenden Südostasiens, nach denen rachsüchtige Frauen ihre Partner nach dem Sex mit dem zweiten Lippenpaar verspeisen würden. Auch im europäischen Mittelalter wurde die Mär von dem schnappsüchtigen Schoß in die tiefgläubige Welt gesetzt – es sollte Männer davon abhalten, mit fremden Frauen zu schlafen. Eine hübsch fiese Behauptung der (Auf)Kläriker.

Sind wir wirklich schon aufgewacht? Oder ist »da unten« noch immer eine verbotene Zone, bewacht von Mythen, verspießten Vorurteilen und religiös motivierten Sanktionen?

Die einzige Vagina, die zum Beispiel das Christentum offiziell akzeptierte, war eine nicht-funktionierende, nämlich die der sagenhaften, angeblich unberührten Jungfrau Maria. Sex stand völlig außer Frage, nein, nein, weiblicher Sex und göttliche Weihen gehörten nicht zusammen, so als ob man dem armen Jesuskind nicht zumuten wollte, diesen Eingang zu nehmen, heraus ging es aber nicht anders.

Jungfräuliche Empfängnis, das gibt es übrigens heutzutage auch, vor allem bei Teenagern, die beim Petting etwas zu ... nun ja ... unachtsam sind. Es ist eine biologische Tatsache, dass ein Samenfädchen sogar durch das Hymen, das Häutchen aller Keuschheit, schlüpfen kann. Dort ist ein winziges Löchlein in der Membran, irgendwo muss das Mensesblut ja raus. Und man kennt diese biestigen Samenfädchen, die schwimmen schneller als Flipper, wenn sie ein nach Maiglöckchen duftendes Ei wittern, und sie finden noch das kleinste Schlupfloch.

Wer weiß, ob der Heilige Geist nicht vielleicht ein ungestümer Jüngling war, der sich aufgeregt auf Mariens Schoß ergoss? Frauen sind sowieso gut darin, allerlei Ausreden zu erfinden, und der Seppl glaubte Maria die Story von der Stimme, die in sie hineinfuhr und ...

Doch ignorieren wir die theologischen Thesen, die nur zu dem Quatsch führten, keusche Frauen seien das einzig Wa(h)re – zurück zur Vulva, die definitiv älter ist als alle Religionen zusammen und sicherlich auch weit mehr Menschen glücklich gemacht hat.

Obgleich, es gibt sie auch, die Vulva des Krieges: Es sollen die Geschlechtsteile diverser Damen – angefangen von Helena von Troja bis hin zu den Mätressen der diversen Sonnenkönige – gewesen sein, die die einmal darin umhüllten Herren dazu trieben, irgendwelche Kriege anzuzetteln. Entweder um in die Vulva zu gelangen oder um die Vulva zufrieden zu machen (och, komm schon, Schätzchen ... ich würde *so* gern Preußen haben, wenn du mich nur ein kleines bisschen lieb hast ...). Erstaunlich. Hörte man schon mal von einer Frau, die wegen eines Phallus irgendwo einmarschiert wäre?

Je nach Kulturbereich hat die Vulva eine Mystifizierung erfahren, mal wurde sie dem Mond, mal der Erde, dann dem Wasser zugeordnet. Ihrem im Yin-Palast (der Vagina) gebildeten Saft, poetisch Mondentau oder Mondblumengewässer genannt, sagten die einen (etwa die Lehren des chinesischen Tao und des indischen Tantra) eine magische Wirkung nach – ihre Heilkraft biete quasi Unsterblichkeit, und jedem Mann sei nur wohl geraten, regelmäßig davon zu trinken: Cunnilingus als perfektes Anti-Aging-Mittel.

In Neumexiko sah man(n) das anders, da drohte jenen Blindheit, die von den Säften einer Frau kosteten. Im alten Arabien dagegen war man überzeugt, die Energie, die eine

Vulva auf Mann und Frau freisetzte, sei die zweitgrößte des Universums. Die größte ist selbstverständlich Allah.

Aber danach kommt gleich die Vulva. Ob man deshalb die Frauen unter Schleiern versteckt, damit sie mit ihrer großartigen, phantastischen, unbesiegbaren Vulva bloß nicht die Weltherrschaft über die Männer an sich reißen?

In Clarissa Pinkola Estés' Buch *Die Wolfsfrau* erwähnt die Autorin ein spanisches Sprichwort: »El habla por en medio de las piernas«: Sie spricht durch die Organe zwischen ihren Beinen. Damit ist die intuitive, schlagfertige, offene Ausdrucksweise einer Frau gemeint, die auch eine fröhliche Art von sexuellem Humor beinhalten kann, frei von falscher Scham, unverblümt und direkt. Damit spielt sie auf die sogenannte Baubo an – jungsteinzeitliche Figurinen ohne Arme und Beine, jedoch mit ausgeprägten Brüsten, Bäuchen und Geschlechtsorganen. In dem Mythos von Demeter und Baubo spricht Baubo durch ihre Vulva und erwirkt dadurch allerlei Veränderungen in der Welt. Baubo, die »Weisheit des Bauches«, plädiert für weibliche, sprachliche Frivolität – wer über Sex spricht, auch veralbernd, spitz, schamlos, befreie sich aus der Opferhaltung, ließe sich nicht mehr in der männerdominierten Welt zum willigen Weibchen machen. Nun denn, speak Baubo!

In anderen Kulturkreisen befasst man sich eher pragmatisch mit der Vulva, so vor allem in jüngerer Zeit in der westlichen Welt, wo das Vulva-Training einen enormen Aufschwung erfahren hat. Die Vulva soll trainiert werden, um enger zu werden, sich einem Lifting unterziehen, damit sie aussieht wie Cher im Gesicht, und es werden Eigenfettaufspritzungen für den G-Punkt angeboten (den es übrigens nicht gibt – aber dazu später mehr), damit das mit dem »vaginalen« Orgasmus doch endlich mal klappt (den es übrigens auch nicht gibt). Und auch sonst wurde den Frauen in diesem Teil der Welt angeraten, ihre Vulva so zu trainieren, dass sie für den Penis gebräuchlich und lustvoll sei, damit der Mann ihnen auf jeden Fall verfalle. Es existieren mehr Tipps auf der Welt, wie eine Frau einen Mann sexuell befriedigt als a) sich selbst oder b) er sie.

Diese Haltung kommt zwar in einem anderen Mäntelchen daher, doch sie ist nicht weniger … sagen wir mal … vulvafeindlich. Denn wem gehört die Vulva eigentlich, und wem sollte sie als Erstes Freude bereiten, bevor sie anderen Freude bereitet?

Genau. Der Besitzerin. Ihnen.

Dürfte ich Ihnen die phantastische Vulva näher vorstellen? Ich weiß, Sie kennen sich schon länger. Vielleicht hat Ihre sogar einen Namen, oder vielleicht kennen Sie genau ihr einzigartiges, schönes Gesicht? Könnten Sie es zeichnen? Ohne hinzugucken? Vielleicht wissen Sie schon genau, wie sich jede Stelle, jeder Millimeter Ihrer Vulva anfühlt, und sind bestens vertraut mit den Eigenheiten und launischen Gegebenheiten: wie sich Ihr Teint verändert, wenn Sie Lust haben, oder nur neugierig sind, wann Ihr Mondtau glitzert und wann er an eine teure Lotion erinnert, und wie lang Ihre zauberhafte Klitoris ist … so um die zehn, elf Zentimeter dürften es schon sein.

Aber fangen wir von vorne an.

Ich bin so wild nach deinem Erdbeermund …

Was für einen herrlichen Mund Sie da zwischen den Schenkeln haben! Als da wären die Vulvalippen, die aus einem doppelten Lippenmund bestehen: dem äußeren und dem inneren. Die äußeren Lippen, die *labia maiora*, reichen vom Venushügel bis zum Damm (dem kirschenbreiten Abschnitt zwischen Scheideneingang und Darmausgang), sie sind behaart (ab der Pubertät) und bestehen aus hormongesteuertem Fettgewebe, Bindegewebe und einem saugfähigen Blutschwamm. Letzterer füllt sich bei sexueller Erregung. Die Lippen reagieren unter anderem auf Östrogene, die bei Lust durch den Körper rasen, sie heben sich, schwellen an wie zu einem erhofften Kuss und öffnen das Tor zu der zweiten Pforte, den inneren Lippen.

Der äußere Mund ist völlig amoralisch. Diese beiden Lippen reagieren, wie sie wollen, nicht unbedingt, wie Sie wollen – sogar, wenn Ihr Kopf *nicht* will. Untersuchungen haben zum Beispiel gezeigt, dass die äußeren Lippen von Frauen anschwellen, wenn sie Pornos sehen – auch wenn ihnen die Pornos keine innere, mentale Erregung brachten oder sie den Inhalt sogar ablehnten!

Und wann fangen die beiden sonst noch an zu puckern? Etwa wenn der innere Hormonspiegel grad mal wieder umschaltet und eine Runde Östrogene freisetzt. Die gucken als Erstes, ob untenrum noch alles im Lot ist und blasen den Mund kurz mal auf. Das gibt dann dieses herrliche, puckernde, warme Gefühl. Sie haben das sicher schon erlebt, frau rutscht unruhig auf dem Stuhl herum und fragt sich: Wieso? *So* hübsch ist der Kellner doch nun auch nicht!

☞ 40 Jahre Kreisverkehr: 25 bis 35 Tage dauert der hormonelle Zyklus einer Frau – vom ersten Tag der Periode an gerechnet. Während dieser Zeit steigt der Östrogenspiegel stetig an, erreicht um den Eisprung herum seinen

Höhepunkt und fällt dann wieder ab. Manche Frauen beobachten, dass sie emotional leichter erregt werden, wenn sie auf den Eisprung zusteuern (und keine Pille oder andere hormonelle Verhüter benutzen), oder dass sie in der Mitte des Zyklus als auch kurz vor der Periode »leichter« zum Orgasmus kommen. Anderen ist viel oder wenig Östrogen im Blut schnuppe. Beobachten Sie sich mal einige Monate lang, ob Sie so etwas wie wiederkehrende Lust- oder Unlusttage haben. Hormone sind auch dazu da, Ihnen die Schuld zu geben – wenn man sehr viel Lust hat oder eben keinen Bock ...

Ihr äußerer Lustmund umarmt die inneren Lippen, jene mehrfarbigen Hautfältchen, die den Vorhof – das Eingangsfoyer zum Vaginaschlupf – umkränzen. Sie werden poetisch *Nymphae* genannt und sind Namensgeber für den Begriff Nymphomanie (bei Männern heißt die exzessive Geschlechtslust Satyriasis). Sie fühlen sich, wenn man sie sachte auseinander spreizt und ihre helleren, oft rosafarbenen Innenseiten berührt, wie Flügelchen an: sehr glatt, leicht feucht und seidig. Außerdem erspürt man feine Pünktchen unter der dünnen Haut: Das sind die Talgdrüsen, die einen der natürlichen Reinigungstrupps der Vulva bilden und die die Auffahrt zum Palast der Freude sauber und feucht halten.

Der Nymphenfilm hält die zarte Haut der Nymphae geschmeidig, schützt die Lippen vor Austrocknung und Falten, reinigt sie und sorgt dafür, dass Sie sich weder beim Schwimmen, Saunieren oder Sport unangenehme Besucher einfangen. Sind die Nymphae gesund, schmecken Sie immer appetitlich.

Was ab und an passieren kann: Sie fangen sich Feigwarzen ein. Manchmal kommen die Dinger erst Jahre später, nachdem einer Ihrer Ex-Liebhaber sie höflich an Sie weitergegeben hat. Es entstehen quasi Pickelchen, die durch einen Virus (Kondyloma) verursacht werden, nur in 30 Prozent von selbst weggehen und fast immer auf den Schwanz Ihres Süßen überspringen. Dann tauschen sie eifrig hin und her. Die Dinger werden Ihnen beim Frauenarzt mit Laser, Essigsäure oder Vereisung entfernt.

☞ Bitte nicht foltern! Sowohl der Nymphae-Film als auch die Haut der Vagina produzieren stetig Feuchte, um Vulva und Vagina gesund zu halten. Das hat bis zur Erfindung der Seife hervorragend funktioniert: Die Tenside von Seifen, Duschgelen, Schaumbädern und Waschölen schaden dem gesunden Vaginchen genauso wie auch Intimwaschlotionen, sofern sie nicht auf Molkebasis hergestellt werden, ebenso Intimsprays oder die unsäglichen feuchten Toilettenpapiertücher sowie die mit dem Tropfen Jojoba oder sonst irgendeinem Pflegekram angereicherten WC-Blätter. Tun Sie ihr das bitte nicht an – sie ist kein schmutziger Ort, Ihr Geschlecht ist der reinlichste Ort der Welt, solange Sie es seinem seit Millionen Jahren bestens ausbalancierten Selbstreinigungssystem überlassen. Klares, warmes Wasser und sanfte Reinigung mit den Fingerbeeren reichen (und auch mal unter der Klitorisvorhaut ...), bitte keine Vaginalspülung, Wasser trocknet das Innere aus!

Die Nymphae sind bei jeder Frau individuell geformt und gefärbt, sie verleihen der Vulva ihr ganz eigenes Gesicht. Selten symmetrisch, kann die eine innere Lippe länger, unregelmäßiger umsäumt oder gekräuselter als die andere sein; hell oder dunkel, rosafarben oder bräunlich, alle Schattierungen von himbeerrot bis lila oder blaumokka. Sie können länger sein als die äußeren und vorwitzig hervorlugen – aber kaum eine Vulva sieht aus wie ein sauberes Brötchen mit senkrechtem Schlitz. Bei den gespreizten Models der einschlägigen Hefte sorgt ein Bildbearbeitungsprogramm für den makellosen Look (damit die Anwälte nicht schreien, denn wenn die inneren Lippen zu sehen sind, erfüllt das den Tatbestand der Pornografie, also werden sie am Monitor verkürzt, damit die Playboys dieser Welt auch weiterhin kein FSK 18 kriegen).

☞ http://www.vulva-projekt.ch – unter dieser Adresse verbirgt sich das sogenannte »Vulva-Porträt«-Projekt der Schweizer Fotografin Natalie Uhlmann. Sie sagt: »Jede Vulva hat eine eigene Persönlichkeit, mit einem persönlichen Gesicht, einer eigenen Botschaft, mit ihren Vorlieben und Launen. Als Künstlerin und Fotografin versuche ich, die Persönlichkeit, die Schönheit, die Vielschichtigkeit, die Essenz der Vulven zu sehen und zu zeigen. Der Moment, wo Frauen die Schönheit ihrer porträtierten Vulva sehen können, ist schlicht erhebend.«

Die wenigsten von uns Frauen wissen, wie ihre Vulva aussieht, und sehen sie mal mit einem Spiegel an oder fotografieren sie, damit wir sie »richtig rum« betrachten können. Dann würden wir bemerken, wie sich die Farbe, Form oder Feuchte verändern, wenn sie erregt sind: Die inneren Labien schwellen um das Doppelte bis Dreifache an! Vor allem nach einem ausufernden Liebesakt oder einer intensiven Selbstliebe ist die Vulva so erblüht, dass sie sich fast wie ein kleines Ponymäulchen anfühlt.

Was Sie für die Erforschung Ihrer Vulva brauchen? Einen vergrößernden Make-up-Spiegel. Und ein paar Materialien, mit denen sich der Doppelmund liebkosen lässt. Warmes

Wasser, eine Feder, ein ungebrauchter Rougepinsel geht auch; vielleicht Anschauungsmaterial wie erotische Bildbände, ein Porno, ein schmutziges Buch; je nach Neugier vielleicht noch etwas Kühles, etwas glatt Metallisches, etwas Ledriges oder Seidiges ... und dann: Machen Sie es sich aufrecht im Bett gemütlich, öffnen die Beine, justieren den Spiegel und streicheln sich mit den Materialien. Machen Sie sich schöne Gedanken, und schauen Sie ins Gesicht Ihrer Vulva.

☞ Die Vulva ist eines der wenigen menschlichen Organe, die sehr, sehr langsam »altern«. Sie bleibt bis weit über das sechzigste Lebensjahr hinaus faltenfrei, flexibel und dunkelt nur ein wenig an den inneren Lippen nach. Sie per OP zu »verjüngen«, die inneren Schamlippen schick auf Linie zu bringen oder dem Venushügel das hormonell gesteuerte Fettgewebe abzusaugen – wie wär's bei der Gelegenheit gleich mit der Verstümmelung eines Arms, weil er zu viel auf die Waage bringt, oder ein bisschen Hirn absaugen? – sind irre Geschäftemacherei, die an den Gegebenheiten vorbeigeht: Die Vulva bleibt länger jung als das Gesicht. Bitte, tun Sie sich das nicht an – Sie würden sich einer Menge lustbereitender Zonen berauben.

Willkommen im Wunderland

Auf Liebkosungen reagieren die tiefgründigen Lippen je nach Frau und Erregungszustand anders – aber gewaltig: Zärtlichste Berührungen am Beginn eines Liebesspiels inklusive leichtes Ziehen am Flaum der äußeren Labien, ein kreisender, sanfter Druck, ein zartes, rhythmisches Auseinanderziehen, ein Darüberpusten, ein Wasserregen lösen genauso Wohlgefühle aus wie das neugierige Liebkosen einer Zungenspitze, die alle Fjorde und Fältchen zwischen den Lippenpaaren erkundet. Hauptsache, die Berührung ist nicht trocken oder hektisch-reibintensiv (autsch – brennt!) mit gespreiztem Finger auf und ab wie das Würstchen im Hotdog – davon werden die beiden Liebesmünder wund.

Ein bisschen muss man unseren geliebten Männern beibringen, was der Unterschied ist zwischen feucht und wirklich feucht, erregt, geil, ganz und gar bereit, einen schönen, drallen Schwanz aufzunehmen. Über Frauen können Männer nur von Frauen lernen – wenn Sie auf sich selbst achten und sich Zeit geben, wirklich richtig schön patschnass zu werden, damit er den Unterschied im wahrsten Sinne »begreifen« kann. Ein bisschen feucht sind wir ja immer – der Selbstreinigungsfilm der inneren Vulvalippen ist permanent vorhanden, aber dabei handelt es sich um eine etwas »trockenere« Feuchte. Manche Männer lassen sich schon von dieser Dauergleitfähigkeit überzeugen, dass sie zügig zur Sache gehen können. Wenn es irgend möglich ist, überzeugen Sie ihn, dass er gern noch ein wenig außen rum spielen darf, damit sich jene Nässe entwickelt, die das Vergnügen glitschiger macht.

Diese sexuelle Feuchte (Lubrikation) fühlt sich auf dem Finger an wie eine Mischung aus Wasser, Öl, Warmwachs und einem Tropfen Honig und entspringt mehreren Quellen: einerseits der Haut der Vaginatube, dem Ephitel, das im Normalzustand stetig, aber wenig, und bei beginnender Erregung mehr und mehr wasserölartige Substanz mit dem prosaischen Namen Transsudat in den Schlupf entlässt. Diese Flüssigkeit, im Tao »Mondblumengewässer« genannt, legt sich wie ein cremiger Film auf die Innenwände der Vagina und soll sie schützen, damit sie nicht verletzt wird, wenn stürmischer Besuch eintritt und dem Schlupf Kontur verleiht. Manchmal läuft ein

Bächlein gen Süden und benetzt Schwelle (beziehungsweise Vaginavorhof, diesen rauheren Hubbel am unteren Ende des Eingangs) und innere Lippen. Frau wird feucht. Ist die Vagina gesund und infektionsfrei, riecht der Mondsaft zart säuerlich (wie Joghurt, Wein oder frisch aufgebrühter Kaffee; keinesfalls wie Lachs mit Zitrone) und hat je nach Ihrem Zyklustag eine transparente bis weißliche Farbe. Die Konsistenz reicht von klebrig bis dünnflüssig, austernartig oder cremig, wässrig oder so geschmeidig wie eine teure Luxuslotion.

Übrigens: Die Menge ist je nach Frau, Tagesform und auch Alter unterschiedlich. Sie können vor Lust auf Sex zittern, aber trotzdem nicht wallend zerfließen. Vor allem Frauen, die sich durch die Wechseljahre kämpfen, werden trotz tiefen Verlangens nicht mehr so schlüpfrig wie in der Blüte ihrer Östrogenjahre; da helfen Spucke oder Gleitmittel.

Die zweite magische Nässe entsteht bei fortgeschrittener Erregung in den beiden Bartholinschen Drüsen, benannt nach ihrem dänischen Entdecker Caspar Bartholin. Sie sind erbsen- bis haselnussgroß, ihre winzig kleinen Mündungen höchstens mit einem Mikroskop zu entdecken; stippen Sie einen Kuli auf ein Blatt Papier – noch kleiner sind ihre Ausgänge. Sie befinden sich links und rechts neben dem unteren Ende des Vaginaeingangs. Links und rechts dieser Schwelle entlassen die Bartholinschen Drüsen ihren Anteil zum Vergnügen. Ihre klare, geschmacksneutrale Flüssigkeit sorgt für die Befeuchtung des Vaginaeingangs, der bei steigender Lust ebenfalls anschwillt, um seine Oberfläche zu vergrößern und mehr, mehr, mehr! der aufregenden Berührungen wahrzunehmen.

Die Zentrale des Orgasmus: die Klitoris und ihr Y-Prinzip

An ihr kommt kaum ein Orgasmus vorbei: die Klitoris. Das wahrscheinlich einzige menschliche Organ, das nur einem Ziel dient: dem Vergnügen. Sie kennt keine Moral, nur Lust oder Unlust, sie ist eine gnadenlos ehrliche Kritikerin. Und eine heimliche Ratgeberin der Partnerwahl, wenn man englischen Forschern glauben darf – so heißt es, dass Frauen instinktiv jenen Mann als Begleiter ihres Lebens auswählen, der sich Mühe und Zeit nimmt, die Klitoris seiner Gefährtin kennenzulernen. Je mehr Orgasmen eine Frau mit einem Mann hat, desto eher käme er auch fürs Herz in Frage. Damit wäre die Idee der romantischen Liebe allerdings ein bisschen auf den Kopf gestellt – und wir würden prinzipiell nur noch die Männer heiraten, mit denen im Bett die Funken sprühen, unabhängig vom restlichen Sympathiewert.

Zurück zu ihr: Sie wurde erst 1559 von dem venezianischen Arzt und Anatom Renaldo Colombo »gefunden« und als Platz der weiblichen Lust bezeichnet. Wobei: »Gefunden« hatten sicherlich schon einige Herren auch ohne Doktortitel den »kleinen Hügel« in intimen Einzelexperimenten, aber Colombo war der erste feministisch angehauchte Wissenschaftler, der die Lust der Frauen offiziell in Anatomiezeichnungen des menschlichen Körpers aufnahm. Danke, Mann.

1998 dann, über vierhundert Jahre später, kam es zu der wichtigsten Entdeckung seit Ausgrabung der Venus von Willendorf: Die Klitoris ist lang. Verdammt lang, breit und tief gefächert: Sie reicht bis zu zwölf Zentimeter in das Körperinnere und die Vagina hinein! Bis dato ging man(n) von einer übersichtlichen Länge zwischen drei Millimetern und einem Zentimeter aus, ein Nippelchen vorne dran eben – aber zehn, zwölf Zentimeter?! Und dann auch noch zweibeinig? (Dazu gleich.) Die Verfechter des Penisneids wurden blass.

Sie ist also nicht nur das stecknadelkopfkleine Knubbelchen, das dort hervorlugt, wo sich die beiden inneren Lippen an ihrem oberen Ende am Venushügel treffen. Das, was wir außen sehen, ist nur die Spitze des Vulkanbergs! Es ist das Köpfchen (Glans, Eichel) der Klitoris, der Docht, an dem die weibliche Lust entzündet wird. Durchschnittlich sechzehn Millimeter »lang« ist dieser Docht außen; er kann auch länger oder kürzer sein, ist zwischen zwei und zwanzig Millimeter dick und trägt eine kleine bewegliche Kapuze über seiner Spitze.

Unter der Kapuze – die die Klitoris stolz zurückstreift, wenn sie bereit ist oder Sie vielleicht mal selbst sacht das Mützchen zurückziehen, um das Darunter zu betrachten oder mit einem Wattestäbchen, getränkt mit Mineralöl, zu säubern – sitzt der restliche sichtbare Teil des Dochts: ein Schaft, der mit einer flexiblen Haut umgeben ist, unter deren Schutz sich das Wundergeschöpf räkeln kann. Der Schaft ist weniger reizempfindlich als das Köpfchen, diese Lustbeere:

☞ Dort, auf den paar Quadratmillimetern, vereinigen sich 8000 Nervenenden in der freudigen Erwartung kommender Sensationen. Es wurden schon Klitorides mit 11 000 Sendeempfängern gefunden. Eine Peniseichel bringt es auf höchstens 4000 Knöpfchen. Diese Klitoris-Nervenenden lieben zu Beginn ganz zarte Berührung (anhauchen, zart anlecken, sachte Stupse mit Finger oder Schwanz). Wer zu früh zu fest loslegt, riskiert, dass sich die Nervenenden beleidigt zurückziehen und »taub« werden. Vielleicht bitten Sie Ihren Liebhaber, wenn er zu stürmisch vorgeht: Rubbel sanft, Cowboy!

Und auch kein anderes Sinnesorgan, weder der Mund noch die Zunge, besitzt so viele Nervenenden wie die Nadelspitze unserer innigst geliebten Klitoris. Das kann ein Vorteil sein, erfordert aber auch besondere Maßnahmen: Nur Sie können wissen und es schließlich Ihrem Liebhaber sanft lehren, wie er Ihr Wunderwerk behandeln soll. Vielleicht gehören Sie zu jenen Frauen, die so empfindlich an ihrem nackten Köpfchen sind, dass Sie direkte Berührung als Überreizung empfinden und sich schreiend aus dem Bett wälzen, wenn er den Docht zwischen zwei Fingern zwirbelt (»Fächertechnik«, eine der häufigsten Methoden der Damen beim Selbermachen). Da hilft es zum Beispiel über der Kapuze kreisend Druck auszuüben oder mehrere Finger flach auf den großräumigen Bereich um das Köpfchen zu legen, um die direkte Stimulation zu vermeiden. Oder ihn zu bitten, gleich die weiche Zunge zu benutzen.

Wenn Sie mögen, führen Sie ihm die Hand und zeigen ihm auf diese Weise, bei welchem Druck, Tempo und Berührungsart Ihre Klitoris sich wohlfühlt.

Der Schaft ist etwas ignoranter als das Glansköpfchen; er füllt sich zwar bei Lust mit Blut, schwillt an und lässt das Köpfchen noch fordernder hervortreten. Doch er ist auch ein launischer Witzbold: Geht's auf den Orgasmus zu, macht er sich fast dreimal größer als im Ruhezustand, um so viele Eindrücke wie möglich aufzusaugen. Kurz vor dem Orgasmus schwillt er rasch ab. Schwupp, weg ist die Klitoris, ein Augenblick, der Männer wirklich zum Verzweifeln bringt. Diese Reaktion des Schafts ist ein Lustschutzprogramm: Jetzt bloß keine Überreizung, sonst ist Schluss! Während des Orgasmus wird – zack – rasch die Kapuze über das Köpfchen gezogen. Die Perle ist hochkonzentriert. Und danach, wenn die Muskelkontraktionen im Inneren der Vagina abgeflaut sind, schwillt der Schaft wieder an, wirft den Hut nach hinten und guckt, ob jemand applaudiert.

Länge, Form und Sensibilität von Köpfchen und Schaft sind bei jeder Frau unterschiedlich. Manche sehen aus wie Bleistiftspitzen, andere wie winzige Erektionen, die nächsten erinnern an Ventile von Fahrradschläuchen, die übernächsten krümmen sich wie eine winzige Garnele, wieder andere sind kugelrund oder scheinen zwei Flügelchen an den Seiten zu tragen, und es wurden schon Klitorides (auch: Klitorae) gesichtet, die wie ein Triskell erscheinen. Eines trifft für alle zu:

☞ Das, was wir nicht sehen, ist der längere Teil. Manche Klitorides erreichen Innenlängen von bis zu elf Zentimetern.

Wie der Ast einer circa ein Zentimeter breiten Wünschelrute oder eines umgedrehten Y reicht der Schaft in die Vulva hinein, an der Rückseite der Harnröhre und dem dazugehörigen Skene-Schwamm entlang, um sich dann unterwegs in zwei breite Flügel (»Crura«) zu spreizen und um die Vaginaltube zu schlingen. Sie können sich das auch als Schmetterling vorstellen – Augen und Köpfchen sind das, was wir außen sehen und erfühlen, die Flügel wachsen unter dem Venushügel weiter.

Bei manchen Frauen reichen die Y-Flügel der Klitoris Richtung Oberschenkel (und sogar hinein – was erklärt, warum manche durch das Aneinanderpressen der Schenkel kommen können) oder flankieren die Vagina im vorderen Drittel oder streifen die vordere Scheideninnenwand. Ausgerechnet dort, wo der G-Punkt zu finden sei, wie Gräfenberg einst rumtönte.

☞ Letztlich stellte sich heraus, dass sich an der Stelle, die man für den G-Punkt hielt, die »Rückseiten« der Klitoris befinden. Und die verlaufen bei jeder Frau anders. Und reagieren im Übrigen genauso launisch wie der sichtbare Teil der Klitoris – es kann sein, dass Sie gestern höchste Wonnen dabei empfanden, als Ihr Liebhaber Sie mit einem Finger in der Scheide streichelte, und es heute unangenehm oder langweilig finden. Auch die innere Klitoris hat ihre Tagesform.

Diese individuelle Anatomie jeder Klitoris erklärt, warum einige Frauen auf G-Druck kommen und andere die Stelle tödlich langweilt. Oder dass eine Handvoll durch das simple Reinraus zum Orgasmus kommen, aber viele eben nicht: Je nachdem, wie Ihr Klitoris-Y verläuft, besitzen Sie völlig unterschiedliche Hotspots an und in Ihrem Geschlecht. G-, A-, U- oder sonstige Lehrbuch-Lustpunkte sind ein Mythos der Sextoy-Industrie – lassen Sie sich bitte nicht davon verunsichern, wenn wieder mal ein »Hotspot« medial durchgepaukt wird: Es gibt keine Standardvulva, keine Standardklitoris.

Gehen Sie vielleicht lieber auf Entdeckerinnenreise: Erkunden Sie den Bereich um die Vaginapforte. Strecken Sie die Beine, spannen Po- und Schenkelmuskeln an, so treten die »Wünschelruten« mehr hervor. Erforschen Sie Ihre Vagina im vorderen Drittel mit einem schlanken Dildo, experimentieren Sie mit Winkeln, Tiefen und Stoß- oder Reibtempos. Nach und nach bildet Ihre innere Klitoris ein »Lustgedächtnis«, Sie werden beim Liebesakt intuitiv Stellungen finden, die Ihren Y-Schmetterling stimulieren – meist sind es jene Positionen, bei denen Ihre Beine gestreckt, geschlossen oder anzuspannen sind.

Übrigens macht die Suche nach Ihrem »Y-Prinzip« auch

zu zweit Spaß: Ihr Liebhaber möge sich aufrecht zwischen Ihre Schenkel knien und seine Erektion mit der Faust halten, um nur die Eichel eindringen zu lassen. Heben Sie ihm Ihr Becken entgegen und rotieren sachte, bis Sie spüren, wie seine Eichel lauter neue aufregende Stellen touchiert.

Und wenn Ihnen noch mal jemand erzählen will, erst der sogenannte vaginale Orgasmus sei der »reifere« und »erwachsenere«, wie es mein persönlicher Hassfreund Sigmund Freud verbreitete, knurren Sie lässig: Alle Orgasmen sind klitoral. Manchmal vermute ich, der Herr Psychologe war ein penisversessener Chauvinist; dauernd versuchte er der Gesellschaft einzureden, der Penis sei das Maß aller sexuellen Dinge und eine Frau erst dann ein ganzer Mensch, wenn das geistlose Herumrammeln in ihr ihr Befriedigung verschaffe. Ärgerlich!

Aufgrund ihrer ausgedehnten und individuell unterschiedlichen Y-Struktur im nichtsichtbaren Innenleben der Vagina ist der vordere Bereich des weiblichen Schoßes ein unerschöpfliches Gebiet für sexuelle Erregung. Wir reden hier von den ersten drei Zentimetern Innenraum und der gesamten Vulva! Dort finden achtzig Prozent des Spaßes statt – es würde sogar reichen, wenn er nur die Spitze seines Penis eintauchen würde. Na, zum Glück macht der Rest ja auch sehr viel Spaß. Jetzt kommt es nur noch darauf an, die Vergnügungen zusammenzubringen – äußere wie innere Liebkosung, die zu einem Höchstmaß an Genuss für Ihre wundervolle Vulva werden.

Und wie ist das mit dem Orgasmus?

Was unsere Freundin, die Klitoris, so einzigartig (und launisch) und trotz aller gekonnten Zuwendung zickig macht, ist folgender Umstand: Sie hat eine funktionierende oder auch gestörte Standleitung zum Hypothalamus. Das ist jener Teil des Zwischenhirns, in dem das Sexzentrum des Gehirns liegt – dort werden Schlüsselreize ausgewertet, dort sitzt die Hoheit über die Orgasmusfähigkeit der Frau. Oder anders ausgedrückt: Einen Orgasmus erleben Sie, wenn Klitoris und Zwischenhirn kurzgeschlossen und Verstand und die Selbstkontrolle ausgeschaltet sind.

Italienische Forscher erhalten – im Gegensatz zum Rest der Welt – Forschungsgelder, um die weibliche Lust zu ergründen. In Amerika ist die Beschäftigung mit dem weiblichen Genital nicht so erwünscht; aber das ist eine andere Geschichte. Die Geschichte von Hypothalamus und Klitoris dagegen geht nach den Italienern so:

Es war einmal ein Paar namens Klitoris und Hypothalamus. Hypothalamus, der das vegetative Nervensystem steuerte, war auf Lust und Leidenschaft eingestellt und ermöglichte dem weiblichen Körper per Nervenreflexe, den Orgasmus einzuleiten.

Wäre Hypothalamus ein Tier, so wäre er ein dem Liebesspiel hoffnungslos verfallener Bonoboaffe und würde den ganzen Tag an der Klitoris rumspielen. Weil sie es eigentlich kann: kommen und kommen und kommen …

Ja, wir Frauen können genauso schnell wie Männer kommen. Und sogar öfter. Oder, vielmehr, könnten. Wenn die Evolution uns nicht zu Wesen mit Intellekt und Großhirn geformt hätte.

Jetzt wollte der Intellekt mitmischen und störte die Standleitung. Zwar brachte der Verstand die Fähigkeit zur erotischen Phantasie mit, aber letztlich ist das menschliche Großhirn ständig damit beschäftigt, seine Vorherrschaft zu behaupten. Unsere Intelligenz hat uns weit gebracht, aber leider auch von der Lustfähigkeit ohne Hemmungen entfernt.

Fakt ist, dass bei uns im Augenblick des Orgasmus Bereiche des Gehirns abgeschaltet sind – und zwar jene, die Angst und Furcht kontrollieren sowie logisches Denken (bei Männern waren die Orgasmen bei den Studien nicht lang genug, um das Lahmlegen von Gehirnbereichen festzustellen. Hihi).

Natürlich gefällt das dem Verstand gar nicht, für ein, zwei Minuten (so lange können unsere weiblichen Höhepunkte dauern) vom System abgeklemmt zu werden. Er nölt: »Boah! Kontrollverlust! Lebensgefahr! Das geht gar nicht!« Deswegen grätscht er dazwischen, behindert das vegetative Nervensystem, will den Orgasmus verhindern.

Diese Hemmung befällt nicht nur weibliche Intelligenzbestien. Glauben Sie den Satz »dumm fickt gut« nicht – auch Menschen mit weniger IQ sind im Besitz eines Großhirns, das nicht abgeschaltet werden will. Es ist vielmehr ein Schutzreflex des Gehirns, alles zu vermeiden, was es in Gefahr bringen könnte. Und bei uns Frauen ist diese Gefahr der Orgasmus in Anwesenheit eines anderen Menschen (Mannes): Kontrollverlust vor fremden Augen wird vom Gehirn als tödliche Gefahr aufgefasst.

Manche legen den Wächter des Verstands mit Alkohol in ein Nickerchen. Das hat leider den Nachteil, dass auch der Rest der Nervenenden sediert wird und keine Lustsignale mehr ans Zwischenhirn schickt. Andere brauchen das Gefühl von Vertrauen und Sicherheit dem Mann gegenüber, damit das Hirn kapiert, nicht in Gefahr zu sein.

Was noch funktioniert, ist, den Verstand mit körpereigenen Opiaten zu bestechen – mit den Glücks- und Sexdrogen, die den Verstand selig lächelnd zur Seite schaffen.

Und das ist das Argument für Ihren Geliebten: Aufregende, nicht-geschlechtliche Liebkosungen, heiße Worte, Entspannung – alles, was Ihre emotionale Stimmung auf

Hingabe polt, dreht den Hahn der Hormone auf, die den Verstand vernebeln. Je entspannter, sicherer und erregter Sie sich fühlen, desto geringer wird die Alarmbereitschaft des Verstandes sein.

Innere Werte: die Vaginakonstruktion

Ganz korrekt wird nur das als Vagina bezeichnet, was hinter dem Vagina-Vorhof, dem hubbeligen Eingang, losgeht und sich ins Innere bis zum Muttermund erstreckt. Die Vagina selbst ist von außen nicht zu sehen, es sei denn, man nimmt sich wie Annie Sprinkle ein Spekulum und lugt (dann ohne Publikum) hinein.

Von der Seite aus gesehen ist die Vagina ein länglicher Schlupf aus Haut, Muskeln, Bindegewebe und vereinzelten Nervenbahnen, der im passiven Zustand zehn bis zwölf Zentimeter oder mehr in einem Steigungswinkel von 45 Grad zum Muttermund hinaufragt. Dieser flexible Schlupf, dessen Wände im nichtaktiven Zustand aneinandergekuschelt sind wie zwei Lagen Frischhaltefolie oder der den Durchmesser eines Ikea-Bleistifts hat, ist äußerst anpassungsfähig: ein One-Size-for-all-Modell.

Der Engpass passt sich Penissen jedes Ausmaßes an, er ist dehnbar wie ein Kaschmirrolli und kann sich zu allen Seiten hin ausbeulen wie eine Schlange, die ein Kaninchen schluckt.

Die Tube ist von Längs- wie Quermuskeln umschlossen; diese Schambein-Steißbeinmuskeln können von einer Frau so bewegt werden (durch Kegelübung, Callanetics oder Training der sogenannten Pubococcygeus, abgekürzt: PC-Muskeln), dass sie die Muschi im Entreebereich zusammenziehen kann, eng wie ein erstklassiger Handschuh – genannt »der Schamlippenkuss« oder auch »Pompoirtechnik«. Es soll Frauen geben, deren Muskelarbeit reicht, eine Kerze auszupusten oder Pingpongbälle einzusaugen (siehe dazu Federico Fellinis *Stadt der Frauen*).

Doch aus diesem Grund – der Dehnbarkeit, die für grandiose Erektionen, gynäkologische Untersuchungsgeräte und Babyköpfchen dienlich ist – besitzt die Vaginaltube hinter dem PC-Muskelring direkt nach dem Eingang herzlich wenig Nervenenden. Die Schmerzen, wenn sich Muttermund und Vagina zehn, fünfzehn Zentimeter im Querschnitt weiten, wären so unerträglich, dass Kinderkriegen einer Tortur gleichkäme, die Menschheit stürbe aus. Nicht mal Tampons könnten wir tragen.

Hadern Sie nicht mit sich, wenn Sie trotz ganz guter Gefühle beim Vögeln nicht *die* Ekstase verspüren, während Ihr Geliebter munter rein und raus stößt. Die biologischen Gegebenheiten machen es nahezu unmöglich, allein durch tiefes, stetes Reinraus zu kommen, wenn die Klitoris dabei unberührt bleibt: Da die Vagina nach den ersten zwei, drei Zentimetern vom Eingang auf den restlichen circa zehn Zentimetern sehr, sehr nervenarm bestückt ist, bringen die Stimulationen nicht viel Aufregung (denken Sie an den Tampon: Den spüren Sie ja auch nicht mehr, wenn er einen Finger tief in der Vagina sitzt). Als ob man einem Tauben ganz laut Musik vorspielt oder ein Theaterstück ohne Publikum aufführt. Für Männer ist dieser Fakt entweder unbekannt oder nicht nachzuvollziehen: Der Vaginaschlupf begeistert Männer ungemein, er ist wie gemacht für den Penis, er umschließt ihn geiler als eine Faust und bringt die Vorhaut so apart ins Hin-und-her-Rutschen.

Einem Mann ist es völlig schleierhaft, dass Sie dabei nicht so starke Gefühle haben können wie er; er kann das nicht nachempfinden, denn für ihn fühlt sich alles superspitze an!

Und ab da beginnt die Liebeskunst: sich auf- und ineinander so zu bewegen, dass beide etwas davon haben. Sie, Ihre Klitoris innen wie außen. Und er, damit er sich nach wie vor gut aufgehoben fühlt. Vor allem im vierten Kapitel gibt es dazu einige Stellungshinweise.

Auch die Vaginagröße variiert von Frau zu Frau; die eine ist kürzer, die andere länger. Die eine enger, die andere offener. Die eine wird rasch feucht, die nächste benötigt Gleitmittel aus der Tube. Die eine ist vorne schmal und hinten Konzertsaal, die andere umgekehrt, und die übernächste hat links und rechts von der mittleren Tube lauter interessante Buchten und Höhlen. Und manchmal treffen Sie auf eine Erektion, die passt Ihnen so gut wie Ihre Lieblingspumps – das ist dann der geniale Zufall.

Wenn eine Vagina »Tiefe« fühlt, dann ist das der Moment, wenn die Eichel an den Muttermund stupst (der wie ein glasierter Donut aussieht und die birnengroße Gebärmutter abschließt), was schmerzhaft bis lustvoll sein kann. Kurz vor dem Orgasmus plustert sich alles um die Vaginatube auf, der tiefliegende Teil pumpt und reagiert in diesem Moment auf festen Druck, sprich: auf etwas, was tief in ihr drin steckt.

Deswegen haben wir so oft den Wunsch, dass er kraftvoll zustößt, wenn wir schon kommen: Die Vaginaltube will dringend etwas umarmen! Doch um überhaupt einen Orgasmus aufzubauen, ist Außenkontakt und die liebevolle Zuwendung zur Klitoris notwendig.

Und das nicht erst, wenn ein Mann dabei ist:

Lieben Sie sich selbst, und es ist (fast) egal, mit wem Sie schlafen

Zwei kurze Fragen vorab: Wer bestimmt, wie Sie Ihre Beine in der Missionarsstellung strecken, spreizen oder anziehen – Sie oder Ihr Liebhaber? Und wann hört der Liebesakt auf – wenn er gekommen ist oder Sie?

Wir Frauen machen uns en gros mehr Gedanken, ob es *ihm* gutgeht, aber achten selten auf das eigene Wohlgefühl und verzichten großmütig auf Orgasmen. Bei etwa acht von zehn Paaren bestimmt der Mann die Stellung beim Sex (hebt beispielsweise ihre Knie an, um tiefer einzudringen, obgleich ihr vielleicht das gestreckte Bein mehr zusagen würde, sie sich aber nicht traut, ihn bei seinem Tun zu unterbrechen), und bei etwa der Hälfte aller Paare ist der Liebesakt vorbei, wenn er gekommen ist.

Die weibliche Scheu, den eigenen Genuss wichtig oder sogar am wichtigsten beim Sex zu nehmen, mag an der Erziehung zur Bescheidenheit liegen, die Mädchen und Frauen häufig erleben; oder dem Wunsch zu gefallen, bloß nicht kompliziert zu sein. Aber zu absolut geilem Sex, der *Ihnen* gefällt, führt diese Zurückhaltung nicht! Und sie muss auch nicht sein, um geliebt zu werden:

Männer haben nie um sexuelle Zurückhaltung oder Altruismus gebeten – im Gegenteil: Am tiefsten wird ein Mann von der Lust der Frau erregt. Ihn macht es ungleich intensiver an, wenn Sie in Lust zerfließen, als wenn Sie sich nur darum kümmern, dass er so geil wie möglich kommt. Er will keine Liebesdienerin, sondern eine Liebesherrscherin. Die weiß, was sie will. Die es beherrscht, ihm zu zeigen, was er für sie tun kann. Die ihn mitreißt, das Beste aus dem gemeinsamen Sex herauszuholen. Die nicht auf den Ritter wartet, der sie erlöst – sondern die sich und ihn mit absoluter Gewissheit um ihre Gelüste durch den Liebesakt leitet. Um noch mal das Beispiel mit den angezogenen oder gestreckten Beinen zu strapazieren: Ein Liebhaber wird so lange eine für ihn vorteilhafte Stellung einnehmen, solange sie ihn nicht korrigiert und er fühlbar miterleben kann, wie sie bei einer ihr vorteilhaften Position abgeht wie Schmidts Katze.

Meine Beobachtungen haben gezeigt, dass Frauen, die ihr Geschlecht schön finden, die sich der Sinnlichkeit ihres Genitales bewusst sind, die ungeniert der Selbstliebe frönen und sich beim Sex primär darum kümmern, dass es ihrer Vulva gutgeht, nicht nur eine enorme Ausstrahlung haben. Sondern sie haben auch seltener schlechten Sex. Sie erlauben es sich, immer ganz Frau zu sein, nicht erst durch das erotische Interesse eines Mannes. Und so »gefallen« sie mehr als jene, die gefallen wollen.

Wie stolz sind Sie auf Ihr Geschlecht? Wie ichbezogen könnten Sie Sex haben? Könnten Sie die Frau sein, die zwar Ritter ganz spannend findet, aber selber auch genug Ritterin ist?

Vielleicht sind Sie skeptisch. Sie fürchten, ein erotischer »Egoismus« wäre das genaue Gegenteil von dem, was eine zauberhafte Liebhaberin ausmacht.

Diese Skepsis ist normal und entspringt einem gesunden Gefühl von Gerechtigkeit und Zuneigung. Doch sie führt auch oft dazu, die Bedürfnisse anderer über die eigenen zu stellen. Im schlimmsten Fall macht es unglücklich und zornig, dass niemand etwas für Sie tut. Wie auch, wenn das Ich stets an zweiter Stelle kommt?

Die meisten Tipps, die wir heute aus Zeitschriften oder von der guten Freundin bekommen, funktionieren nach dem Prinzip: Tue ihm was Gutes, dann findet er dich toll. Auch unsere gesellschaftliche Erziehung sorgt dafür, dass sich Frauen unwohl mit Forderungen fühlen, die sie an andere stellen.

Das ignoriert aber erstens Ihre Bedürfnisse und bringt zweitens viel weniger, als eine »egoistische« Liebhaberin einem Mann schenken kann! Im Hinblick auf die Lust der Männer, können Frauen nur von Männern lernen (wie die umgekehrt auch von Ihnen): Er genießt Sex am meisten, wenn er sich als guter Liebhaber fühlt und Sie richtig fertigmachen kann. Ihm fällt es schwer, passiv zu sein und es Ihnen zu überlassen, dass Sie ihm guttun. Lieber wäre es ihm, wenn Sie ihn sich schnappen, um sich an ihm und mit ihm auszutoben und ihn »zu benutzen«. Er will, dass Sie kommen! Dazu muss er jedoch wissen, wie Sie es gern hätten, und dazu müssen Sie es wollen, alles vom Sex zu kriegen, was Sie brauchen, um happy zu sein. Solange er nicht Gedanken lesen kann, übernehmen Sie die Verantwortung, um ihn zu lehren oder um sich das zu holen, was Sie mögen. Ihre Stellung, Ihre Stoßtechniken, Ihre Liebesspiele. Ganz nebenbei befreien Sie ihn damit von dem Leistungsdruck, sich in Ihnen besser auszukennen als Sie selbst und auf Glück herumzuprobieren.

Sind Sie bereit, um die Reise in den lustvollen Egoismus anzutreten? Beginnen wir vielleicht dort, wo das Zentrum Ihrer Lustfähigkeit liegt. Ach nein, ein Stockwerk tiefer – nicht im Kopf, sondern zwischen den Beinen.

Die Vulva-Dialoge

Erinnern Sie sich noch an Baubo? Die Göttin, die durch ihre Vulva spricht? Sie war auch ein Sinnbild des Humors, sie erzählte schmutzige Witze mit ihrem parlierenden Geschlecht, sie dachte, lebte und liebte »aus dem Bauch heraus« und ließ ihre Vulva völlig ungeniert urteilen und die Dinge beim Namen nennen. Ohne ins Esoterische abzudriften, finde ich die Idee der Vulva als Meinungsmacherin genial.

Stellen Sie sich vor, _____ (hier den Begriff einsetzen, mit dem Sie Ihre Vulva benennen: Orchideenfrau, Katzenschnute, Venus – »da unten« zählt nicht) will Ihnen etwas mitteilen. So eine Art »Vulva: Wünsch dir was!«. Was würde Ihnen Ihre Baubo sagen, frei von jeder gezierten Zurückhaltung?!

Erst mal natürlich jede Menge Vorwürfe, die die Wünsche als Konsequenz einleiten, so was wie:

»Liebst du mich eigentlich? Könntest du mal nett zu mir sein und mich streicheln? Warum achtest du erst auf mich, wenn wir nicht allein sind, sondern ein Mann dazu kommt! Und was soll das eigentlich, diese Typen, die du mir manchmal angeschleppt hast! Die waren nicht sehr feinfühlig mit mir! Stochern, rubbeln, unbeholfen in mir rumlecken – wieso lässt du das zu, dass ich das hinnehmen muss? Wieso denkst du mehr daran, ob's ihm auch ja gefällt, frag mich doch mal, wie's mir dabei ging! Erst spuckt er auf mich drauf, quetscht sich rein, und grad wenn es anfängt, dass ich mich an ihn gewöhnt habe, ist es schon vorbei, und er kotzt mir die Bude voll. Und warum ärgerst du dich über mich – manchmal bin ich dir zu nass, dann wieder nicht feucht genug. Du wirfst mir vor, dass ich nicht schnell genug komme. Du findest mich nicht hübsch, wie ich von Natur aus eben bin. Dir ist es sogar peinlich, dass es mich gibt. Und anschauen tust du mich auch gar nicht mehr richtig, das war früher, als wir uns gerade kennenlernten, aber anders. Erinnerst du dich, als wir kleiner waren und jünger, so zu Kindergartenzeiten, da warst du wahnsinnig neugierig auf mich und auch auf die Vulven der anderen. Was ist nur in unserer Beziehung schiefgegangen?«

Vielleicht gehen Ihre Gedanken weiter – weg von den

Vorwürfen hin zu den Wünschen. Was wünscht sich Ihre Vulva (die natürlich keine eigene Persönlichkeit ist, sondern Ihre erotische Charakterseite, aber wir tun mal so, als ob Madame Venus Katzenschnute eine eigene Stimme hätte; der hören wir nämlich lieber zu als uns selbst, die wir uns so oft Wünsche versagen, das gehört sich ja nicht, so »anspruchsvoll« zu sein ...).

Also, was wünscht Ihr Geschlecht sich? Mehr Orgasmen? Mehr Entspannung? Mehr Leichtigkeit? Was ist dafür nötig – mehr Zeit mit ihr verbringen? Sie schön finden und nicht »unperfekt«? Dem Liebhaber endlich sagen, dass er zu fest rubbelt, zu ignorant mit den wirklich spannenden Stellen umgeht? Eine gelöste, entspannte Stimmung statt Hauruck-Verkehr? Was ist wiederum dafür nötig – mentale Entspannung, schönes Licht, Wärme, Vertrauen in den Mann, überhaupt ein anderer Mann, Zärtlichkeit oder Leidenschaft, die fast an Schmerz grenzt? Mehr über sie wissen, um sie zu verstehen und nicht mit Anklagen zu überhäufen, warum sie »nicht funktioniert«?

Mögliche Bedingungen, die Ihre Vulva stellen könnte:
- Bitte keine Ablenkung durch Probleme, die im Bett nichts zu suchen haben; Ärger im Job etwa. Bring dein Leben in Ordnung!
- Bitte nicht betrinken, das hemmt die Nervensignale.
- Bitte die Beziehung zu dem Mann klären und nicht Sex dafür benutzen, ihn zu binden, zur Liebe zu bringen, ihn zu kränken oder emotional zu erpressen.
- Körperlich entspannt sein.
- Bitte unterscheiden lernen, ob es eine Sehnsucht nach Zärtlichkeit, nach Aufmerksamkeit, nach Sex oder nach etwas anderem ist – manchmal will der Körper statt

einer genitalen Vereinigung nur liebkost werden oder die Vulva außen zärtlich berührt, aber nicht durchdrungen werden.

- Bitte keine Männer mehr, denen wir nicht vertrauen.
- Und müssen wir Langeweile wirklich ertragen? Oder Verklemmtheit? Oder rücksichtsloses Reinraus? Oder stundenlanges Streicheln ohne Gänsehaut? Und dann auch noch so tun, als sei alles bestens? Wieso?
- Außerdem hätte ich es gern warm. Und Kerzenlicht. Und ich will mehr geleckt werden, damit ich mich schön fühle!
- Wenn ich müde bin, reagiere ich langsam oder will grad gar nicht. Schlaf öfter aus. Schlafmangel auf Dauer lässt uns sonst unsere Sinnlichkeit vergessen.
- Ich will, dass du dich selbstbewusst fühlst, dass du keine Angst hast, dass du nichts »ihm zuliebe« tust, sondern uns zuliebe!
- Ich versteh ja, dass es Spaß macht, einem Mann zu gefallen, ganz frei werden wir vermutlich davon nicht. Aber gefällt der Kerl auch mir? Was müsste er tun, damit er mir gefällt, und was tust du, um ihm dabei zu helfen?
- Ich muss mir sicher sein, dass der Mann uns auch dann liebt und toll findet, wenn wir uns ihm nicht sexuell nähern. Könntest du erst noch mal Zeit mit ihm verbringen, um dir sicher zu sein, dass es nicht auf deine erotische Leistungsfähigkeit ankommt?
- Ich bin du. Du bist ich. Wenn ich Schmerzen habe, will ich dir damit etwas sagen. Wenn ich ganz verschlossen bin wie eine Auster, will ich dir auch etwas über dich verraten. Hör doch mal auf mich. Ich bin du. Wir sind ich.

Und so weiter und so fort.

Oft kann es helfen, sich an einige schöne Sexerlebnisse zu erinnern und sich anhand derer klarzuwerden, was Ihre Vulva beziehungsweise Ihre Lust braucht (und bekam), um sich zu entfalten.

Wenn Sie Ihre ureigenen Bedingungen herausgefunden haben, kommt der herausfordernde Teil: Wie könnte die Umsetzung aussehen? Vieles können Sie allein besorgen wie zum Beispiel auf Alkohol verzichten, sich Entspannung mittels Sport verschaffen oder sich Wohlfühlrituale wie Badewanne, Spaziergang oder Lesen angedeihen lassen, sich um ausreichend Schlaf kümmern, nicht mehr aus Pflichtgefühl mit einem Mann schlafen, sich Männer genauer anschauen, bevor Sie sie Ihrer Vulva vorstellen, oder das Schlafzimmer so einrichten, wie es Ihnen zusagt.

Oder auch, dass Sie genügend Orgasmen bekommen – auch allein.

☞ Die weibliche Erregungskurve flacht nach einem Höhepunkt nicht so schnell ab wie der Erregungslevel bei Männern. Nutzen Sie die lange Hochphase nach dem Solohöhepunkt, um sich einen zweiten oder dritten Orgasmus zu schenken. Lassen Sie sich von Anfang an Zeit. Versuchen Sie, beim ersten Solo langsam und geduldig eine zu lustintensive Reibung zu verhindern. Steigern Sie den Druck behutsamer, als Sie es sonst tun, sonst reagieren die Nerven bei einer zweiten Runde mit Überreizung. Nach dem Höhepunkt machen Sie weiter, aber da die Klitoris nach Ihrem ersten Höhepunkt hoch empfindlich ist, nähern Sie sich ihr jetzt nur indirekt und mit zartesten Berührungen. Hören Sie auf Ihren Körper, der Ihnen genau diktieren wird, wann Sie wieder mit festen, direkten Massagen oder einer anderen Lieblingstechnik weitermachen dürfen. Die Zeit zwischen Orgasmus Nummer zwei kann zwischen zwei und zwanzig Minuten liegen. Und, ja, Sie können es. Vielleicht nicht gleich. Aber eines Tages. Die anatomischen wie chemischen Voraussetzungen dafür sind vorhanden.

Anderes kann erst direkt mit dem Geliebten umgesetzt werden.

Und genau davor scheuen sich die meisten. Oder fangen damit an, aber hören mittendrin auf. (»Liebling, etwas zarter, bitte. Noch etwas zarter. Schon gut … ja … jaja, sicher machst du das gut, hmhm, genau so«, aber dabei ist es immer noch nicht so, wie sie will, aber sie hört auf, ihn darum zu bitten, aus Sorge, zu sehr rumzukommandieren, sich unmöglich aufzuführen, ihn zu verletzen … und behauptet einfach, alles wäre prima.)

Sie werden nicht drum herumkommen, Ihre Bedingungen mitzuteilen. Ob ausgesprochen oder ob durch Handführungen. Auf diese Bedingungen zu bestehen heißt nicht, die Wünsche des anderen zu missachten oder ihn zu kritisieren. Es heißt nur, dass Sie es sich und ihm erleichtern, Sex zu einem Genuss zu machen.

Wenn alle Paare sich sagen oder zeigen würden, wie sie Sex wirklich gut finden, dann wären Leute wie ich vermutlich sofort arbeitslos …

☞ Frauen würden mit deutlich ausgesprochenen sexuellen Wünschen bei Männern offene Türen einrennen, so das Ergebnis einer Gewis-Studie (Gesellschaft für erfahrungswissenschaftliche Sozialforschung) von 2006: So wünscht sich ein Drittel aller Männer direkte Bitten und Verbesserungsvorschläge, das zweite Drittel könnte auch mit indirekten oder subtilen Äußerungen umgehen. Insgesamt wünscht sich jeder zweite Mann, dass er genauer von den Bedürfnissen seiner Partnerin erfährt, und zwar ohne dass er nachbohren muss.

Vielleicht überkommt Sie ein Unbehagen, wenn es darum geht, was die Vulva will. Es gilt nicht mehr allein: »Was *du* willst, Schatz« – auch wenn es nötig ist, dass wir auf unsere Liebhaber eingehen und zusehen, seine Wünsche zu achten. Doch vernachlässigen Sie nicht die Ihrigen. Halten Sie nicht nur Ihren Unterleib hin – sorgen Sie sich um sich und darum, dass Ihre Bedingungen erfüllt sind. Fühlen Sie sich in sich selber ein. Welche Sorte Mann Sie brauchen. Welche Atmosphäre. Welche Sicherheiten. Das sind zum großen Teil alles Bedingungen, für die nicht Ihr Liebhaber zuständig ist. Es sei denn, er kann Gedanken lesen.

☞ Auch das ist ein Geheimnis jener Frau, die anziehend ist, ohne dass sie rein äußerlich groß was dafür tut: die sexuelle Autonomie und das Einverständnis mit sich selbst, die sie ausstrahlt. Die sich dafür interessiert, was sie braucht, was sie will und was nicht, und sich darum kümmert, es zu bekommen. Die ihren Sex mag, und die es immer wieder so einrichtet, dass sie Spaß an ihm hat.

Hören Sie sich selbst zu und gehen ins Detail. Wie eine Art sexy Verhör unter »zwei Ohren«. Fragen Sie sich: »Was alles würde ich beim Sex gern tun, wenn ich mich nur trauen würde? Wie werde ich am liebsten verführt? Welche Worte würde ich gern mal hören? Auf welcher Sorte Bettwäsche wälzen? Wie mögen meine Brüste behandelt werden?« Und so weiter.

Vulvastolz und die Achtsamkeit, die der Vulva geschenkt

wird, gehören zu diesen halb träumerischen, halb gelebten Dingen, für die es keine rein pragmatischen Werkzeuge gibt. So was wie »einmal die Woche ein Vulvagespräch führen« oder »sich einmal im Monat vor den Spiegel setzen und die Vulva zeichnen«, obgleich das für manche vielleicht ein guter Weg sein mag. Eine gebremste Sinnlichkeit zu befreien ist ebenso Kopf- wie Herzsache; sich von verstaubten Fremdregeln lösen, sich von schlechtem Gewissen zu befreien, um schließlich zu der Überzeugung zu kommen: Meine Vulva ist dafür gemacht, *mir* Vergnügen zu bereiten.

Das kann man sich ein paarmal vorsagen, doch es braucht viele Gelegenheiten im Leben, um dieses Credo umzusetzen und zu registrieren, dass es tatsächlich Vorteile bringt. Haben Sie etwas Geduld mit sich: Auch wenn man alles schon weiß, was richtig ist, beginnt erst nach dem Wissen das Fühlen, die Überzeugung.

☞ Sheila-na-gig: der Stolz auf die Vulvafrau. Die geschnitzte Darstellung einer nackten Frau, die, mit gespreizten Knien hockend, ihre Vulva präsentiert, die als *Vesica Piscis* gezeigt wird, ist in der nordischen Mythologie das Symbol für Sheila-na-gig. In irischen Kirchen, die vor dem 16. Jahrhundert gebaut worden waren, gab es Sheila-na-gig-Figuren als Schutzpatroninnen, die neben dem Eingang hockten. Sie ähneln den Statuen der Kali an den Eingängen von Hindutempeln; hier feuchten die Gläubigen einen Finger an und berühren die glückbringende Yoni (der Eingang und Ausgang aller wichtigen Dinge, auch: Alpha und Omega).

Diese positive Einstellung zur Vulva zieht nach einiger Zeit definitiv andere sexuelle Verhaltensweisen nach sich. Wenn es nicht mehr nur darum geht, einem Mann zu gefallen, sondern Dinge zu tun, die der Vulva behagen, wird womöglich die halbe Welt einer Frau auf den Kopf gestellt.

Solo mit Dame

Es gibt einen Stamm der Zulukrieger, in dem es für einen Mann die höchsten Weihen bedeutet, zu einer Zeremonie eingeladen zu werden, bei der Frauen stundenlang masturbieren (die Männer dürfen nur gucken, nicht anfassen), um die Götter und Ahnen milde zu stimmen.

Die Frauen kommen und kommen.

Es ist wundervoll.

Masturbation ist, wenn Sie nicht gerade in einem der weiblichen Sexualität zugeneigten Teil der Erde aufgewachsen sind, trotz ausführlicher Zeitschriftenberichte nebst Anleitungen immer noch etwas, dem viele Frauen mit höchster Zwiespältigkeit begegnen.

Zu tief steckt es drin, »das da« sei ein verbotener Ort, ein dem tierischen Trieb zugeordneter Bereich, und der würde offiziell erst zum Einsatz kommen, wenn ein Mann dabei ist oder zum Gebären und Pinkeln. Irgendwie komisch, bedürftig, notgeil, schuldig, sonst wie unbehaglich fühlen sich noch zu viele, wenn sie Hand anlegen. Als ob sie befürchteten, es könne ihnen zu gut gefallen oder sie würden dem Mann etwas wegnehmen oder sie würden nie wieder »normalen« Sex so genießen können oder sie würden ihre Finger »schmutzig« machen oder sich gar restlos ihrer Triebhaftigkeit aussetzen und fortan wie ein brunftiges Weibchen durch die Gegend streifen ...

Die Anti-Vulva-Propaganda der vergangenen Jahrtausende hat offenbar bestens gewirkt.

☞ Erst 1972 wurde die Selbstliebe offiziell von der Weltgesundheitsorganisation (WHO) als »normal« deklariert. Wen wundert es da, dass unsere Großmütter sich und ihren Nachkommerinnen es streng verboten? Noch bis in die Sechzigerjahre hinein hatten Betten von Töchterchen allerlei Warnanlagen wie beispielsweise Glöckchen, die zu bimmeln anfingen, wenn es allzu viele verdächtige Bewegungen unter der Bettdecke gab.

Wie schade: Denn so wird dieses wundervolle Organ ignoriert. Die kann davon traurig werden! Polemisch gesagt: Wenn die Vulva immer erst dann gefragt ist, wenn ein Mann sich ihr zuwendet, dann gehört sie jedem Mann mehr als der Besitzerin. Die eigentliche Eigentümerin wird instinktiv immer weiter dafür sorgen, dem Mann gefallen zu wollen. Im Bett, im Alltag, im Flirt; sie wird zurückgeworfen auf das lockende, wartende Weib, immer in Pose, auf ewig verdammt, erst von einem Mann als sexuelles Wesen bestätigt zu werden und ihre Wünsche hinter seinen einzureihen.

Wenn Sie sich freien Herzens der Masturbation zuwenden, werden Sie nicht nur metaphorisch begreifen, dass Sie eine eigene Sexualität besitzen. Ihnen gehören diese guten Gefühle, Ihnen ganz allein. Ihre Vulva gehört Ihnen. Sie sind Ihre Vulva. Sie kann ein Teil Ihres weiblichen Stolzes werden, denn sie ist nicht dafür gedacht, missachtet, verachtet, versteckt, aufgespart und nur von männlicher Hand/Erektion berührt zu werden. Sie brauchen keinen Mann, kein technisches Gerät, keine Beziehung, keine Erlaubnis, keine Idealfigur, nichts, was zwischen Ihnen und der selbstgemachten Lust steht. Sie betrügen niemanden. Sie enthalten niemandem etwas vor.

Für die meisten Frauen ist die Klitoris der Auslöserknopf für einen Orgasmus. Die Ausläufer der Klitoris reichen wie ein Y tief in Ihre Vagina hinein. Erkunden Sie mit einem festen Dildo, etwa aus Hartglas, wo und wie Sie Ihre Klitorisausläufer finden und betören können. Drücken Sie die Schenkel eng zusammen, das erhöht den Druck auf den Dildo, und spannen zugleich die Pomuskeln an, um so die inneren Nerven der Klitoris noch fester an den Dildo zu bringen. Experimentieren Sie mit verschiedenen Winkeln und Tiefen, Rhythmen und Tempi, bis Sie die spannenden Y-Rückseiten gefunden haben. An manchen Tagen wird das leichter gehen, an anderen weniger – die Klitoris ist ein launisch Ding, auch im Inneren der Vagina. Widerstehen Sie dem Drang, dabei über Ihren äußeren »Hauptschalter« zu streicheln! Sie werden erstaunt sein, wie anregend die Suche nach der verborgenen klitoralen Lust ist, bis sie Sie eines Tages überraschend überrollt.

☞ Ihre Atmung ist eine Dirigentin Ihrer Orgasmusintensität. Experimentieren Sie mit Atemtechnik, um Ihren Gipfelsturm zu variieren: Versuchen Sie, mit einem stoßweisen Ausatmen durch den zu einem »O« geformten Mund zu onanieren. Durch diese Verengung des Atemkanals werden Ihr Zwerchfell wie auch Ihr Magen nach unten gedrückt und sorgen beim Zusammenspiel der Muskeln dafür, dass sich Ihre vordere Scheideninnenwand mehr nach innen wölbt (da, wo vermutlich die Ausläufer der inneren Klitoris entlanglaufen).

Noch einmal ganz deutlich: Masturbation ist kein Ersatzsex oder zweite Ware, sie ist Sex mit sich selbst und definitiv Sex. Nur ohne die ganzen Rangeleien und Risiken – eine herrliche Kur, die Sie überall zu jeder Zeit haben können (außer vielleicht auf dem Tisch Ihres Lieblingslokals, wenn Sie da noch öfter essen wollen).

Sogar während des Liebesakts mit einem Mann.

☞ Finger weg? Ein ungeschriebenes »Gesetz« unserer Sexkultur verbietet sowohl Männern als auch Frauen, sich beim Liebesakt zu zweit selbst zu berühren, ob für die guten Gefühle oder gar einen Orgasmus (zum Beispiel massiert sie ihre Klitoris, während er zustößt, oder er seinen Schaft, während sie ihn bläst). So als ob der Höhepunkt nur dann ein richtiger, offizieller, befriedigender, partnerschaftlicher ist, wenn der andere ihn hauptamtlich besorgt. Was für eine unnötige Barriere, die außerdem die Selbstberührung als Sex minderer Ware abklassifiziert und vor allem weibliche Höhepunkte unnötig verkompliziert. Wer weiß, weil beide Beteiligten noch zu sehr an dem Mythos festkleben, erst der Penis dürfe zu ihrem Orgasmus führen? Erst in der Unabhängigkeit voneinander entsteht Gleichberechtigung; und erst sexuelle Gleichberechtigung führt zur Verschmelzung.

Diese erregenden Gefühle und Gedanken, die bei der Onanie grenzenlos hervorströmen, haben nichts mit Liebe zu tun (außer zu sich selbst – und die kann nicht groß genug sein), sondern sind die Essenz Ihrer Sexualität. Ihre Nebenwirkungen sind besser als ein Drogenrausch: Die Haut wird besser, der Schlaf tiefer, das Lächeln und die Mimik des Gesichts werden gelöster; Sie beugen Inkontinenz vor, finden all Ihre schönen Stellen, wo es Ihnen Freude macht, berührt zu werden (und, bitte: Suchen Sie wirklich alle auf!), so dass Sie nie mehr darauf warten müssen, dass ein Liebhaber sie findet, erweckt oder Ihnen Ihre Sexualität beibringt.

Würden nur Frauenarzt oder Gatte zugreifen, wären Sie echt ziemlich abhängig – aber wozu? Warum verzichten? Ist denn eine Frau erst dann ganz und gar Frau, wenn ein Mann hinzukommt?!

Dieser Verzicht auf die eigenen Vulvarechte ist ein künstlich proklamierter (sozusagen der Wurmfortsatz der religiös motivierten Askese, die einen Platz im Himmel garantiere) und kann zu gehörigen inneren Dilemmas führen, wenn man zwar (sich guttun) will, aber es sich untersagt.

☞ Die meisten Frauen ziehen eine bis zwei Berührungsarten vor, um sich in Stimmung zu bringen. Erweitern Sie die Sensibilität Ihrer Klitoris, und trainieren Sie sich eine neue Empfindungsfähigkeit an. Lassen Sie Höschen und Rock (oder Hose) an, wenn Sie sich selbst streicheln. Durch die gedämpfte Berührung lernt Ihre Klitoris, auch zarteste Tupfer wahrzunehmen. Probieren Sie an einem anderen Tag, dieses Mal ganz nackt, Ihre Lieblingstechnik zu variieren, in dem Sie mit Materialien experimentieren: mit einem Handschuh, mit einem Seidentuch, welches Sie über Ihre Vulva legen. Je vielfältiger Sie sich bei jedem Solo berühren, desto mehr entdecken Sie den Empfindungsreichtum Ihrer Vulva. Eine neue Variante könnte sein, mit der flachen Hand, einem kalten Eislöffel oder einem weichen Ledergürtel ganz zart auf Ihren Venushügel zu klopfen. Bald prickelt dieser Bereich so wie sonst zum Beispiel die Innenseite Ihrer Hände nach einem langen Applaus. Was immer auch Sie sich danach für Liebkosungen schenken – Sie werden diese doppelt so stark empfinden, da sich die Nervenenden durch die ungewohnten Klapsberührungen wie Blütenkelche geöffnet und ausgedehnt haben, bereit, alles an Impulsen großflächig wahrzunehmen.

Die indische Venus, Shakti genannt, brauchte den ebenbürtigen Gott Shiva, um all ihre sinnlichen Potentiale auszuleben. Auf diesem Götterpaar-Prinzip ist das Tantra aufgebaut, in dessen Liebesritualen Mann und Frau zu einer Einheit verschmelzen. Mussten tantrische Liebesmeisterinnen Nächte ohne Shiva verbringen, erschufen sie einen Traumpartner (»Yidam«), um bei einem Solospiel alle Freuden der Zweisamkeit auszukosten – allein kraft ihrer Phantasie. Sie stellten sich ihren Liebesgott genau vor, seine Größe, die Haarfarbe, seine Stimme, seinen Geruch. In der zweiten Phase gingen sie ins Detail: Wie küsst er, wie schmecken seine Lippen? Im dritten Teil stellten sie sich seine Erektion vor und suchten nach einer Frucht, die ihr nahe kam – übertragen auf das Hier und Heute: Schenken Sie sich genauso einen solchen Dildo oder Vibrator, der Ihrem »Traumpenis« nachempfunden ist.

Viertens: Wie soll er seine Göttin nennen (Geliebte, Königin der Nacht, göttliche Hure?), welche Geräusche macht er, wenn er erregt ist? Geben auch Sie wie die Tantrika Ihrer Phantasie eine Stimme, stöhnen Sie wie er, sprechen Sie »seine« Worte aus. Im fünften und sechsten Teil dieses Göttertraums malen Sie sich das Vorspiel und den Liebesakt aus, berühren sich, wie der Yidam es tun würde. Und genießen Sie, wie unabhängig Ihre Phantasie Sie macht und dass Sie sich auch ohne Liebesgott allein entdecken, erwecken und befriedigen können.

Was ist besser als ein Vibrator? Entweder ein schöner Schwanz aus Fleisch und Blut oder: zwei Vibratoren! Während Sie mit dem einen die Vulvalippen betören, die Klitoris umkreisen oder den hoch erregbaren Damm reizen, leiten Sie den anderen über Ihren ganzen Körper und teilen die Erregung Ihrer Klitoris so jeder Pore Ihres Leibes mit. Je länger Sie sich hinhalten, desto interessanter könnte das werden.

Das Zusammenspiel von Atmung und Muskelanspannung kann aus einem So-lala-Gipfel einen Orgasmus zaubern, nach dem Sie noch minutenlang glücklich liegen bleiben. Atmen Sie tief in den entspannten Bauch und ziehen beim Ausatmen den PC-Muskel nach oben und pressen dabei Ihre Pobacken zusammen. Lassen Sie locker, wenn Sie erneut einatmen. Es dauert einige Zeit, bis Sie diesen Rhythmus beherrschen, doch durch das Wechselspiel von An- und Entspannung wird Ihr Becken kräftiger durchblutet, und sämtliche Nervenspitzen werden hoch empfindsam.

Um sich selbst zu verführen, benutzen die meisten Frauen ihre Finger, um ihre Klitoris zu erregen. Geben Sie sich eine neue Spielaufgabe: Hände weg – für eine Woche! Benutzen Sie zusammengerollte Handtücher oder das kleine weiche Kissen, um sich daran zu schubbern. Experimentieren Sie mit einem Seidenband, Samtschal oder ultraweichen Ledergürtel, die Sie durch Ihre Schenkel und die – eventuell mit Gleitgel angefeuchteten – Venuslippen ziehen. Oder reizen Sie sich mit einem Paar Rinnotama-Vaginalkugeln, die mit einem Bändchen verbunden sind: Eine Kugel schlüpft hinein, die andere rollen Sie zart bis heftig über Ihre Klitoris. Ach, spielen macht Spaß.

Wie lieben Sie sich am liebsten: Entspannt auf dem Rücken, auf der Seite oder auf dem Bauch? Variieren Sie Ihre Favoritenstellung, hocken Sie sich mit gespreizten Beinen hin, lehnen sich langsam nach hinten, bis Sie flach auf dem Rücken liegen, die Beine angewinkelt, die Knie neben Ihren Hüftbereich. Die Oberflächenspannung auf der Haut Ihrer Vulvalippen erhöht sich in dieser Position, und Ihre Klitoris wölbt sich höher hinaus. Auf diese Weise können Sie neue Masturbationstechniken ausprobieren, für die Ihr Kickstarter bisher zu sehr verborgen war, beispielsweise die Spitze eines Vibrators direkt an die Klitorishaube zu halten oder den Kitzler zwischen Ihren beiden Zeigefingern hin und her zu rollen.

Lasterhafte Lieblinge –
Top-Five-Sextoys fürs Solo mit Dame:

- Ein Toy. Hunderte Möglichkeiten. Der *Orchido Stick* ist ein mit Modulen aufgebauter Dildo, den Sie nach Ihren Wünschen verändern können. Weicher, fester, dicker, schneller, wärmer? Die Silikonmodule sind aus Medizinsilikon hergestellt und sogar spülmaschinenfest. Orchido wird inklusive sieben Silikonmodulen geliefert und in einer diskreten Box, die wie ein edler Kerzenhalter aussieht. www.orchido.com
- *We Vibe* – der erste Doppelvibrator aus Silikon, der durch seine elegante, ovale C-Form gleichzeitig Klitoris und G-Punkt betört *und* während des Liebesakts getragen werden kann! Den reizvollen Kanadier für Paare und Solospiele gibt es unter anderem bei www.femmefatal.de.
- *Emotional Bliss Isis* – der charmant pastellige Fingervibrator kommt mit einem Clipring daher, den Sie sich über den Finger Ihrer Wahl ziehen können und endlich bequeme Führungsfreiheit genießen. Überall dort verwendbar, wo Sie es gern hätten: den sensiblen Schamlippen, der hungrigen Klitoris – oder an seinen Hoden, seiner Eichelspitze, seiner erogenen Nabelgegend ... (gesehen bei www.verwoehndich.de).
- *B3 Tuyo Vibromasseur* – endlich ein Vibrator, der nicht aussieht wie einer, sondern wie eine nachtschwarze Billardkugel (aus medizinischem Kunststoff) und sich ausgezeichnet dafür eignet, über den ganzen Körper gerollt zu werden (www. verwoehndich.de).

❧ *I rub my Duckie Modell Paris rosé* – einfach deshalb, weil das schimmernde Vibratorentchen mit dem betörenden Bürzel und der Marabou-Federboa so glamourös aussieht (und wasserfest ist).

Sinnliche Freuden

Sinnlichkeit hat primär erst mal nichts mit dem Geschlechtsleben zu tun. Die Sonne auf der Haut spüren. Die Gerüche eines Waldes, eines Markts, eines Blumenbeets wahrnehmen. Farben und Formen sehen, am Himmel, das Schattenspiel auf dem Boden. Stoffe und Materialien betasten, Seide, glatt poliertes Holz, frisch gewaschene Baumwolle, und es interessant oder schön finden. Essen und es genießen. Musik hören, singen, den Sand zwischen den Zehen spüren, eine Brise, die über den Arm streichelt. Kurz: Sinnlichkeit hat mit allem zu tun, was die Sinne betrifft.

Hört sich einfach an, aber an der Sinnlichkeit des Alltäglichen scheitern die meisten. Auch das ist erst mal nicht verwunderlich – wir arbeiten wie die Irren, werden von Lärm (zumindest in den Städten) traktiert, müllen uns mit Informationen aus Internet, TV und Zeitungen zu, die die körperlichen Sinne null reizen, und sind ständig damit beschäftigt, entweder uns selbst zu beobachten (Wie sehe ich aus? Was ist das für eine rauhe Hautstelle da? Mache ich das richtig? Habe ich nichts vergessen? Komme ich gut an?) oder uns um andere zu kümmern (Wie geht's dem Chef heute? Kriege ich eins auf den Deckel? Sollte ich meine Freundin trösten? Was hat das Kind jetzt wieder angestellt?).

Irgendwo dazwischen warten die Sinne in Stand-by-Haltung darauf, mal etwas wahrzunehmen, was nichts nützt, sondern nur schön ist und angenehme Gefühle produziert.

Frauen sind nicht darin geübt, zweckfrei und ohne bestimmtes Ziel Zeit zu verbringen. Alles, was sie tun, soll einen Sinn haben, »etwas bringen«. Doch wer sich nach und nach immer häufiger erlaubt, seinen Sinnen Schönes zu gönnen, wird lernen: Oh! Ich muss ja gar nicht dafür »bezahlen«, wenn ich mal genieße. Das tut mir ja gut, ich bin kein schlechterer, faulerer, eitlerer Mensch, wenn ich schwelge. (Das ist eh eine sehr protestantische Einstellung, dass nur der glücklich wird, der leistet oder entsagt.)

Durch diese guten Erfahrungen setzt sich die Erkenntnis durch, auch in Sachen Sexualität darauf zu vertrauen, dass nichts Schlimmes passiert, wenn Sie sich Ihren Sinnen widmen, Ihrem Genuss, Ihren Bedürfnissen. Sie werden nicht dafür bezahlen müssen, Sie werden nicht weniger geliebt werden, wenn Sie es sich nett machen, und, nein, Sie werden auch nicht zum Egomonster mutieren. Dass Frauen so gern glauben, Muße führe subito zur Faulheit, Lust zur Nymphomanie und Auf-sich-Achten zur Eitelkeit des »Spiegeläffchens«! Aber nein! Doch Erziehung und Gesellschaft proklamieren, dass es (für Frauen) eine große Sünde sei, sich selbst zu sehr zu gefallen, während sie dennoch darauf zu achten hätten, für andere attraktiv zu sein. Mit Verlaub, das ist zum Kotzen.

☞ Es ist ein wohlgehütetes Geheimnis, dass nicht jene Frau als »gut im Bett« empfunden wird, die alles macht, was er will, und sich ausschließlich darum kümmert, dass es ihm gutgeht. Sondern es ist jene, die weiß, was ihr guttut, die es dem Manne charmant und deutlich zeigt und ihm Gelegenheit gibt, sie glücklich zu machen. Es ist eine Mär, dass man mehr geliebt wird, wenn man verzichtet. Geliebt wird jene, die offenbart, wie sie geliebt werden will.

Es muss nicht erst der »richtige Mann« her, der Sie in Abgründe oder Himmel sinnlicher Lustbarkeiten führt, von denen Sie bisher nicht ahnten, dass es sie gibt.

Männer sind genauso wie wir auch Suchende; sie wissen weder besser noch schlechter über Sinnlichkeiten, Sex und seine Facetten Bescheid und tasten auch oft im mentalen Dunkeln herum. Die meisten warten sogar ihr halbes Leben darauf, von einer Frau an die Hand genommen zu werden, damit sie ihm zeigt, zu was er alles fähig ist! Bevor alle nur warten, dass der andere sie führt: Beide Geschlechter sind darauf angewiesen, etwas gezeigt zu bekommen. Am leichtesten funktioniert das zwischen zweien, die sich ihrer Sexualität weitestgehend bewusst sind.

Um Ihrer erotischen Innenwelt auf die Spur zu kommen, beginnen Sie vielleicht beim Offensichtlichsten: Ihrem Schlafzimmer. Sexualität zu erleben ist ja nicht nur eine Frage von Position, Technik und richtigen Worten – auch Stimmung, Atmosphäre und Umfeld tragen ihren Teil zum Genuss oder Nicht-Genuss bei; sie sind die erogenen Zonen für den Kopf.

Ist Ihr Boudoir ein Ort, an den Sie sich gern zurückziehen, um erotischen Gedanken nachzuhängen, ein explizites Buch zu lesen, einen Mann zu verführen? Wenn Sie die Augen schließen und sich einen Ort ausmalen, an dem Sie sich weiblich und sinnlich fühlen – wie würde er aussehen? Rote Wände oder violette, schwarze? Damaststoffe, ein Bett ohne Ritze (sicherlich!)? Welches Licht – Kerzenschein, Zwielicht durch schräg gestellte Jalousien, gedimmtes Licht aus einigen wenigen Lampen am Boden? Wären Spiegel, Paravents oder orientalische Möbel vorhanden? Bilder von Nackten oder Liebespaaren? Wild duftende Blumen? Eine Handvoll Erotika in Griffnähe? Welcher Duft hängt in der Luft – Sandelholz, Jasmin, Bergamotte oder Ihr Lieblingsparfüm? Welche Laute hören Sie – ein Windspiel, Tangomusik oder Dub-Oriental-Pop? Und ist das da ein Haken in der Wand, um jemanden daran zu fesseln? Und in der Kommode dort – sind da vielleicht erotisierendes Körperpuder oder Massagekugeln, zarte Federn zum Streicheln oder glatte Steine, ein Dildo oder anderes Spielzeug? Hat das Bett einen Himmel, Pfosten, hängt da ein Spiegel?

Und wenn Sie die Augen öffnen: Warum sieht Ihr Schlafzimmer dann nicht so aus?!

Wenn es irgend geht, sehen Sie das Zimmer, in dem Ihr Bett steht, nicht in erster Linie nur als Schlafstatt, sondern als Ort, an dem Sie am häufigsten der Erotik frönen. Bringen Sie Ihr Schlafzimmer – und damit sich wie auch Ihren Liebhaber – auf den ersten Blick in Stimmung. Rote Stoffe, lebendiges Kerzenlicht, alles Pragmatische raus aus dem Sichtfeld; anregende Bilder hinein, ein Satz neue Bettwäsche in Violett, Orange, Schwarz oder schlicht Weiß. Es ist Ihr Reich der Sinnlichkeit, Sie haben völlig freie Hand, damit es Ihrer sexuellen Seite schmeichelt.

Weiten Sie diese Zone gedanklich aus – welche sinnlichen Erotika hätten Sie noch gerne in Ihrem Leben? Mehr Massagen vielleicht – wann gehen Sie ein paar reizvolle Massageöle kaufen, etwa in der Drogerie, im Internet oder einem der diversen Erotikboutiquen nur für Frauen (beispielsweise in Lüneburg, München, Frankfurt, Berlin, Hamburg)? Oder mehr Literatur, die Sie ins Wissen und weg von Vorurteilen oder Ideenlosigkeit führt – lesen Sie Anaïs Nin, Zeruya Shalev, Sophie Andresky oder quer durch die zurzeit boomende Bekenntnisliteratur von Rebecca Martin (*Frühling und so*) über Salwa Al Neimi (*Honigkuss*) bis hin zu Ragnhild Moe (*Die Hände des Cellisten*). Alle diese Bücher sind übrigens auch ein Zeichen einer neuen Sorte Frauenbewegung: Sie thematisieren Phantasien, schlechten Sex, sie bringen die Dinge auf den Punkt, sie vermengen Philosophie mit pornoesker Nabelschau, sie unterhalten und sind von Frauen für Frauen geschrieben, die es satt haben, Sex auf Perfektion zu reduzieren.

Ebenso sinnlich, aufregend und sehr deliziös: die neue Zeitschrift *Alley Cat*, die von drei Frauen Mitte zwanzig herausgegeben wird, mit einem sehr sinnlichen, verschwörerischen und freimütigem Blick auf weibliche Sexualität und ihre Facetten (www.alley-cat.de). Vor allem graben die Chefredakteurinnen Geheimtipps und tolle Adressen heraus, wo frau wirklich erregende Pornos herbekommt, wo man Accessoires mit Glamourfaktor beziehen kann (hui! diamantenbesetzte Halsbänder mit Leine! Oder originale Mieder. Oder Massagekerzen, die wirklich sexy riechen, herrlich schmecken und auch noch anmachen ...).

☞ Fuckerware statt Tupperware: Einige Firmen wie zum Beispiel »Fun Factory« organisieren Privatabende, bei denen eine Liebesspielzeug-Expertin in die Wohnung der Kundinnen kommt, um verschiedene Lustbeihelfer vorzustellen und zu erklären (alles mit hochgezogenen Hosen!). Diese »Dildo-Partys« finden Sie unter anderem auf www.pepperparties.de, www.sweet-vibrations.de. In der Schweiz heißen sie klassisch Fuckerware-Evening, in den USA oder England werden sie als Passion-Parties oder Fun Parties Women Only bezeichnet. Eine der kundigsten Liebesspielzeug-Expertinnen ist übrigens die in Berlin ansässige Laura Méritt – auf www.sexclusivitaeten.net erfahren Sie genau, was genau der Delphin, der Biber, Paulchen die Raupe oder der Liebesvogel alles können.

Sie wollen mehr Weib sein – warum machen Sie es nicht wie die Diven der Fünfzigerjahre-Filme, die leise raunten: »Ich schlüpfe mal eben in was Bequemeres« und den Feierabend statt in Micky-Maus-Shirt und Nickistoffhose in seidigen Morgenmänteln, duftigen Negligés oder zarten Nachthemdchen verbrachten? Nein, nicht für *seine* Augen – für Ihre Augen, für Ihr Wohlgefühl.

Manchmal wissen wir Frauen gar nicht so genau, was uns alles guttun könnte. Und auch wenn ich hier darauf bestehe, dass Sie Dinge von außen nicht ernster nehmen müssen als sich selbst – so kommt Inspiration doch nicht allein nur aus sich selbst.

Vielleicht wagen Sie einen Blick ins Internet:
- www.her-revolution.net – Designer-Dessous, Toys, Accessoires und erotische Musik, ein Gentleman-Vermittlungsservice für Stadtführungen, Dinner, Ballroom oder Massagen
- www.kalessia.com – Luxus- und Liebesspielzeug, Fetisch- und erotische Accessoires vom Edelsten
- www.ars-vivendi.de – Dessous im Retrodesign, Maßanfertigungen, Vintagestil, Handschuhe, Accessoires, Emma-Peel-Style, Luxuskorsetts, Boudoirzubehör, Liebesmöbel, Bücher, DVDs … Vorsicht, gefährdet Herzschlag und Kreditkarte
- www.beautifulagony.com – les facettes de la petite mort; die Lust der anderen, oder wie viele Gesichter hat der Orgasmus? Voyeuristisch, ästhetisch, mit Tausenden Videos, die nur ein Gesicht während des Höhepunkts zeigen, aber nicht, was der- oder diejenige mit ihren Händen tut …
- www.feigenblatt-magazin.de – das sinnliche Online-Magazin

●→ www.eroluna.de – das Portal für allerlei verruchte Veranstaltungen, wie beispielsweise Nächte der O, Casino-Nights, St. Pauli Nights; und sei es nur, um neue Phantasien für die Selbstliebe zu finden …

Sinnlich zu leben heißt auch zu tanzen, ohne dass jemand zuschaut, sich in weibliche Wäsche zu werfen, ohne dass es ein anderer erfährt, oder eine Modenschau nur für sich selbst zu machen, die keinem Verführungsziel folgt. In Outfits, die vielleicht zu sündig sind, als dass Sie sich in Cuxhaven-Groden oder in Bielefeld-Ubbedissen auf die Straße wagen würden – aber die Ihnen selbst enthüllen, wie aufregend Sie wirken. Wie verrucht. Wie weich, wenn Sie nur in seidige Tücher gehüllt dastehen; wie sexy, wenn Sie nur sein Oberhemd und sonst gar nichts tragen; wie geheimnisvoll, wenn Sie eine schwarze Maske tragen und nur eine Perlenkette, die zwischen Ihren weichen Brüsten schwingt. In sich selbst verliebt zu sein ist kein Narzissmus, es ist eine Wertschätzung, die Sie sich selber entgegenbringen. Der Unterschied von Narzissmus und Egoismus zu selbstverliebter Wertschätzung liegt darin, dass Sie sich nicht auf Kosten anderer größer machen.

Sinnlichkeit, die eine erotische Tür in uns öffnet, ist überall zu finden – ob eine kommerzielle Sinnlichkeit mit Sexspielzeugen oder eine, die ganz der Kraft Ihrer Phantasie entspringt. Gehen Sie noch mal Ihren Kleiderschrank durch: Für was lassen sich die Sachen noch verwenden – außer, sie anzuziehen? Die Gürtel zu fesseln, zum Klapsen, zum Streicheln. Die Halstücher, um Augen zu verbinden, zum Knebeln, um eine hübsche Schleife um einen Schwanz zu schlingen oder sie sich selbst beim Masturbieren zwischen den Schenkeln entlangzuziehen. Die Seidenblusen, um ihren Saum über Haut zu streicheln, ganz langsam, ganz leicht. Die leider verwaschene

Hemdbluse, um sich endlich mal die Kleider vom Leib zu reißen, auf dass die Knöpfe nur so kullern und springen!

Und was ist überhaupt mit Ihrem Haushalt – besitzt etwas ein geheimes sinnliches Potential? Die Rückseiten der elektrischen Zahnbürste rotieren recht angenehm auf dem Kitzler. Oder an seiner Eichel. Buchsbaum-Pfannenheber dienen nicht nur der Galette, sondern können auch zum Hauen verwendet werden. Eine nicht zu dünne Kerze (Bruch- und Schmelzgefahr), angetan mit einem Kondom, ist ein hervorragender Dildoersatz. Ein Hut kann auch nackt getragen werden. Stiefel ganz ohne was. Der winzig kleine Slip da wäre auch ein prima Knebel. Oder ein Schnüffeltuch – erst an die Vulva tupfen, um dem Geliebten dann zärtlich das Gesicht abzureiben ...

Und wie steht es eigentlich mit Ihrem Sport – macht er Sie fit for Sex? Vor allem Bauchtanz, Pilates, Yoga und Beckenbodentraining werden Ihre Lust- und Orgasmusfähigkeit stärken. Sportarten wie Schwimmen, Radfahren oder Stepper wirken auf die langen Schenkelmuskeln, die Testosteron produzieren – das Hormon, mit dem Frauen sexuell initiativer und mitreißender werden.

Ebenso wirken zwei weitere angenehme Tätigkeiten wie ein roter Teppich für Ihre Sinnlichkeit: lachen – und singen! Haben Sie Umgang mit Menschen, die lebendig sind, positiv, optimistisch, die einen herrlichen Humor haben. Optimismus ist ansteckend wie Masern. Singen Sie, wann immer Sie mögen – zu Musik im Auto, einfach so in die Nacht hinein, zusammen mit Ihrem Geliebten am Telefon ... Lachen und singen streicheln die Seele, die dann noch mehr vom Leben haben will: Fülle, Reize, Lust.

Je offener Sie mit Ihrem Blick, Ihrem Herzen und Ihrem Geist durch die Welt gehen, desto mehr werden Sie die

Sinnlichkeit und Erotik im Alltag entdecken. Auch im Essen. Ach, was sage ich: vor allem im Essen! Meine These ist, dass Industriefutter nicht nur auf unsere Gesundheit schlägt, sondern auch unsere erotische Stimmung komplett in Konservierungsmitteln, Emulgatoren, Zucker und Laboraromen erstickt. Gaumen und Mund, sofern sie wirklich stimuliert und verführt werden, wirken im Gehirn auf dieselben Areale wie guter Sex. Schlechtes Essen kann da keinen guten Einfluss haben! Vielleicht muss nicht jedes Gericht, aber doch so viele wie möglich ab heute Ihren Anspruch erfüllen: Ist es so gut, wie guter Sex wäre? Oder wenigstens ein guter Kuss, eine herrliche Massage? Probieren Sie es aus, ob Essen für Sie so was wie ein sinnliches Dauervorspiel sein könnte ...

Und letztlich: Sehen Sie Sex als etwas, bei dem Sie sowohl was erleben wollen – als auch entspannen. Es ist kein Sport. Sondern sich wohlfühlen, streicheln und gestreichelt werden, sich auch mal massieren, anstatt gleich auf Erektion und Klitoris loszustürzen; bewusst langsam küssen oder miteinander schlafen, auch mal zwischendurch aufhören, um sich eine Schale Erdbeeren ins Bett zu holen: Sexualität und Sinnlichkeit sollen Ihnen Kraft geben, nicht nehmen. Es soll Ihre Gedanken erleichtern, sie nicht beschweren mit: Hoffentlich komme ich schnell genug ... hoffentlich mache ich alles richtig ... hoffentlich ist es ihm nicht langweilig ... Sagen Sie nein zu Ihrer inneren Antreiberin, die ständig von Ihnen will, dass Sie alles perfekt, großartig, actionreich und origineller als andere machen.

Nehmen Sie Sex persönlich

Vor einigen Jahrzehnten, als die ersten Schriften zur Sexualität entstanden, die ersten Verführungstricks formuliert und Sexpraktiken noch und nöcher neu erfunden wurden, fand eine Ablösung von Sex und Persönlichkeit statt.

Alle Menschen wurden, sagen wir mal, Staubsauger: Es gab und gibt jede Menge universelle Bedienungsanleitungen, um den Motor zum Laufen zu bringen. Drücken Sie hier, schwurbeln Sie da, saugen Sie so, und dann wird's auch was mit der erotischen Ekstase. Als ob sich Sex auftunen ließe, völlig unabhängig von den beiden Charakteren, die ihn zusammen haben – und völlig losgelöst von Stimmungen, Gefühlen, Umständen, Erfahrungen, Ängsten …

Lästigerweise sind wir keine Staubsauger, sondern immer noch Menschen. Was bei A hervorragend funktioniert, traut sich B noch lange nicht; C trifft auf einen Partner, der ganz anders tickt, und D fragt sich, wie man E überhaupt erst mal anmacht, bevor sich Trick 17 anwenden lässt. Auch in diesem Buch gibt es im weiteren Verlauf Staubsauger-Anweisungen, doch stets mit der Bitte: Es sind keine Garantien, nur Vorschläge und Versuche, die eine oder andere Wissenslücke zu füllen. Banal gesagt: Vermutlich gibt es so viele perfekte Wege des Blasens, wie es Männer gibt, weil jeder anders geblasen werden will.

Genauso wenig, wie sich Sex von den Personen, die ihn haben, abschneiden und wie ein defekter Motor aufrüsten lässt, genauso wenig wäre es Ihrer Sexualität dienlich, wenn eine allgemeine Betriebsanleitung vorgaukeln würde, zum Erfolg zu führen. So was wie zehn goldene Verführungsregeln oder zwanzig Top-Outfits. Oft gerät die Umsetzung vorgegebener Maschen zur Pose – aber alles, was nur gespielt wird, ob »sich rar machen«, »geheimnisvoll wirken«, »aktiv zuhören«, ist alles andere als verführerisch.

Die meisten Sextipps ticken in Klischees. *Die* Männer. *Die* Frauen. Mars, Venus. Alle Männer stehen auf rote Dessous, alle Frauen hassen es, rote Dessous für ihn anzuziehen. Solche tautologischen Wahrheiten sind nicht nur Quatsch: Sie enthalten einen Kern Wahrheit – aber diese Wahrheit gilt nur für manche, nicht für alle. Und außerdem kommen wir alle von der Erde.

Der haltbarste Wert ist immer noch die eigene Erfahrung – sprich: Es zählt allein, was Sie erlebt haben. Es zählt allein, wen Sie da als Gegenüber haben – und sei es der »untypischste« Mann der Welt, der auf Liebesgedichte steht, Eierkraulen blöd findet und für eine Ohrmassage sterben würde. Ist alles möglich.

Und da alles möglich ist, ist »perfekter Sex« nach Rezept unmöglich. Es gibt keine Perfektion beim Sex; keine Leitkultur, die einen erotischen Kanon manifestiert und vorgibt, was alles zum perfekten Sex dazugehört.

Es gibt keine Standards, die bei jedem Mann wiederholbar wären. Sexualität entzieht sich aufgrund der unterschiedlichen Beteiligten jeglicher Normen. Wie lang, wie schnell, wie oft, ob hochkant, mit so vielen oder so wenigen wie möglich, ob im Dunkeln, im Heu oder nur, wenn einer von beiden einen lila Hut trägt – wer mag je die Norm für alle bestimmen? Sollen alle einen lila Hut tragen? Sollen alle Analverkehr haben, nur weil es seit der ästhetischen Tragödie *Feuchtgebiete* in aller Munde (hihi) ist?

Sie selbst bestimmen – und nur für sich –, was Standard für Sie ist, was Premium, was Luxus, was Kür, was Pflicht. Keiner hat mitzuquaken, was langweiliger, was heißer Sex ist. Sie lieben den Missionar im Dunkeln? Bestens. Sie lieben

Schläge mit dem Rohrstock? Ausgezeichnet. Sie masturbieren dreimal im Jahr und sind glücklich? So soll es sein. Sie sind 18 Jahre alt und wollen vor allem eins: durch die ganze Welt reisen und mit so vielen Männern schlafen wie möglich? Nur zu, packen Sie die Koffer und machen sich auf den Weg. Sie lieben es, sich anzuziehen wie Dita Von Teese und einen Mann mit einem Bürostrip nach Feierabend zu verführen? Go for it. Und am nächsten Tag lassen Sie Dita im Schrank und lieben sich ohne große Pose morgens im Löffelchen, zerstrubbelt, ungeschminkt und schlicht? Hervorragend. Was schöner Sex ist, bestimmen Sie!

Suchen Sie Ihr Glück nicht in den Normen, die von außen an Sie herangetragen werden; es ist in Ihnen alles da, was Sie brauchen: Ihre Wünsche, Ihre Einfühlung für sich, wann es Ihnen gutgeht und wann nicht, Ihre Phantasie, mit der Sie sich neue sexuelle Wunderdinge ausdenken. Hören Sie auf sich, ganz genau.

Vorausgesetzt, Sie glauben sich selbst:

Sexuelle Unabhängigkeitserklärung

Wie sehr hadern Sie mit Ihrem Körper? Wie unheimlich sind Ihnen Ihre heimlichen Sexphantasien? Wie stark tendieren Sie dazu, sich mit anderen Frauen zu vergleichen (»Hm, sie hat einen tollen Busen, aber mein Bauch ist flacher, Gott sei Dank«), und wie sehr glauben Sie einer Freundin, wenn die zu Ihnen sagt: »Gut siehst du aus!«, im Vergleich zu derselben Aussage eines Mannes?

☞ Frauen schauen am Tag bis zu 200-mal in den Spiegel. Sie sehen selten sich, sondern das, was sie meinen, das andere in ihnen sehen. Den Blick auf ihre Vulva übrigens vermeiden die meisten Frauen, sogar beim Waschen übernehmen die Finger das Sehen, das Auge hat gelernt, über das hinwegzuschauen, was auch als das zweite Lächeln bezeichnet wird.

Sich selbst zu mögen ist ein oft gehörter Rat – und so schwierig zu leben. Die Wertschätzung des eigenen weiblichen Körpers, das Zuhausesein im weiblichen Körper wird ständig untergraben. Vor allem in unserer Jugend sind wir furchtbar anfällig für das propagierte Schönheitsideal: Die gesellschaftlichen Anforderungen an Attraktivität, Schönheit und Weiblichkeit machen es schwer, ein lustvolles, selbstbestimmtes Verhältnis zum eigenen Körper und zur eigenen Sexualität zu entwickeln. Ob Sie es glauben oder nicht: Es gab mal Zeiten, da war es schnuppe, wie dick oder dünn eine Frau war; um gesellschaftlich als attraktiv oder weiblich angesehen zu werden, »reichte« es, die angesagten Frisuren, Kleidungen, Accessoires oder Schminktechniken (Porzellanteint! Katzenaugen!) anzuwenden.

Heute geht das Ideal des attraktiv Weiblichen bis unter die Politur: Der ganze nackte Körper ist gefragt. Sogar erwachsene Zeitschriften wie die *Brigitte* entblöden sich nicht, Fototipps zu geben: »Nackt besser aussehen« oder »Diese Wäsche macht schlank« (gezeigt wird eine sowieso schlanke Frau, die dann Bauch-weg-Miederhöschen trägt). Wie kann man da als Frau noch ernsthaft annehmen, es wäre völlig in Ordnung, wenn man so ist, wie man ist?

Vor allem die Blicke und Wertungen der Männer gewinnen eine besondere Bedeutung: Das Selbstwertgefühl hängt sich an männliche Bestätigung. Um Weiblichkeit herzustellen und als (attraktive) Frau Aufmerksamkeit und Selbstsicherheit zu bekommen, werden Kleidung und Körpersprache dem von männlichem Lob oder Kritik geprägten Weiblichkeitsbild angepasst.

Und diese Jahre des »Mach-hübsch!« hinterlassen Narben. Mit Glück beginnen wir mit Mitte dreißig den Druck abzuschütteln, schlank, jung, fit, schön, makellos, sexy und seidenhäutig sein zu müssen. Bis dahin hat unser Körper von uns selbst Ablehnung erfahren, Ärger, er wurde mit Diäten und zu engen Hosen gequält. Alle unerreichbaren Normen haben an uns gezerrt – wie sexy eine Frau zu sein hat, wie keusch, wie »normal«.

Und untenrum? Oh, die unberührte Zone! Gleichsam mit der als qualitativ höher eingeschätzten männlichen Aufmerksamkeit für das Äußerliche ist auch das männliche Interesse am Genital wichtiger als unser eigenes. Eigenverantwortliche Lust? Zu diffus – das Mögen unseres Körpers obliegt oft auch dem Manne (»Findest du mich zu dick?«). Begehrt werden, berührt werden, liebkost werden – oft ist es Männersache, der Frau zu beweisen, dass ihr Körper schön, weiblich, sexy und begehrenswert ist. Und nicht zu dick.

Nachteil dieser Rollenverteilung: Frau gewöhnt sich daran, passiv zu sein, angeschaut zu werden (statt sich selbst wirklich anzuschauen und wahrzunehmen) und sich hauptamtlich darum zu kümmern, sich das Begehrtwerden zu verdienen.

☞ Schönheit und Sexappeal sind mehr als das, was Sie an Ihrem Körper mit den Augen zu kritisch wahrnehmen. Ihre Finger sind sanfter und »sehen« vor allem das, was an Ihnen so schön ist: Haut, Kurven, erregte Wärme, Feuchte ... Schließen Sie die Augen und fahren jeden Zentimeter Ihres Körpers mit den Fingerspitzen, dann mit den Händen ab und auch mit der Oberseite und den sensitiven Handgelenken. Entdecken Sie, wie unterschiedlich zart Ihre Haut ist, wie schwingend die Formen und wo sich die Hitze verteilt ... Ihr Liebhaber fühlt all das dreimal so intensiv wie Ihre eigenen Hände, denn für ihn ist dies alles kostbar, fremd und wunderschön. Übrigens: Je öfter Sie Hautkontakt zu sich selbst suchen, desto mehr wird Oxytocin ausgeschüttet, jenes Hormon, das Ihren Körper noch sensibler für Liebkosungen macht.

Um zu einer eigenen Geschlechtsidentität, zur eigenen Weiblichkeitsvorstellung und zur unabhängigen Sexualität zu kommen, gibt es einige Wege; vielleicht wird einer davon für Sie der angenehmste sein:

- Darüber reden, wie Sie über Sex, über Geschlecht, über Ihren Körper sprechen wollen. Deklinieren Sie vielleicht zusammen mit einer Freundin durch, welche Sprachform über Sexualität Ihnen liegt und welche nicht – Umgangssprache, Kindersprache, Fachausdrücke, Zeitschriften-Schlagwörter, Denglisch (Blowjob, Date), Gassenjargon? So wird Ihnen beiden unter anderem klar, dass das Vorurteil oft schon im Wort steckt, wie die Beleidigung des weiblichen Genitales »Fotze« oder »Loch«, wie die Herabsetzung des Blasens in einen Job, den Blowjob, oder wie es sich anfühlt, über »meine Vagina« oder »mein Kartöffelchen« zu sprechen.
- Sich Wissen aneignen: über den weiblichen Körper, über die Menstruation, über weibliche Sexualität in anderen Kulturen. Empfehlenswert sind auf dieser Forschungsreise in Sachen Frau vor allem *Frau* von Natalie Angier, *Das Buch von der Vagina* von Francesco Valitutti oder, auch wenn es etwas aufgeregt daher kommt, *Wie Frauen Frauen sehen* von Shere Hite. Das vielgelobte Buch

Vulva von Mithu Sanyal erzählt grandios über die Mythen rund um die Vulva, aber politisiert sie gleichzeitig.

- Widmen Sie sich Ihrer Vulva: mit Spiegel, Berührungen, sie vielleicht sogar fotografieren; Masturbation, Zwiesprache.
- Nehmen Sie Ihren Körper wahr: mit Sport, der nicht dem Ziel Schlankheit oder Sexiness dient, sondern der Sie fühlen lässt, dass Sie Muskeln haben, Kraft, Bewegungsgeschicklichkeit. Tanzen, Schwimmen, Bauchtanz, Fußball …
- Suchen Sie sich Vorbilder sexuell autonomer Frauen, zur Not auch in der Historie.
- Loben Sie das Weibliche aus weiblicher Sicht: Was finden Frauen an Frauen toll? Sagen und zeigen sie es sich gegenseitig? Das Lob der Frauen für Frauen ist das kulturelle Vakuum, das uns fehlt; oft beziehen wir das Weibliche auf das Männliche (»Frauen sind stärker, gesünder, sensibler als Männer …«), anstatt es für sich stehen zu lassen.
- Lassen Sie Ihre individuelle Sexualität zu, indem Sie Allgemein-»Wissen« mit Ihren Reaktionen vergleichen und sich als neues Credo eingeben: Ich bin kein DIN-A4-Blatt. Beim Sex gibt es keine Standards. Ich bin keine Norm.
- Gehen Sie Verspannungen im Bauch- und Beckenbereich auf den Grund und lösen Sie sie: mit Bauchtanz, mit Atmung, mit Massagen, mit einem Besuch bei der Frauenärztin, die die gutartigen Muskelverwucherungen der Gebärmutter (Myome) vermisst.
- Vervollständigen Sie den Satz: Ich bin eine Frau, weil … Ja, warum eigentlich? Und sind das Klischees, die Sie da aussprechen, oder Ihre Überzeugung?

- Vervollständigen Sie den Satz: Meine Lust auf Sex ist toll, weil ...
- Befreien Sie sich von dem Verbot, eine lüsterne Frau zu sein (Sie wissen schon, der »Schlampen«-Aspekt, weil Frauen zwar lustvoll, aber nicht triebhaft sein dürfen), und vervollständigen Sie den Satz: Einen Mann zu begehren ist toll, weil ...
- Fragen Sie sich, wie oft Sie beim Sex seinen Anforderungen statt Ihren folgen: Mag er die Beine um seinen Rücken, Sie aber gerne ausgestreckt? Wie oft strecken Sie sie aus oder tun das mit einem schlechten Gewissen? Wie oft richtete er sich auf, anstatt mit seinen Bauchmuskeln an Ihrer Klitoris zu reiben, und wie oft zeigen Sie ihm, dass Ihnen dieser Kontakt fehlt? Oder wollen Sie ihn nicht »stören« mit so etwas Nebensächlichem wie den eigenen Bedürfnissen?
- Werden Sie sich über den Sex, den Sie haben, ganz bewusst: beispielsweise mit einem zeitweilig geführten kleinen Sextagebuch. Darin notieren Sie Details wie: Wer macht häufig den Anfang, wer von beiden bricht das Vorspiel ab und setzt zum Akt an (und wenn Sie es selbst sind: aus welchen Gründen? Lust? Oder weil Sie das Gefühl haben, Ihr Geliebter würde sonst ungeduldig?), wann dachten Sie an Verhütung, wann machten Sie sich darum keine Sorgen? Wann ging ein Orgasmus ganz leicht, wann nicht und warum ... Aus diesen Details werden Sie, sobald sie schriftlich vor Ihnen liegen, auf einmal ganz klar sehen, wie beteiligt Sie wirklich an Ihrem Sexleben sind.
- Lassen Sie ein Störer-Suchprogramm »durchlaufen«: Was stört Sie am meisten während des Sex? Dass Sie ständig daran denken, dass er sich ja als guter Liebhaber

fühlt (und Sie ihn nicht nerven mit Ihren Wünschen, mit der Dauer, die Sie zum Orgasmus brauchen ...) und Sie ihn darin ständig bestätigen – extra laut keuchen, Orgasmen vorspielen, kleine Lügen stammeln, wie gut er ist, so tun, als sei man »total geil«, obgleich einem diese Stellung oder dieses Beiwerk grad gar nicht passt? Oder dass Sie ständig daran denken, dass Sie ja auch eine gute Liebhaberin sind und ungeachtet von Stimmung, Umgebung oder eigener Lust eine Performance bringen, die es in sich hat? Ah, beides?

- Fragen Sie sich, wie ein für Sie befriedigendes Sexualleben aussähe? Was tun Sie dafür? Was tut er dafür? Was tun Sie beide dafür – reden, anleiten, ausprobieren, schweigen, abwarten?
- Fragen Sie sich, welche sinnlichen Genüsse es neben Sexualität noch gibt: tanzen, sich schön anziehen, duschen, essen, singen, sich mit Federn über die Unterarme streicheln, in eine Satindecke nackt einrollen ...? Lust hat viele Gesichter, sie ist nicht allein dem Sex vorbehalten – es ist die Lust am Dasein, am Leben, an Ihnen selbst.
- Registrieren Sie die eigenen Verletzungen, die sich im Laufe der Jahre angesammelt haben: zurückgewiesen oder in Verruf geraten zu sein, weil Sie »zu« lustvoll waren. Im Bett ignoriert worden zu sein, sich überfordert gefühlt zu haben in den widersprüchlichen Rollen. Und dann darangehen, sich diese Verletzungen nicht noch und nöcher zuzumuten.
- »Lernen« Sie, sich wohlzufühlen. Tüchtig, vernünftig und aktiv ist die Frau von heute – Füße hochlegen, gar nichts tun, sich in weicheste Kissen betten und so weiter werden oft als Faulheit, Lethargie oder »Genuss-Sucht«

diffamiert. Schluss damit. Legen Sie die Füße hoch und spielen an Ihrem Geschlecht.

- Machen Sie sich schön: Es ist nicht verwerflich, sich für einen Mann aufzubrezeln, ungeachtet der politischen Debatte, ob Frauen das nicht besser für sich tun sollten, um sich nicht abhängig zu machen von seinem Lob. Wissen wir. Aber meist ist das Aufbrezeln eine Kombination aus: Gefalle ich anderen und gefalle ich mir? Wenn Sie es schaffen, den zweiten Aspekt etwas mehr nach vorne zu rücken, ist schon viel gewonnen. Es macht auch mehr Eindruck, wenn Sie mit dem Bewusstsein: »Ich finde mich so geil!« das Kleid von sich reißen und im schwarzen Irgendwas-Ensemble dastehen als mit der Frage: Gefalle ich, bin ich zu dick, und wie albern ich mir hier grad vorkomme ... Gefallen Sie sich selber richtig gut. Tragen Sie was Rotes. Rot ist die Farbe des puren Lebens. Tragen Sie Schmuck. Tragen Sie enge Röhrenjeans und Lederjacke und Bowler, wenn Sie sich so gefallen. Männerhemden, Tigerhüte, Spitzenhandschuhe – völlig egal. Reden Sie mit Ihrem Spiegelbild: »Na, du? Du gefällst mir.« Sie dürfen in sich selbst verliebt sein.

- Eine Anmerkung: Frauen betrachten aufgebrezelte, selbstzufriedene Frauen sehr misstrauisch. Wenn Frauen Sie böse angucken, während Sie durch die Stadt schlendern, einen Raum betreten, tanzen ..., sehen Sie offenbar richtig gut aus und haben wahrscheinlich sämtliche Männerblicke an sich kleben, ohne es zu merken. Die Frauen gucken dann böse, weil Sie ihnen die männliche Aufmerksamkeit »wegnehmen«. Suchen Sie nach einer Frau, die Sie bewundernd anschaut – das ist die Schwester im Geiste, die Ihnen nicht übelnimmt, dass Sie sich selber gut gefallen. Vorsicht aber vor dem Mitleid in den

Augen von mehr als zwei Frauen: Dann kann es sein, dass in Ihrer Aufmachung ein wenig Lächerlichkeit oder Anbiederei an den männlichen Blick steckt. Tigerleggins?! Strumpfhose in offenen Slingpumps?!

- Sexuelle Spiele setzen manchmal keine sympathischen Gefühle voraus; man kann sogar Sex – auch geilen – mit jemandem haben, den man hasst oder mit dem Sie sich gerade gestritten haben. Aber: Jeglicher Sex zieht Gefühle nach sich. Welche Gefühle haben Sie meist *danach*, welche davon sind willkommen, welche nicht, und wie könnten Sie die unwillkommenen ausräumen?
- Welche Einstellung haben Sie zum männlichen Orgasmus? Ist er ein Spaßbremser, weil dann alles vorbei ist, auch sein Interesse an Ihnen? Empfinden Sie ihn als nervösen Drängler, weil er will, dass Sie ja kommen sollen, bevor er kommt? Freuen Sie sich mit Ihrem Geliebten über seinen Höhepunkt? Oder ist er etwas, was »erledigt« werden muss, damit Sie sich entspannt oder als »gute Liebhaberin« fühlen?
- Wie ist im Gegensatz dazu Ihre Einstellung zu Ihrem Orgasmus? Ist er Ihnen nicht wichtig, oder behaupten Sie das nur? Ist er wichtig, damit Ihr Geliebter sich gut fühlt, und wird zur Not auch vorgespielt? Ist er ein Ärgernis, ein flüchtender Hase, ein widerspenstiges Ding? Ist Schluss mit Sex, sobald Sie gekommen sind? Sind Sie genervt, weil Ihr Geliebter nur Ihrem Orgasmus nachjagt, aber sich nicht darum kümmert, wie Sie sich sonst fühlen? Haben Sie Sorge, dass Sie sich währenddessen lächerlich aufführen könnten?
- Was fällt Ihnen beim Sex eher schwerer: aus vollem Herzen *nein* zu sagen oder aus den Tiefen des Triebhaften, des sexuell erregten, schamlosen, hemmungslosen Lust-

gefühls, *ja* zu sagen? Welche Ängste stehen dahinter, welchen Super-GAU befürchten Sie? Und wie realistisch sind diese Ängste?

- Schließen Sie einen Pakt mit sich: Lassen Sie es nicht mehr zu, dass Ihre Vulva geteilt wird (no vögeln), wenn Sie nicht erregt sind oder Sie etwas beunruhigt. Über sich selbst hinwegzutrampeln und ohne sexuelle Erregung die Vulva zu traktieren gleicht einer mentalen Selbstverstümmelung. Sex ist dafür da, sich besser, entspannter, zufriedener als vorher zu fühlen. Nicht, um sich danach ausgelaugt, missmutig, auf diffuse Weise verletzt oder unbeteiligt zu fühlen. Sorgen Sie vorher dafür, dass Sie sich danach gut fühlen. Und sei es mit der ungeliebten Aufgabe, Ihrem Geliebten liebevoll, aber deutlich zu lehren, was Sie brauchen, um erregt und entspannt zu sein. Glauben Sie mir, dem ist eine heitere Geliebte auch viel lieber als eine, die nur erträgt.

- Nach der indischen Chakralehre besitzt unser Körper sieben Energiepunkte, die sich vom Damm bis zum Scheitel ziehen. Das sogenannte Sakralchakra, drei Fingerbreit unter Ihrem Nabel, ist der Hüter Ihrer Sexualität. Seine Nervenbahnen steuern Ihre Sexualhormone, Ihren Geschmackssinn und sind mit dem limbischen Gehirn verbunden, dem Hort Ihrer sinnlichsten Emotionen. Ist dieser Beckenbereich entspannt, fließt die Erregung von der Klitoris tief in die Vagina und in Ihren ganzen Oberkörper hinein. Beleben Sie die sexuellen Energien Ihres Sakralchakras mit einer kreisenden Bauchmassage und anregend duftendem Jasminöl. Atmen Sie tief bis zu diesem Chakra hinab, um auch tiefer liegende Verspannungen zu lösen und um so den Weg frei zu machen für einen blockadefreien Lustfluss zwischen Ihrer Vagina,

Ihren Brüsten und Ihrer Phantasie, die im Stirnchakra sitzt.

- Kommen Sie in Bewegung: »Körperblindheit« nennen Sexualtherapeuten das Phänomen, dass Frauen ihr Becken beim Liebesakt passiv hinhalten, anstatt es zu bewegen. Bis auf die Position der Reiterin verführen die meisten Stellungen zum Stillhalteabkommen: Es ist meist der Mann, der Tiefe, Technik und Tempo bestimmt. Wenn Ihnen nicht zusagt, was er tut – dann machen Sie mit, anstatt nur dabei zu sein! Sie können in jeder Stellung die Regie übernehmen, solange er seine Erektion »hinhält«. Verpacken Sie es als Spiel: Wetten, du hältst es nicht aus, dich nicht zu bewegen und mich machen zu lassen? Männer lieben Wetten sexueller Natur! Es könnte *der* Aha-Effekt für Sie sein, wenn Sie sich nach Ihren Gelüsten auf seinem Penis bewegen: Sie können seinen Schwanz wie einen Dildo mit der Hand führen und sich an der Klitoris streicheln. Sie können ihn mit der Eichel eintauchen lassen, von Stoß zu Stoß tiefer aufnehmen und Ihre Hüfte hin und her wackeln. Sie können auf ihm tanzen. Ihn zwischen Ihren Vulvalippen gleiten lassen wie ein Würstchen im Hotdog. Sie können die Hüfte rollen oder Ihren PC-Muskel zwitschern lassen. Sie können den Penis zwischendurch ablecken und wieder reinstecken. Sie können jeden Stoß mit einem Wort begleiten oder zu Musik vögeln. Kurz: Machen Sie's doch, wie *Sie* wollen! Ihre Lust ist seine Lust. Es wird Ihnen höllisch viel Spaß bereiten und ihm sowieso: Jeder Mann träumt davon, dass eine Frau sich mal nach ihren Lüsten an ihm austobt. Das nennt sich Win-win-Situation. Die Sie auch alleine genießen: Bringen Sie sich in Bewegung. Anstatt Ihre Hand an der Klitoris zu bewegen, reiben Sie die Klitoris an der Hand, der Sofakante, einem Kissen. Tanzen Sie mit einem Dildo Tango, lassen Ihre Hüfte so kreisen, dass Sie Ihre Klitoris an dem Liebeshelfer rubbeln, nicht umgekehrt. Oder vergnügen Sie sich beim Fahrradfahren, indem Sie sich am Sattel schubbern oder an einem Dildo mit Saugnapf, den Sie an die Kachel in der Dusche kleben ... Geben Sie Ihrem Vibrator Ferien!

In seiner eigenen sexuellen Kultur unabhängiger zu sein heißt nicht, auf Männer zu verzichten oder sich gar nichts mehr von ihrer Aufmerksamkeit, Liebe und Begehren abholen zu wollen. Um Gottes willen, nein, Männer sind klasse, und ganz gleich, wie autonom oder selbstbewusst eine Frau ist, so wird es ihr im besten Fall immer sehr, sehr viel Freude machen, ihre weiblichen Reize aller Art auszuspielen. Es ist ein Spiel, auf das Sie keinesfalls verzichten sollten, das Leben wäre sonst ja viel zu fad.

Mögen Sie Männer?

Es gehört zu den Phänomenen des Menschlichen, dass die innere Einstellung – gegenüber dem Leben, sich selbst, dem Sex, dem anderen Geschlecht ... – sichtbar und/oder fühlbar ist. Nennen Sie es Instinkt, Intuition, spontaner Eindruck – wenn Ihre Umwelt nicht gerade damit beschäftigt ist zu kontrollieren, wie sie selber auf andere wirkt, so wird das, was unter Ihrer Oberfläche ist, zumindest in Spuren wahrgenommen.

Manchen Frauen sieht man es auf den ersten Blick an, was sie von Männern halten: einerseits für Gangster, und andererseits hoffen sie auf den einen, der anders ist als alle anderen und sie von allem erlöst, was ihr fehlt. Das sind vor allem jene Frauen, die vom großen Geschlechterkampf der

Siebzigerjahre geprägt wurden (oder es von ihren Müttern aufsaugten und es an ihre Kinder weitergaben): Der Mann an sich wurde mit Argwohn betrachtet, als potentieller Unterdrücker der Frauen und sexfixierter Mensch, der abhaut, nachdem er eine Frau einmal beschlafen habe. Gleichzeitig haben schon die große Theoretikerinnen wie die ambivalente Simone de Beauvoir erkannt, dass es das Kollektiv Mann ist, nicht unbedingt das Individuum, dem Frau misstrauen sollte. Was als Schlagwort übrig blieb, war der Universalverdacht gegen den Mann als herrschsüchtiges, phallusbetontes, sexbesessenes, liebeverleugnendes Wesen. Wir arbeiten immer noch gegen diese schlagenden Worte an.

Dazu eine Anekdote am Rande: Eine deutsche Männerzeitschrift interviewte mich zum Thema One-Night-Stand und stellte die schöne Frage: »Wie werde ich sie (danach) los, ohne sie zu beleidigen?«

Ich antwortete: Erstens ist diese Frage in sich schon so gestellt, als ob Männer tendenziell gefühllose, schwanzfixierte Dummbeutel seien, die immer nur flachlegen und dabei wenig Scherereien haben möchten. Ich glaube, dass es diese Männer nur zu einem geringen Prozentsatz und meist in jungen Jahren, den Probierphasen, gibt, denen das Danach wahnsinnig peinlich ist und die zurück flüchten ins Alleinsein. Ansonsten wäre es sexistisch zu behaupten, »Männer sind so«. Sind sie nicht.

Um Sex zu wollen, sind Sympathie und Interesse nötig, und beides hört ja nicht mit dem Orgasmus auf, so dass das »Loswerdenwollen« höchstens dann stattfindet, wenn Mann das Ganze bei Tageslicht betrachtet und sich denkt: Oha. Wen hab ich denn da angeschleppt? Wenn er tatsächlich so doof war, überlasse ich ihn hiermit seinem Schicksal.

Zweitens ist es ja nun nicht so, dass Frauen Sex gleich

als Auftakt zu einer Verbindlichkeit sehen. Es ist ein Klischee, dass Frauen mit Sex Liebe erzwingen wollen – nein, das angeblich keuschere Geschlecht hat genauso viel Spaß an Abenteuer, unverbindlichen Erlebnissen oder will schlicht mit einem Mann schlafen, weil frau ihn begehrt. Sie wartet nach Sex nicht einfach ab, was denn nun passiert, und schon gar nicht darauf, ob er sie wegschickt – sie geht einfach selbst oder sagt leicht verlegen: »Duhuu ... ich muss morgen früh raus ...« – das ist der internationale Code, dass das Abenteuer nun beendet ist. Die Herren sollten sich daran gewöhnen, dass nicht sie es sind, die *sie* loswerden wollen – sondern umgekehrt.

Ich glaube, meine Antwort wurde nie gedruckt. Wieso nur gibt es immer noch – seit Aristoteles' Zeiten und Elektras Entführung – das Klischee, Frauen wären einem Mann nach einmal Sex mit ihm hörig und alle Männer würden nach einmal Sex das Weite suchen?

Anderen Frauen merkt man an, dass das Männliche ihnen mehr bedeutet als jede Freundin (ja, ja, diese Damen lieben wir besonders, diese Genossinnen, kaum betritt ein Mann den Raum, spreizen sie ihr Gefieder, lachen lauter und fangen an, auf uns einzusticheln, aber so, dass er es mitbekommt). Auch das ist ein Relikt aus Kinderzeiten: So wie die Männer-Misstrauischen es von ihren Müttern hörten, dass sie bloß nie heiraten sollten, sich nie einem Mann unterwerfen, so bekamen die Männertreuen das andere Extrem verpasst: Das Männliche war immer mehr wert. Bekam das größte Stück Fleisch auf den Teller, der Bruder wurde für Sachen gelobt, die beim Mädchen als selbstverständlich hingenommen wurden, und die weibliche Rivalität, die die Mütter den Töchtern vorlebten, wurde von denen übernommen: Der Raum um einen Mann herum ist klein, also sieh zu, ihn zu besetzen, bevor es eine andere tut oder du zu alt und hässlich geworden bist.

Und einige Frauen vermitteln eine vorurteilsfreie Haltung gegenüber Männern. Sie sehen als Erstes den Menschen, weniger den stereotypen Vertreter seines Geschlechts. Sie fürchten ihn nicht, sie sehen in ihm nicht das Heil. Das Chromosom ist ihnen schnuppe. Sie interessiert vielmehr, was ist er für ein Charakter. Diese Sorte Frauen ist anziehend. Nicht nur für Männer. Sondern auch für Frauen. Für Menschen.

Weil sie hinsehen, was da ist, und nicht über den Menschen, der vor ihnen steht, eine Tarnhaube von Vorurteilen ziehen.

Meine Freundin B. erzählte mir gestern, dass wir als Jugendliche vielleicht von dem Retter oder Ritter oder Prinz auf dem weißen Pferd geträumt hätten. Die Teenager von heute wissen allerdings auch noch genau, wie er aussieht: welche Frisur, welches Handy, wie die Brustmuskulatur geformt sein soll, wie er sich verhalten, reden, denken, gehen soll, was er haben und was bitte nicht haben soll. Und wie viele PS das Pferd haben sollte.

Das sind die Nebenwirkungen der medialen Bilderpropaganda, die seit der sprunghaften Erhöhung von Zeitschriften und Fernsehkanälen in den Neunzigerjahren und dem Internetboom der vergangenen zehn Jahre noch mehr die Träume kontrolliert. Denn wer Bilder beherrscht, beherrscht Menschen; und Bilder dieser Zeiten zeichnen stereotype Modelle von Mann und Frau.

☞ Bis weit in das Lebensalter von zwanzig und dreißig hinein, halten die meisten es wie die Figur des Herr K. von Bertolt Brecht: *»Was tun Sie«*, wurde Herr K. gefragt, *»wenn Sie einen Menschen lieben?«*

*»Ich mache einen Entwurf von ihm«, sagte Herr K.,
»und sorge, dass er ihm ähnlich wird.«
»Wer? Der Entwurf?«
»Nein«, sagte Herr K., »der Mensch.«*

Viele Frauen gehen einen Schritt weiter: Sie haben einen Entwurf und suchen den Mann, der dem am nächsten kommt oder der das Potential hat, gemäß Reißbrettsehnsucht passend gemacht zu werden. Die Veränderungssucht (die auch Männer befällt, keine Sorge) setzt ein, der Mann soll so werden wie das Bild von dem Mann an ihrer Seite, das sie mit sich herumtragen.

Jemanden so zu lassen, wie er ist, ihm seine andere Meinung, seinen anderen Lebensstil zuzubilligen, ist eine Fähigkeit, die sich oft erst entwickeln muss.

Einige Frauen können es von früher Jugend an, einfach so, leben und leben lassen. Andere sind regelrecht darauf trainiert, den Mann zu erziehen, das »machen ja alle so« oder »Männer brauchen das«, weil sämtliche Freundinnen es nicht anders halten und ihr zum Beispiel vorwerfen: »So lässt du ihn aus dem Haus? Mit *den* Hosen?« Als ob sie über einen Vorschüler reden. Und wieder andere Frauen merken es nicht mal, dass sie Männer so wenig ernst nehmen, dass sie sie ständig erziehen, verändern, verbessern, korrigieren, anzanken. Vielleicht weil sie von der Handvoll Mängelexemplare in ihrem Leben ausgehen und glauben, *alle* Männer seien so?

Vielleicht fragen Sie sich, was das mit Sexualität zu tun hat. Wahrscheinlich alles.

☞ Wer mit einer Klischeevorstellung über Männer ins Bett geht, wird auch nur Klischeesex haben.

Die gute Nachricht: Ich höre von immer mehr Frauen, die keine Lust mehr haben, sich von Gender-Klischees verscheißern zu lassen, und nach Mitteln und Wegen suchen, um einen Menschenmann zu erkennen, wie er ist, und nicht, wie ihnen geflüstert wurde. Und sie haben auch keine Lust mehr, durchgenormten Sex zu praktizieren oder sich erzählen zu lassen, sexuelle Ekstase wäre so nötig wie atmen und eigentlich täglich zu empfehlen. Ist sie nicht.

Irgendwann wird das auch die bunte Welt der Zeitschriftenmacher erreichen, und sie werden, juchhuu!, die ganzen albernen Stylingtricks und Sextricks, die sich wie eine Kuchengelinggarantie lesen, aus ihren Heften schmeißen und sich den realistischen Erwartungen der Frauen stellen.

Gut, das Letzte war ein Witz; die Anzeigenkunden werden nicht davon erfreut sein, den Leserinnen plötzlich keine Träume mehr andrehen zu können!

Wenn die Realität die Vorurteile ersetzt – ab da beginnt die Zuneigung, das Männermögen und auch der gute Sex. Empathie, Verständnis und die Fähigkeit, den anderen in seiner Einzig- und Eigenartigkeit sehen und womöglich verstehen zu wollen, bilden die Grundhaltung, die Sie nicht nur zu einem liebenswerten, reifen Menschen macht. Sondern es ist auch die Basis jeglicher Verführung. Und von Sex, wie er Ihnen guttut, nicht, wie Modellsex proklamiert wird.

Wohl der Frau, die dann auch noch einen Mann trifft, der bereit ist, auch ihr so zu begegnen. Ein Ideal? Vielleicht. Keiner von uns ist 24 Stunden am Tag fähig, ganz und gar wundervoll zu anderen und sich selbst zu sein. Doch man sollte immer auf die besten Möglichkeiten hoffen, nie auf die schlechtesten.

Absolut unwiderstehlich – die Kunst der Verführung

Initiativ soll sie sein, die Verführerin von heute, selbstbewusst auch. Attraktiv sowieso, Sexappeal haben und, ach ja, geheimnisvoll sein. Und dabei ganz natürlich. Schön locker bleiben. Nicht vergessen, den Bauch einzuziehen! Und haben Sie sich schon einen guten »ersten Satz« überlegt?

Unter uns: Ich bin das alles jedenfalls nicht. An manchen Tagen bin ich schüchtern und viel zu sehr in mich gekehrt, das Selbstbewusstsein ist mal da, mal weg, der Sexappeal ist weder mit einem On/Off-Schalter zu aktivieren, und wie man geheimnisvoll wirkt, ist mir schnuppe, ich halte das im Grunde für einen nebensächlichen Aspekt. Manchmal habe ich verführt, ohne es zu merken oder gar aufregend gekleidet zu sein – ein Blick, ein Lächeln, noch ein Blick, ein bisschen zugehört und nachgefragt, und Mann war entflammt. Erste Sätze? Wozu? Ein »Hallo« reicht meistens aus.

Und außerdem: Gibt es das überhaupt, *die* Verführung? Kann ich Ihnen ernsthaft von Frau zu Frau raten, sich in ein kleines Schwarzes zu werfen, rote High Heels an, einen Hauch Parfüm aus Ihrer Vulva an Ihren Hals zu tupfen und dann mit diesen Worten, jenen Blicken, der und der dramaturgischen Abfolge sich einem Mann zu nähern? Oder gar die Regeln anzuwenden, wie sie in seltsamen Büchern verkündet werden – ihn nicht zurückrufen, als Erste beim Date gehen, als Erste beim Telefonat auflegen, ihm nichts Persönliches erzählen, keine Verabredung für Samstag mehr nach Mittwoch annehmen? Ich kenne massenhaft Frauen, die diese Regel befolgen und die immer noch solo sind. Vielleicht gerade ... deswegen?

Fazit: Nein, all das kann ich Ihnen nicht raten. Ich kenne Sie doch gar nicht, ob das Ihr Ding wäre und ob der Mann, der's wert ist, darauf abfährt.

Ich kann Sie vielleicht nur davor bewahren, sich für Verführung, für Sexappeal, für eine anziehende Ausstrahlung zu verbiegen. Auch wenn es eine seltsame Methode im Vergleich zu anderen Büchern ist, die sehr konkret mit Verführungsvorschlägen kommen (so auch der Vorgänger dieses Buches, *Sex für Könner*, das den Herren recht strukturiert vorschlägt, sich Ihnen galant und anregend zu nähern; das schien mir in dem Fall angebracht, da die männliche Galanterie so selten geworden ist), so möchte ich es dennoch versuchen, Sie darin zu bestärken, auf Ihre eigene Verführungskraft zu vertrauen und nicht vorgefertigte Taktiken einzustudieren.

Mir widerstrebt die Vorstellung, dass Sie sich andernfalls umsonst in ein Abbild von, sagen wir mal, Dita Von Teese verwandeln und sich wundern, warum es nicht funktioniert oder nicht so, wie Sie wollten. Wenn überhaupt, verwandeln Sie sich am besten in sich selbst – aber nicht in die Kopie eines inszenierten Traums.

Vielleicht fangen wir einfach vorne an.

Der Zauber des Unberechenbaren

Was ist eigentlich Verführung? Jemanden dazu zu bringen, das zu tun, was er immer schon wollte, sich aber nicht traute.

Die Erfahrung zeigt, dass Menschen, die in der Lage sind zu verführen, anderen Menschen auch auf andere Weise Freude bereiten können und wollen. Sie vermitteln den Eindruck, als ob es ganz leicht wäre, Träume zu leben, und sie nehmen die Verführten metaphorisch an die Hand, um sie aus ihren Käfigen des Wartens, Zauderns und Hoffens zu begleiten. Sie versprechen etwas, ohne es auszusprechen – und der Verführte projiziert all seine Wünsche auf diesen Menschen. Sich wieder lebendig fühlen, jung fühlen; sich sexy und begehrenswert fühlen, sich verstanden fühlen. Kompletter, großartiger, sicherer.

Die meisten Menschen sind festgenagelt an Konventionen, Pflichten und in sich selbst. Und dann kommt jemand, der durch Charme, Verständnis und Sinnlichkeit zu einem Spiel auffordert – und plötzlich spüren wir, wie wir erblühen und mitspielen. Das Leben ist Gold, wir wachsen über uns selbst hinaus.

Verführung ist die Kunst, einen anderen wie auch sich selbst aus dem Alltag und der (erotischen) Routine herauszulocken. Es ist ein Versprechen auf Glück und Lebensfreude, ohne das schlechte Gefühl, dafür »bezahlen« zu müssen.

☞ Und was sieht der Verführte in Ihnen? Trophäe, vielleicht. Einen Persönlichkeitsverstärker womöglich (gutaussehendes Schmuckstück, intellektuelle Begleiterin, erfolgreiche Selbständige, High-Society-Profi ...). Oder den Fokus seiner heimlichen sexuellen wie auch Lebensträume. Wenn Sie den Mann noch nicht lange kennen, werden Sie es kaum wissen, was er in Ihnen sieht (bevor er Sie *wirklich* wahrnimmt). Das ist die Unberechenbarkeit, das Restrisiko, so dass Ihre Verführung sich niemals schematisch von Auslöser A zu Reaktion B hangelt, sondern in jedem Moment flexibel, dynamisch und absolut unstrukturiert verläuft.

Ich würde »Verführung« in ihrer erotischen Erscheinungsweise gern unterscheidbar machen: Es gibt die Verführung zu Sex. Die ist vergleichsweise einfach, wenn Sie die erotischen Träume des Mannes wie auch Ihre eigenen kennen und ihn in die Träume einladen. Das kann durch ein flirrendes, zweideutiges Gespräch sein, das kann mit einem »Lass uns vögeln« eingeleitet werden, oder ganz »klassisch« mit all den charmanten nonverbalen Signalen wie appetitlicher Ausschnitt, tiefe Blicke, knisternde Seidenstrümpfe, deren Halter ach so zufällig zu sehen sind, wenn Sie den Sitz des ladyliken Dessous unter dem zauberhaften Kleid richten.

Und dann gibt es die Verführung, die weit vor der Verführung zu Sex steht und einen Liebesakt nicht mal als zeitnahes Ziel anvisiert. Man kann Flirt dazu sagen, Anbaggern, Balz – oder eben auch Verführung zum Träumen. Sie ist im Vergleich feinstofflicher; sie hat viel mit Hinhören, Einfühlen zu tun, mit einem Pingpongspiel zwischen dem Mann und Ihnen. Manche überspringen diese »nichtsexuelle« Verführung und gehen gleich zur sexuell motivierten über. Ausschnitt, Augenaufschlag, gurrgurr.

Diese Abkürzung birgt eine Gefahr, nämlich die, zu scheitern! Erinnern Sie sich nur an einen ungeschickten Verehrer, der nach den ersten Kontaktanbahnungssätzen fix sehr eindeutige Avancen machte, seine Blicke unkontrolliert an Ihnen herumlecken ließ oder vorschnell seine Hand auf Ihren

Po pflanzte. Er versaute es durch die Eile, er sorgte gar nicht erst dafür, dass zwischen Ihnen so was wie eine aufgeladene Atmosphäre entstehen konnte. Ob mit Worten oder Berührungen; er wollte einen Traum erfüllen, den Sie bisher noch gar nicht hatten.

Und genauso funktioniert das auch bei Männern: Bevor er den Traum erfüllt haben will, mit Ihnen zu schlafen, will der Traum Zeit haben, sich zu entwickeln; auch Männer können sich zu schlicht und vorschnell »angebaggert« fühlen. Vielleicht funktioniert es deshalb nicht, auf einen Kerl zuzugehen und ihm zu sagen: »Schlaf mit mir«, oder, als nonverbale Aufforderung, einen auf betont sexy zu machen und zu erwarten, dann läuft das schon. Sex ist das Letzte, worum es in dem Anfangsstadium der Verführung geht; er ist nur das emotionale Hintergrundrauschen, wird aber nicht servierfertig angeboten. Also lassen Sie ruhig das knöchellange Wollkleid an, denn um zu verführen, ist keine sexy Ausstattung vonnöten!

Bevor Sie anfangen, seine Libido zu verführen, wickeln Sie erst mal sein Herz, seinen Geist, sein Ego mit Ihrer gesamten Persönlichkeit ein. Wenn er gut ist, wird er genau das bei Ihnen auch versuchen ...

Die Verführung eines Fremden

Wer ein Mann ist und sensibel zugleich, wird von »ganzen Kerlen« gern verächtlich als »Frauenversteher« bezeichnet. Ihm kann das egal sein, denn er ist insgeheim stolz auf das Etikett, bescheinigt es ihm doch Einfühlungsvermögen. Frauenversteher sind Menschenversteher. Sie versetzen sich, so gut es eben geht, in ihr Gegenüber und nehmen ihre eigenen Angelegenheiten für eine halbe Stunde weniger wichtig als sonst.

Warum gibt es kein weibliches Pendant, die »Männerversteherin«? Weil wir einfühlsame, kommunikative, sensible Frauen per se Menschenversteherinnen sind? Weil Männer luftdicht verschlossene Tupperschüsseln sind? Weil wir Männer nicht verstehen müssen, denn schließlich sind sie es, die sich um die Spielregeln zu kümmern haben?

Alles nicht wahr. Wahr ist, dass viele Frauen mehr damit beschäftigt sind, auf den Mann zu wirken, statt den Mann auf sich wirken zu lassen und erst dann auf ihn einzugehen (vulgo: ihn anzumachen oder gar zu verführen).

Unterscheiden wir Verführung noch mal. Vor der nichtsexuellen Verführung steht die erste Kontaktaufnahme – das Anbaggern. Verräterisch ist, dass im Deutschen kein schönes Wort dafür existiert. Anbaggern, angraben, anmachen, aufreißen, ranschmeißen oder zur Not auch schöne Augen machen sind die Begriffe, die uns zur Verfügung stehen. Verräterisch deshalb, weil diese Begriffe weder Sinnlichkeit noch Zauber noch Menschenfreundlichkeit zulassen, sondern eher einen verächtlichen Beigeschmack enthalten. Frauen schmeißen sich ran, Männer reißen auf. Merken Sie die Wertung, die in den Worten versteckt ist?

Dabei ist es schlicht: ein Angebot zum Kennenlernen. Ein sehr aufregender Moment.

Doch wie macht frau es?

Nina Hagens Ratschlag: »Wenn du scharf bist, musst du rangehn.« Sie kennen den Mann nicht, aber er gefällt Ihnen und deshalb wollen Sie ihm gefallen. Also kontrollieren Sie (wahrscheinlich) Ihr Aussehen, um sich sicher zu fühlen, werfen Blicke oder stellen sich neben ihn, und dann kommt: der erste Satz.

Sie können auch darauf warten, dass er den ersten Satz sagt. Aber dann würde Frau Hagen von ihrem galaktischen

Stern aus vermutlich einen wütenden Blick auf Sie werfen: Das wäre nicht Rangehen, sondern Ranwarten.

Passt irgendwie nicht zum Selbstverständnis; wenn eine Frau einmal mit dem Warten anfängt, macht sie damit weiter und wartet mitunter ihr halbes Leben darauf, dass ein Mann mal nett ist. Oder pünktlich kommt. Oder ihre Klitoris findet. Nein, warten hält vom Leben ab.

Also ist der erste Satz Ihr erster Satz, wenn Monsieur es bisher nicht mitbekommen hat, wie Sie mit Blicken nach ihm werfen. Der Satz muss nicht originell sein, nicht durchschaubar, nicht geheimnisvoll, muss nicht Ihre Persönlichkeit schillern lassen, muss kein verbales Den-Hals-Freilegen enthalten und keinen intellektuellen Stolz. Er kann sogar geklaut sein. Ach was, vergessen Sie es, sich ein Repertoire an »ersten Sätzen« anzueignen. Sagen Sie »hallo«. Oder auch: »Ich bin ... Ich möchte Sie kennenlernen.« Oder etwas, was sich auf die Umgebung, die Situation bezieht, in der Sie sich gerade aufhalten. Beim Jazzkonzert könnten Sie fragen, ob ihm aufgefallen ist, dass der Bassist immer mit geschlossenen Augen spielt. Oder im Café, ob Sie seine Zeitung, sein Zuckerbriefchen, seinen Löffel haben könnten. Ob ein »ziemlich heiß hier, oder?« in der Sauna allerdings so passend ist ... obgleich: warum nicht? Oft haben schon die scheinbar blödesten Anmoderationen (in der U-Bahn: »Fahren Sie auch mit diesem Wagen?« oder in der Bibliothek: »Lesen Sie?«) zu den erfrischendsten Begegnungen geführt.

Kleben Sie nicht an Worten fest; Worte sind in der Kontaktaufnahme überschätzt. Er hört gar nicht, was Sie genau sagen, weil er noch damit beschäftigt ist, Ihren Blick, Ihre Haltung, Ihren Geruch und Ihre Gesten auf sich wirken zu lassen. Aber es passt zu unserer digitalen Hightech-Welt, dass Erotik in den Kopf, in die Vernunft verpflanzt wird, anstatt sich darauf zu verlassen, dass die Körper sehr wohl fähig sind, nonverbal auszuhandeln, was sie voneinander wollen könnten. Ich möchte Sie bitten, sich davon zu lösen, dass Eloquenz nötig ist, um zu verzaubern. Ist sie nicht. Sie kann die Sache verstärken, aber zu diesem Zeitpunkt noch nicht.

☞ Zwischenfrage: Heißt es nicht immer, man solle den Mann kommen lassen? Jein. Vor allem in den Neunzigerjahren wurde den Frauen quasi aufgezwungen, Initiative zu zeigen, wenn sie sich noch als emanzipierte Frau ernst nehmen wollten. Dann wieder hieß es: Bloß nicht, bloß nicht, sexuell dominantes Verhalten beim Flirt wäre eine maskuline Eigenschaft, die Männer bei Frauen übelnehmen, weil es den Mann als unmännlich erscheinen lässt. Es sei völlig in Ordnung, wenn (emanzipierte) Frauen weiterhin die Beute mimen und ihm den ersten Schritt abringen, damit er den Jäger spielen kann. Beides ist Quatsch: Die Anbahnung zwischen Mann und Frau ist so individuell und so dynamisch, dass die Übergänge fließend sind, beide sind Beute, beide sind Jäger.

Alles, was ein Mann jetzt braucht, ist ein Blick und ein kleines bis größeres Lächeln. Vergessen Sie Ihre primären und sekundären Geschlechtsmerkmale. Vergessen Sie es, cool zu sein oder lasziv. Cool ist frei von Feuer, das aber notwendig ist, um Funken sprühen zu lassen, und lasziv ist zu früh.

Der Mann will Ihr Lächeln und Ihren Blick.

Das wirklich Erste, was ein Mann wissen will, wenn Sie ihn ansprechen: Meint sie mich? Ist es keine Mutprobe, ist sie nicht angeschickert (es gibt nichts, was Männer, sofern sie selbst nicht betrunken sind, so mit Unwillen erfüllt wie eine angetrunkene Frau, die mit ihm flirten will), will sie nicht mein Geld, meint sie wirklich mich? Als Persönlichkeit? Als Mann?

Ihr Lächeln macht Sie nicht nur schöner und zündet das Licht um Sie herum an, es signalisiert auch Zuwendung, das »Ich interessiere mich für dich«. »... und für nichts anderes«, fügt Ihr direkter Blick hinzu. Wenn Sie die süße Unruhe des Begehrens spüren (scharf sind), glänzen Ihre Augen von selbst, da müssen Sie nicht nachhelfen.

Mit Ihrem Blick bannen Sie Ihr Gegenüber, blenden den Raum aus, konzentrieren die Situation auf Sie beide. Ihre Augen sind die Scheinwerfer, mit dem Sie ihn in das Licht Ihrer Aufmerksamkeit stellen. Alle Menschen lieben dieses Licht. Erst recht vom anderen Geschlecht. Und erst recht in Zeiten, wo sich jeder um sich dreht und keiner mehr um den anderen: Da kommen Sie plötzlich und vermitteln mit Mimik und Blick: ja, du. Du bist interessant. Wer bist du? Was fühlst du? Ich habe dich in meinem Fokus, ich bin mehr an dir interessiert als daran, mich interessant zu machen.

Diese Konzentration zu halten ist in den kommenden Viertelstunden das Wichtigste. Zielt Ihr Blick an ihm vorbei, wird er die Freundin im Hintergrund wittern, die das Ganze begutachtet. Er wird sich als Versuchskaninchen empfinden und als nicht gemeint; nur als weitere Nummer in einem Aufreiß-Wettbewerb. Das ist der Moment, in dem Ihre Vorstellung endet, wenn er nicht unter akutem Triebstau leidet und es ihm schnuppe ist, ob Sie ihm zuhören oder nicht.

Ach so, was übrigens die meisten Männer völlig nebensächlich finden: Wie alt Sie sind, ob Sie perfekt gestylt sind, ob Sie geschminkt sind (um genau zu sein, finden Männer Schminke abtörnend, vor allem lange Fingernägel, grellen

Lippenstift und Puderzeugs), ob Sie dünn sind, ob Ihr Rock kurz, lang oder eine Hose ist. Machen Sie sich nicht davon verrückt, ein Klum-Lookalike zu sein, um toll gefunden zu werden. Toll findet der Mann jene Frau, die ihm vermittelt: Ich finde dich toll, zeig mal, ob du's bist.

Und ab jetzt beginnt die (noch nicht sexuelle) Verführung. Wobei es Sie beide sind, die einander verführen. Ja: Sie beide.

☞ Verführung ist immer auch Verführtwerden. Ob wir übers Anbaggern sprechen oder über die Verführung: Die Vorstellung, dass es sich um eine einseitige Dialogform handelt, in der es eine gibt, die agiert, und einen, der nur reagiert, ist ein Irrtum.

Innerhalb der ersten Minuten entscheidet sich, ob Sie einander verführen wollen. Sie können nicht viel dagegen und nicht sehr viel dafür tun, ob er Sie grundsätzlich anregend findet. Jeder Mensch entscheidet spontan (in etwa neun Sekunden) sowie stichprobenartig in den darauffolgenden Minuten, ob er grundsätzlich mit dem Gegenüber schlafen würde. Ob er oder sie erotisch interessant wäre.

Dieses Checkerprogramm läuft im Hintergrund Ihres Bewusstseins ab, es ist kein willentlicher, vernunftgesteuerter Vorgang, sondern wird im emotionalen Gehirn gefällt. Das Urteil setzt sich zusammen aus bisherigen Erfahrungen (»Mit Rothaarigen konnte ich schon immer gut, blaue Augen brachten mir nur Unglück«), individuell geprägten Vorlieben (»Ich mag Rosengeruch, aber nicht Jasmin, geh weg, du«), derzeitiger Stimmung (»Ich bin viel zu hässlich, um begehrt zu werden«), momentaner Gefühlslage (»Ich würde mich so gern mal wieder verlieben ... tollen Sex haben ... ein Erfolgserlebnis haben ... flirten ...«) und der unerklärbaren Chemie, die sich entweder zwischen zwei Menschen entfaltet. Oder eben nicht.

Auch deswegen ist es gleichgültig, ob Sie Anbagger-/Verführungstricks anwenden oder nicht; letztlich zählt, ob Sie es sind, die ihm sympathisch und erotisch interessant vorkommt. Je echter Sie selbst sind, sowohl in Kleidung, Auftreten, Verhalten und Lächeln, desto besser: Das Checkerprogramm ist nämlich sehr beleidigt, wenn es das Gegenüber nicht richtig wahrnehmen kann, sondern sich durch allerlei Wahrnehmungstrübungen kämpfen muss (zu intensives Parfüm, Wonderbra, optische Schminktricks, unechtes Lachen ...). Auch das Vortäuschen von Interesse nimmt das Checkerprogramm wahr; es stimmt jegliche Gestik, Mimik und Tonlage mit den Erfahrungen, die es mit *echtem* Interesse gemacht hat, ab und erkennt sofort, wenn zum Beispiel der Ausruf »Ach, wirklich? Wie spannend!« gespielt ist.

Es entscheidet sich dann für »Nein, ich kann diesen Menschen nicht wirklich einschätzen, etwas ist falsch, aufgesetzt, Pose, ich trau dem verkleideten Braten nicht«. Auch nicht dem unglaublich sexy ausstaffierten Braten.

Männer wollen eben nicht mit jeder Frau schlafen und auch nicht mit jeder noch so attraktiven, ade, Klischee. Sie können ihm glauben, wenn er sagt, dass man ihm Angelina Jolie oder Michelle Pfeiffer auf den Bauch binden könne und es gäbe keine Erektion: Es gibt eben kein Klick in der erotischen Festplatte.

Es gibt Frauen, die sehen das nicht ein. Das sind jene, denen wir dabei zusehen, wie sie erfolglos einem Mann nachjagen, und objektiv gesehen oder an allgemeinen Attraktivitätsnormen gemessen, sind es sehr aufregende Frauen. Er findet sie nett, mag sie vielleicht, findet sie eventuell sogar toll, klug, witzig und bemerkt, wie attraktiv sie sind. Sie machen alles »richtig«, lachen an den richtigen Stellen, stimmen ihm in allem zu und interessieren sich brennend für alles, was er sagt. Aber zum letzten Klick fehlt etwas: das rein subjektive »Ja« seines erotischen Checkerprogramms.

Das Sie übrigens auch haben. Wenn Sie genau hinhören, wird es Ihnen zuverlässig verraten, ob Sie einen Mann zwar sympathisch, aber nicht sexuell attraktiv finden. Das kann enorm dabei helfen, sich nicht vergebens zu bemühen. Wie oft passiert es Frauen, dass sie versuchen, Männern zu gefallen, die ihnen nicht mal gefallen ...? Und es hilft auch dabei, die falschen Kerle auszusortieren, die ganz gut darin sind, Interesse an Ihnen vorzuheucheln, weil sie mal gelesen haben, das führt zum Flachlegen.

Wenn Ihr Hirn auch nur ein Gedanke durchzuckt, der sein Interesse in Frage stellt, horchen Sie auf und glauben sich selbst. Reden Sie es sich nicht schön. Wir wissen alle mehr, als wir uns manchmal eingestehen wollen; vor allem die unangenehmen Wahrheiten.

Ah, Fußnote nebenbei: *Sein* erotisches Checkerprogramm sorgt auch dafür, dass er Sie attraktiv und sexy findet, wenn Sie selbst gerade *nicht* finden, dass Sie sexy und attraktiv sind, oder nicht mal dran denken, aufregend wirken zu wollen, weil Sie in oller Jeans und Riesenpulli von der Vespa steigen, inklusive Helmfrisur. Dem Eroschecker ist es egal, ob die begehrte Frau in Latzhosen oder Lackstiefeln antanzt. Gewöhnen Sie sich an den Gedanken, auch dann sexy zu wirken, wenn Sie scheinbar gar nichts dafür getan haben.

Das Erholsame und Entlastende dieser Erkenntnis besteht darin, dass Sie sich nicht ständig auftrüffeln müssen, um erotisch gefunden zu werden. Das wäre sogar kontraproduktiv: Wiederholung gebärt Gewöhnung. Wer ständig nur schön ist, wird schnell langweilig, also bleiben Sie bitte Sie selbst, wechselhaft und echt.

Noch eine Fußnote: Die Pille verändert das Geruchssystem einer Frau und wird außerdem verdächtigt, die Schuldige zu sein, sich genau den »falschen« Mann zu erschnuppern. Wird die Pille abgesetzt, findet frau ihn sexuell auf einmal gar nicht mehr so attraktiv wie vorher.

Jetzt wird es spannend: Wenn Sie die Schwingungen wahrnehmen, dass er gespannt auf Sie ist, dann sind nicht mehr allein Sie es, die verführt, und er kann nur noch »ja« oder »nein« sagen. Falls Ihre Intuition von zu viel Herzklopfen gestört ist: Dass er ganz bei der Sache, nämlich bei Ihnen ist, erkennen Sie tendenziell daran, dass er Sie mehr als einen Wimpernschlag lang anguckt, Ihnen wirklich zuhört, lächelt, Ihre Bewegungen spiegelt (Sie legen den Unterarm auf den Tresen, er tut es auch), dass seine Fußspitzen immer mal wieder in Ihre Richtung zeigen, dass er sich nicht nur mit Ihrem Dekolleté unterhält, aber schon mal diskret einen Blick darauf und auf Ihre Beine wirft, und auch daran, dass er sich nicht darin aalt, von Ihnen angemacht zu werden (Sie wissen schon, diesen selbstzufriedenen, schleimigen Gesichtsausdruck, den gewisse Männer haben).

Im besten Fall wird er nun daran interessiert sein, Sie zu verführen.

☞ Der schlechteste Fall ist übrigens nicht, dass er kein Interesse an Ihnen hat – sondern dass Sie ihn in einer nicht flirtbereiten Stimmung erwischen. Sie kennen das von sich selbst, an manchen Tagen haben Sie keinen Sinn dafür, angeflirtet zu werden. Sie haben andere Sorgen. Sie haben keine Energie, sich einzulassen, und es ist Ihnen sogar schon zu viel, auf Interesse mit Gegeninteresse zu reagieren, weil Sie keine Kraft dafür haben. Und das kann Männern genauso gehen. Das ist dann keine Ablehnung Ihrer Person, sondern schlicht: Schnauze voll von der ganzen Welt.

Wenn Sie jedoch den Wunsch, Sie zu verführen, in ihm wachküssen, können Sie Fahrt aufnehmen und weitermachen. Das ist das wichtigste Geheimnis der Verführung: Es geht nicht darum, dass einer den anderen rumkriegt. Sondern dass beide sich rumkriegen wollen. Das ist das Spiel, die Dynamik, das Unberechenbare – sobald er anfängt, Ihnen gefallen zu wollen, Sie mit den Augen anzublitzen. Wenn in seiner Stimme etwas mitschwingt, was eindeutig nicht neutral ist. Kommen Sie, wenn Sie keine Novizin sind, wissen Sie, was das ist.

Wenn Sie ihn zum Verführen verführen, haben Sie ihn.

Denn niemand mag sich ganz in eine passive Rolle ergeben, schon gar nicht: ein Mann. Leser Klaus A. schrieb mir mal, seine Geliebte sei zunächst erbost gewesen, als er auf ihre Frage: »Ich habe dich doch verführt, oder?« antwortete, er sei noch nie verführt worden. »Aber ich habe doch ...«, hub sie an, und er führte den Satz zu Ende: »... mir Mut gemacht, dich zu verführen.« Sie erkannten, dass sich beide in der Phase dieses Kennenlernens während mehrerer Rendezvous als aktiven Part empfunden hatten. Sie öffnete Türen, er ging hindurch, wagte sich weiter, klopfte an, sie ließ ihn ein.

So und nicht anders funktioniert Verführung. Es ist ein gegenseitiges Unterfangen. Und wenn es läuft, ist das eines der großartigsten Momente.

Wenn es nicht läuft und der Kerl zum Beispiel keinerlei Anstrengung unternimmt, dass Sie sich geschmeichelt fühlen, dass er Ihnen zuhört, dass er Ihnen Komplimente macht, dass er versucht, Sie rumzukriegen – dann vergessen Sie es. Versuchen Sie keinerlei schonende Erklärung zu finden, so was wie

»Er ist ja nur schüchtern« oder »Ich muss es eben nur stärker versuchen«.

Bitte. Es ist ein internationaler Code, das Lächeln, der Blick, das Zuhören, der erste dezente Flirt. Wenn das nicht vom Gegenüber aufgenommen und weitergesponnen wird, will er nicht, fertig, Abfahrt.

Aber wenn es läuft, dann befinden Sie sich ab jetzt in der diffusen Zone, in der niemand sagen kann, was richtig ist. Höchstens, was falsch ist.

Falsch wäre, verbal mit der Tür ins Haus zu fallen respektive mit dem Busen in sein Gesicht.

Das erotisierende Gespräch

Das Gespräch zwischen zweien, die einander zum Träumen, zum Wohlfühlen, zum Grenzenüberschreiten verführen, besteht in herausfordernder, durchaus intimer, aber stets mit leichtem Herzen geführter Wortplänkelei: Es funkelt vor Zweideutigkeiten, poetischen Andeutungen, zarten Komplimenten, die aber sexuelle Reizwörter wie »erregend, geil, Sex« vermeiden.

Gute Flirts (nicht schreiend in der Disco!) sind ein erotisierendes Gespräch, das dem anderen nicht zu nahe kommt, sondern dafür sorgt, dass er sich wohlfühlt. Die Themen besitzen in sich Sinnlichkeit, etwa Gespräche über Essen, Wein, Musik, Kunst, Literatur, Träume. Das erotisierende Gespräch ist frei von sachlichen Leistungsthemen wie Job, Besitz, Aussehen, Sorgen. Das Erotisierende drückt sich in Körpersprache und flirtendem Ton aus, weniger im Wortinhalt. Ach, stellen Sie es sich einfach so vor: Sie reden mit ihm respektvoll, aber mutig wie mit einem vertrauten Freund, der Ihnen außerdem noch Herzklopfen verursacht.

☞ Beim Flirt wird Begehren zu 55 Prozent durch Körpersprache und Blicke ausgedrückt und verstanden, 38 Prozent läuft über die Stimmlage, und nur sieben Prozent des gesprochenen Inhalts sind von Belang; beim Telefonieren entsteht das Prickeln zu 93 Prozent durch die Modulation Ihrer Stimme und die Art, wie Sie etwas sagen.

Das erotisierende, körpersprachlich intensive Gespräch führen Sie hauptsächlich, wenn Sie den Herrn erst mal emotional »anschmelzen« möchten. Und sich von ihm auftauen lassen wollen …

Während über »neutrale« Themen wie Musik geredet wird, äußern Blicke und Gesten, Lächeln und lockende Körpersprache sexuelles Interesse (das müssen Sie nicht steuern – Ihr Körper tut es sowieso!), so dass es subtil zu knistern anfängt. Während man noch über die Coverversion der Puppini Sisters von Beyoncés »Crazy in Love« redet, handeln die Körper und Stimmen derweil das Sexuelle aus. Je mehr Gemeinsamkeiten und gleichgelagerte Interessen Sie verbal finden, desto zügiger werden auch Ihre Gesten – ganz von selbst – erotisch auffordernder werden. Zwischen zweien, die noch kein gemeinsames Thema gefunden haben, entfalten sich dagegen manchmal recht »aggressive Gespräche« (vor allem bei Alpha-Männchen, für die ein Flirt dann gelungen ist, wenn er mehr einem Kampf denn einer Schmeichelei oder gar einem einvernehmlichen Interessensaustausch ähnelt); aber auch diese Aggression kann sexy sein.

Mit der Stimme allerdings können Sie in jedem Fall bewusster spielen: Lesen Sie sich mal aus der Tageszeitung laut selber vor – aber so, als ob Sie einem Kerl mitteilen, wie gern Sie jetzt seinen schönen Schwanz in Ihrer Muschi haben möchten. Ihr Ton erotisiert, egal was Sie sagen.

Insgesamt zeichnet sich das erotisierende Gespräch dadurch aus, dass nichts Erotisches gesagt wird, dass es aber Sympathie und körperliches wie mentales Interesse am Gegenüber vermittelt. Es verspricht keinen Sex, es deutet ihn an.

▶ Die Kunst der Kunstpause. Wenn Sie Sätze sagen wie: »Ich würde gern mit Ihnen ...« – Pause – »... tanzen/den Mond betrachten/das Whiskyangebot studieren«, so hat Ihr Zögern auch etwas »gesagt«: Ihr Zuhörer »versteht« das Zögern als sexuelles Interesse, was nur nicht ausgesprochen wurde, weil sich dafür noch nicht die Intimität zwischen Ihnen hergestellt hat. Sicher wird er sich nie sein – aber, und das bitte unter uns: Genau das liebt er.

☞ Eine der Meisterinnen der erotisierenden Worte war die Schauspielerin Mae West: »Ist das ein Revolver in Ihrer Tasche, oder freuen Sie sich nur, mich zu sehen?«, fragte sie beim langsamen, engen Tanz, anstatt zu erotischen Worten zu greifen und etwa zu sagen: »Meine Güte, Ihr Schwanz will wohl auch mittanzen.« Das wäre zu direkt und distanzlos gewesen. Sie war auch der Typ Frau, der mit einem Pelz in die Bar kommt, ihn ablegt, darunter splitternackt ist und ohne mit der Wimper zu zucken fragt: »Hätten Sie wohl eine Zigarette für mich – es scheint, als hätte ich meine Tasche vergessen.«

Also das Gespräch. Worüber Sie sprechen wollen, ist zwar weniger wichtig, als *wie* Sie es tun. Sie wissen schon, Ton und Körpersprache wie auch Blicke und scheinbar zufällige Berührungen gehen vor Inhalt und Eloquenz.
Und doch kann Ihnen das *Was* ein paar Türen öffnen.

Oder schließen. Okay, die Türöffner:
- *Fragen Sie ihn, gern unerwartet und aus dem Gesprächszusammenhang gerissen, etwas über ihn, über das, was ihn »gemacht« hat.* Es stimmt nicht, dass Männer gern für berufliche Erfolge angehimmelt werden. In der Regel fehlt ihnen die Anerkennung als Mann und Mensch, nicht als Abteilungsleiter. Fragen Sie, wie er wurde, was er ist.
- *Männer wollen geistreich sein, geben Sie ihm dazu Gelegenheit.* Wenn Sie ihn auf einen Gedanken bringen, den er noch nie gedacht hat, so wird er nicht nur sich selbst bewundern, sondern auch Sie, die eine so intensive Gesprächsatmosphäre herbeigezaubert hat. Er wird sich schlauer in Ihrer Gegenwart vorkommen und dieses gute Gefühl gern bald wieder haben. Und die Bewunderung geht dem Verlangen unmittelbar voraus.
- *Werden Sie persönlich*, nicht aber intim oder gar schlüpfrig. Das Übergriffige ist das, was in der Vokabel »Anbaggern« nebst Varianten enthalten ist, es verdonnert den Partner zur Passivität, ja zur Willenlosigkeit. Die Amerikaner kennen den Begriff des »personal space« – der impliziert, dass man jemanden in der Annäherung weder verbal noch körperlich auf die Pelle rückt, sondern einen Respektabstand einhält.
- *Achten Sie auf die Ausgewogenheit zwischen Zuhören und Erzählen.* Wenn ich in Cafés sitze und ein Date beobachte, fällt mir häufig auf, dass es nicht nur die Männer sind, die ihr Gefieder spreizen und reden und reden und …, sondern die Frauen. Sie hören nicht zu. Sie fragen nicht nach. Sie warten darauf, dass er Atem holt oder ein Stichwort gibt, um dann eine Geschichte von sich zu erzählen: »Ach, deine Mutter ist tot? Ich hatte

da mal eine Freundin, deren Vater seine Mutter verlor, und ich habe dann ...« Man glaubt es gar nicht, wie sehr es uns allen fehlt, dass man uns zuhört und dass wir wahrgenommen werden. So sehr, dass es schon sehr verführerisch ist, wenn einer kommt und die Ohren und Augen aufsperrt.

➻ Stellt sich dagegen heraus, dass er keiner ist, der *Ihnen* zuhört, sondern nur redet und redet und redet ... und Sie bleiben natürlich höflich, gut erzogen, fallen ihm nicht ins Wort und sind danach völlig fix und fertig vom Zuhören – dann müssen Sie sich fragen, ob Sie auf Dauer ertragen wollen, dass er nur ein Thema kennt: sich selbst. Denn das wird sich in den nächsten Jahren nicht ändern, dieser Ohrensauger wird sich selbst immer die meiste Aufmerksamkeit schenken und sich von Ihrem Kraftaufwand des Zuhörens ernähren; er wird sich nicht sehr darum bemühen, herauszufinden, wer Sie sind, was Sie wollen und wie er Ihnen Gutes tun kann. Es sei denn, Sie verschaffen sich in einem ständigen Kampf Gehör.

Aber gehen wir vom angenehmeren Fall aus. Einander wahrnehmen und zuhören sind in einer Waage. Von dieser nichtsexuellen Verführung werden Sie irgendwann – und das wird Ihnen Ihre Intuition sehr wohl sagen, wenn es so weit ist, »dass da was geht« – in eine sexuell orientierte Verführung gleiten. Ob am selben Abend, ob beim dritten oder vierten Wiedersehen.

Jetzt kippt etwas. Sie haben einander bezaubert, berochen, sich interessiert. Jetzt zum Fleisch.

Eine Theorie besagt, dass die Verführung zu einem (ersten) erotischen, sexuellen Beisammensein nicht spontan geschieht, sondern überlegt. Wahrscheinlich von beiden. Sie haben einen

Mann kennengelernt, und vor einem der nächsten Treffen beschließen Sie, in ihm den Wunsch zu erwecken, Sie (erotisch) zu verführen. Sie zu wollen. Sich ins Zeug zu legen.

Er wiederum fragt sich, ob da was geht, und ist ebenso aufgeregt. Er wünscht sich, Sie dazu zu verführen, ihn zu wollen.

Dabei ist es völlig gleich, ob es das zweite oder siebzehnte Rendezvous ist. Ignorieren Sie irgendwelche Regeln, ab wann eine Frau frühestens bereit sein sollte, ihn »ranzulassen«. Diese Regeln basieren auf einer mittelalterlichen Überzeugung über männliche Sexualität und verunglimpfen Männer als gefühllose Wesen. So wird man nie ein Team auf Augenhöhe.

Surfen Sie auf der Welle, wenn sie da ist, wenn es brennt, lichterloh. Jemanden dazu zu verführen, Sex mit Ihnen haben zu wollen, heißt nicht, an dem Abend auf Sex zuzusteuern – Sie können ihm so lange (oder so fix) einheizen, wie Sie wollen, und sich von ihm einheizen lassen.

Jedes Paar hat dabei sein eigenes Gummibandprinzip: Bei einigen lädt sich die erotische Spannung so rasch auf, als ob man ein Haushaltsgummi ganz schnell auseinanderzieht. Bei anderen ist es die ruhigere Variante.

Eines eint alle Varianten: Es gibt einen Punkt, an dem ist die Spannung am höchsten. Bei den einen bei der zweiten Verabredung, bei anderen bei der zehnten, und ich kenne Paare, die umkreisen einander Jahre (weil jeder in einer Beziehung lebt).

Es gibt dazu keine verbindliche Regel außer der, dass Sie nach innen lauschen und wahrnehmen, was Ihnen Ihre Lust wie auch Ihr Vertrauen in den Mann diktieren. Vertrauen? Allerdings – je mehr Sie einem Mann vertrauen, desto leichter werden Ihnen später Orgasmen mit ihm fallen.

Was daraus wird, entscheidet sich nicht in der ersten Nacht, sondern daran, wie die Wiederholung ausfällt. Es ist immer das zweite Mal, das über die Fortsetzung entscheidet.

Zwischenfrage: Gibt es zu schnellen Sex?

Mein Mann sagt: Bitte keinen Selbsthass, wenn eine Frau recht bald mit einem Mann ins Bett geht.
»Jede Beziehung beginnt mit einem One-Night-Stand. Es beginnt immer mit *einer* Nacht. Ob das der Anfang von vielen ist oder ob es die einzige bleibt, weiß man(n) frühestens am nächsten Tag. Die Frage aber, die vorher zu entscheiden ist, lautet, *wann* diese Nacht stattfinden soll. Bevor man sich kennenlernt – oder hinterher. Die einen hätten gern erst den Sex, dann das Herzflattern, die anderen ziehen den Sex als letzte Prüfung vor. Wobei der moralische Aspekt (›Die ist aber leicht zu haben‹) keine Rolle spielt: Die Damen, bitte keinen Selbsthass, wenn Sie morgens neben einem aufwachen, den Sie erst seit gestern kennen. Wenn wir verliebt sind, kann ein One-Night-Stand nur die männliche Angst wecken – meint sie es ernst, oder bin ich nur ein Sexhäppchen?!
Ich persönlich bin ein Freund der langsamen Jagd. Zum einen finde ich es genussvoller, zum anderen kann Sex ohne vorheriges Herantasten in einem ziemlichen Geholze enden. Das Tragische ist ja, dass klassische One-Night-Stands (rein in die Bar, raus mit der Frau, ich ruf dich an) überschätzt sind – oft ist der Sex miserabel, ein gutes Buch hätte mehr gebracht.
Aber auch das ist eine Frage des Naturells. Some like it flott. Und manchmal soll es eben doch nur Sex sein – das ist auch nicht verwerflich.«
Aber kommen wir zu den Momenten *vor* dem ersten Mal.
Schon die Sitzordnung ist interessant. Kommen Sie drei

Minuten zu spät, damit er seinen Platz schon gewählt hat. (Kommt er später als Sie, können Sie die Mühe wahrscheinlich vergessen. Ja, er darf Ihnen gern zeigen, was Sie ihm wert sind, und das beispielsweise mit Pünktlichkeit.)

Wählen Sie die Sitzvariante »übereck«. Gegenüber überbetont das Sprechen und erschwert die Berührung, beim Nebeneinander ist's umgekehrt, da wird zu viel berührt, und Sie können nicht so schön mit Worten und Blicken und Sehnsucht auf Berührung spielen. Die Eckvariante erlaubt beides. Oder Sie bauen den Vorgang des Umsetzens in das Spiel mit ein – ein Signal, das nichts an Deutlichkeit zu wünschen übriglässt. Dann können Sie aber auch gleich sagen: »Schlaf mit mir. Jetzt.«

Das Gespräch ist in erwähnter Weise erfolgt, es hatte Passagen, in denen Sie führten, und solche, die von ihm dominiert wurden. Beide brachten Sie sich dazu, etwas über sich preiszugeben.

Das erste Schweigen verrät alles

Und nun – tritt Stille ein. Schweigen. Jetzt gut aufpassen. Wie reagiert er? Nervös? Wie reagieren Sie? Panisch? Lenken Sie ab, sieht er sich nach dem Kellner um, sehen Sie auf die Uhr, zieht er die Socken hoch? Haben Sie den Impuls, sofort die Stille mit Worten zu füllen?

Halten Sie sich zurück. Beobachten Sie das Schweigen.
Schweigen lügt nie.

Keine voreiligen Schlüsse: Verlegenheit und Desinteresse haben oft die gleichen Gesten.

Lassen Sie das Schweigen zu, denn es ist der wichtigste Moment: Wenn sich Ihre Blicke jetzt ineinander verhaken, können Sie getrost die nächste Phase einläuten: die der Berührung und des erotischen Gesprächs. Wenn Sie denn noch sprechen können. Denn dieser Augen-Blick wird es sein, der in Ihnen beiden vom Erwachen der Lust kündet. Wenn er Ihrem Blick standhält, ist es um ihn geschehen.

Wenn Sie mögen, schalten Sie nun im erotischen Gespräch einen Gang rauf.

Das erotische Gespräch bietet Sex an. Es aber ad hoc und zu früh zu beginnen könnte entzaubernd wirken; er darf sich gern noch ein bisschen wie auf der schwankenden Brücke fühlen und nicht wissen, ob sie hält oder was ihn am anderen Ende erwartet.

Dennoch kommt es nun darauf an, ihn direkt anzuregen – mit moderat anzüglichen, persönlichen Komplimenten, aufreizenden Angeboten und charmanten Willensbekundungen. Und immer noch geht Ihre Tonlage vor dem Inhalt. Flüstern Sie. Sagen Sie ihm etwas direkt in die Augen. Ruhig. Ohne zu zwinkern. Etwas tiefer als sonst. Langsam. Sie können »du bist ein verdammt aufregender Mann«, »ich will dich«, »du riechst so gut« auf zig verschiedene Arten raunen, keuchen, in Befehlsform flüstern, hervorstoßen, seufzen, beiläufig sagen, langsam oder schnell ... Und wenn Sie ihm dabei in die Augen sehen mit dem Gesicht, das Sie sonst aufsetzen, wenn Ihnen nach Schokolade ist, werden Sie überrascht über die Wirkung sein.

Auch den simplen Satz »Ich will mit dir schlafen« (falls Ihnen danach ist, das einem Mann einfach mal ins Gesicht zu sagen und zu gucken, was passiert) können Sie mit unterschiedlicher Betonung – auf »ich«, »will« oder »schlafen« – eine andere erotische Färbung geben. Sagen Sie es mal vor sich hin und hören sich zu. Wenn Sie mögen, gucken Sie in den Spiegel und bringen die Worte mit Ihrer Mimik in Einklang.

Hauptsache, das, was Sie sagen, hört sich nach Ihnen an.

Und wenn Sie nicht der Typ sind, der so was sagt, sondern eher ... mit Gesten und Berührungen verführt?

Dass Frauen scheinbar unabsichtlich berühren (etwa den Ellenbogen streifen) oder ein halbes, mehr angedeutetes Schulterklopfen anbringen, wenn ihnen ein Mann gefällt, hat sich bei den Jungs herumgesprochen. Das können Sie einmal machen, dann ist aber auch gut; widmen Sie sich den erotisch aufgeweckteren Teilen.

Halt, nicht *dem* Teil!

Genauso unabsichtlich, aber anregender (und jetzt spielt die Sitzordnung »übereck« ihre Stärke aus) ist die Berührung der Knie. Und sie ist viel erotischer. Zuckt er zurück? Hält er stand? Erwidert er gar den Druck? Zuckt er nur zurück, um nach einer Pause zurückzukommen? Jetzt können Sie über dem Tisch reden, was Sie wollen: Die entscheidende Verhandlung wird unter der Tischplatte geführt. Auch das Füßeln ist aus der Mode geraten, warum auch immer. Dabei finden es Männer wunderbar, weil es in das Dunkel unter der Tischplatte verbannt ist. Sie haben nun beide ein Geheimnis. Etwas passiert. Passiert schon was?

Als Abschluss legen Sie mit einer nicht zu zaghaften Bewegung Ihre Hand neben seine. Handfläche nach oben. Ob er wohl seine Hand auf Ihre legt? Dann ist eindeutig etwas passiert: Sie haben ihn dazu verführt, Sie zu wollen.

Und nun seien Sie gespannt, wie es weitergeht.

Die Türöffner:
- Verführen Sie nur, wenn Sie selbst verführt werden wollen, und nicht, um auszutesten, ob er anspringt.
- Denken Sie gut über den Treffpunkt nach: Ruhig und diskret muss er sein, aber nicht menschenleer. Ist er zu laut, müssen Sie lauter sprechen, was Ihre Stimme ange-

spannter und höher werden lässt; keine sonderlich reizvolle Tonlage.
- Schenken Sie ihm ein Lächeln.
- Seien Sie wach im Gespräch, und reagieren Sie auf einzelne Worte mehr als auf Sätze.
- Erzählen Sie etwas über sich, und achten Sie darauf, dass er sich ebenso öffnet.
- Wenn Sie rauchen, tun Sie es mit Haltung.
- Suchen Sie wenigstens einmal die Waschräume auf. Damit er Ihren Gang bewundern kann (Kopf hoch, bitte). Und Ihren Hintern. Und die Schuhe.
- Wenn Sie ihn bekochen, dann Fleisch, nicht ganz durchgebraten. Ein Klischee? Und wennschon: Dieses stimmt.
- Verbannen Sie die ersten Berührungen ins Dunkle: unter den Tisch.
- Machen. Aber auch machen lassen: Das Spiel von Jagen und Gejagtwerden ist ein beiderseitiges.
- Nehmen Sie Komplimente ohne Ziererei an. Relativieren Sie sie nicht (ach, der alte Fummel ... ich bin gar nicht so schlank, wie du denkst ... meine Arbeit ist keine große Sache ...), das macht Sie klein, und er will Sie doch bewundern. Sonst lässt er das irgendwann.
- Ihre Berührungen mit gleichzeitigem Blickkontakt haben Sprengkraft. Seien Sie sich über diese Wirkung bewusst.
- Schalten Sie das Handy demonstrativ aus.
- Kleidung hat Signalwirkung; manchmal eine, die Sie gar nicht ausdrücken wollten – zu zugeknöpft, zu androgyn oder auch zu betont aufregend. Halten Sie sich im Zweifel an die Stilregel: Entweder oben *oder* unten scharf, aber nicht beides, sonst zupfen Sie dauernd an sich rum. Heißt: Rollkragen zum kurzen Rock ja, tiefes Dekolleté und kurzer Rock nein. Sie sind kein Sonderangebot.

- Es hat sich unter Männern herumgesprochen, dass Frauen, die gern essen, auch in anderen Belangen äußerst sinnlich sind. Das nur als Anmerkung, ich werde nicht in Ihren (Diät-)Speiseplan pfuschen.
- Sehen Sie ihm nicht nur in die Augen. Lassen Sie Ihren Blick auch einmal demonstrativ auf seinem Mund ruhen, bevor Sie zu seinen Augen zurückkehren. Obacht vor diesen zwei hochwirksamen Blicken: auf sein Gemächt unter der Hose schauen und sachte die Unterlippe an der Oberlippe reiben. Oder Ihren Blick genussvoll über seinen ganzen Körper gleiten lassen.

Die Verführungsverhinderer:
- Trinken Sie sich keinen Mut an. Wenn Sie ihn nicht nüchtern haben, lassen Sie's bleiben.
- Verkleiden Sie sich nicht.
- Blicken Sie nicht an ihm vorbei.
- Fragen Sie ihn nicht aus.
- Lachen Sie nicht über jeden Witz, den er macht. Zwingen Sie ihn, gut zu sein. Es wird ihm guttun.
- Texten Sie nicht die bisweilen entstehende Stille zu. Wo geschwiegen wird, regiert der Blick, und er verführt mehr als jedes Wort.
- Versuchen Sie, unsinnliche Themen einfach zu lassen. Es ist nicht der Zeitpunkt, um über den Ex-Lover zu lästern oder sich auszuweinen, über andere Frauen oder Anwesende zu reden (es sei denn Nettes).
- Erlauben Sie sich beiden, sich nonchalant zu umwerben. Manche Männer sind (aufgrund ihrer Jugend vielleicht) ungeschickt und preschen oft im Gespräch schon ziemlich schnell ran. Heißt: Sie werden schnell anzüglich und überspringen den Aufbau von köstlicher Spannung. Las-

sen Sie ihn damit durchkommen, gerät die gegenseitige Verführung etwas platt. Wenn Sie merken, dass er Ihnen für Ihren Geschmack zu früh verbal an die Wäsche geht, gehen Sie. Erst mal nur Hände waschen. Wenn er diese sanfte Maßregelung nicht verstanden hat, drücken Sie Ihr Missfallen aus. Nur Mut, er soll die Gelegenheit bekommen, sich anzustrengen.

Kleine Verführungsadjutanten:
- Masturbieren Sie vor dem Rendezvous, beispielsweise in Gedanken an ihn. Sie bekommen einen Blick, wie es keine Schminke je imitieren könnte.
- Wenn Sie mögen, tupfen Sie nach dem Orgasmus einen Hauch Feuchte aus Ihrer Vulva in Ihre Ellenbeugen. Diese geruchlosen Pheromone werden in seinem limbischen Gehirn verarbeitet.
- Nehmen Sie so wenig Parfüm, dass es erst wahrgenommen wird, wenn er den Intimitätsabstand von 60 Zentimetern Nähe unterschreitet. Trotz aller Werbebotschaften gehören Parfüms zu den häufigsten Lustbehinderern, wenn sie den Eigengeruch des Trägers überdecken oder ihre Aromen beim Gegenüber unangenehme Assoziationen auslösen.
- Achtung, Klischee mit Wahrheit: Rote Kleidung oder Leder kommen immer gut an; Etuikleider dagegen strahlen dagegen was Geschäftsmäßiges aus.
- Humor, Authentizität, Spiellust, Lebenslust, Sinnlichkeit, Wärme, Reife, Jugend gehören ebenfalls zu den verführerischen Elementen Ihrer Persönlichkeit. Blenden Sie sie nicht aus, um nur durch Sexiness zu punkten.
- Lippenstift: ja oder nein? Die Werbebotschaften suggerieren, dass der ausgemalte Mund erotisch, weiblich,

attraktiv sei. Das stimmt nur bedingt – als Blickfang, der von den Augen ablenkt (Ihren wichtigsten Verführungsdolmetschern). Rote, durchblutete Lippen im Gesicht werden mit einer roten, durchbluteten, also erregten Vulva assoziiert. Jetzt kommt das Aber: Lippenstift zieht nicht bei jedem Mann, manche törnt es regelrecht ab, sie mögen das bunte Gekrümel nicht an ihren Lippen haben, vor allem nicht Rosa- oder Brauntöne.

❧ Wie sieht es mit sonstigem Beiwerk aus – Netz- und Nahtstrumpf, rot lackierte Fingernägel, Handschuhe (ein immenser Erotikfaktor, wie ich finde, weil er unüblich ist und so ladylike), Stilettos oder Stiefel? Na klar, nur zu, wenn Sie mögen. Auch hier nur bitte die Stilregel: ein bis zwei Signale reichen. Bedenken Sie, dass auch er Sie verführen will; doch mit zu vielen »ich will dich ja schon!«-Signalen nehmen Sie ihm die reizvolle Aufgabe ab, Sie zu umwerben. Sich anzustrengen macht ihm Spaß.

Und jetzt ... straffen Sie die Schultern. Heben Sie den Kopf. Lächeln Sie ein bisschen und suchen den Blick des Mannes, den Sie verführen wollen. Schauen Sie ihm in ein Auge (das weichere), denken daran, dass Sie ihn wollen, und lassen Ihr Lächeln langsam, langsam strahlender werden ... Voilà, der Anfang ist gemacht.

Die (erste) Verführung ist die aufregendste Verabredung, die es gibt. Sie besitzt eine Steigerungsdramaturgie, aber das Ziel ist nicht planbar. Deswegen überlasse ich die beiden Verführten und sich Verführenden an dieser Stelle sich selbst. Wenn sie sich ein Ziel vorgenommen hätten, hätten sie sich des Schönsten beraubt: der Ungewissheit, die diese Verführung so aufregend und so planlos und so einzigartig macht.

Abschließend: Ein Zwischenruf von einem, der um

seiner selbst willen verführt werden will – bitte nicht nur mit den einfachsten Mitteln – und der das Verführt-worden-Sein nicht vorgehalten bekommen möchte:

> »Es wird gelegentlich behauptet, dass der Mann an sich nur Sex will, während die Frau die Liebe bevorzugt und Sex höchstens als adäquates Lockmittel für Ehe ohne Ende einsetzt. Dass also der Mann von seiner genetischen Struktur her darauf aus ist, seine Fruchtbarkeit in alle Welt beziehungsweise alle Schöße zu schleudern, aber dem anschließenden Frühstück nebst Verantwortung tunlichst aus dem Weg geht. Während die Damen keusch über den Begehrlichkeiten schweben und als Gegenleistung ihres horizontalen Opfers eine gesicherte Rente erwarten. Schade: Während Frauen ihre Seite der These weit von sich weisen, werden Männer nicht mal ernst genommen, wenn sie versuchen einzuwenden: Schatz, aber bei mir ist das nicht so! Jaja, weiß frau doch, dass Männer in dieser Angelegenheit lügen. Es weiß doch alle Welt, dass Mann nur das Eine will, und wenn nicht mit der einen, dann wenigstens mit so vielen anderen wie möglich, Liebe hin oder her.
> Gut, geben wir es zu: Es kann sein, vielleicht, dass da noch so ein Steinzeitprogramm auf der männlichen Festplatte auf einen Reload lauert; doch abgesehen von einigen besonders virilen oder gestörten Exemplaren Homo masculinum halte ich dieses Klischee vom latenten Lasse Samström für groben Unfug. Sicher, Mann sieht auf der Straße eine Frau und denkt: ›Boah, geile Titten! Und erst der Aaarsch.‹ Aber, meine Damen: Das sind *Phantasien*! Die sich bei der nächsten wiederholen. Biegt sie um die Ecke, sind Frau und Phantasie vergessen. Sollte es vor

dem Abbiegen um die Ecke tatsächlich zu einem spontanen Kopulationsangebot ihrerseits kommen, schätze ich, dass neun von zehn Männern sagen: ›Och nö, lass ma, so war das nich' gemeint.‹
Was also will der Mann?
Oder besser: Was will er denn dann, wenn er nicht ständig will?
Er will vor allem eines nicht: funktionieren müssen!
Jeder Mann, ob vordergründiger Macho oder feministisch erzogenes Weichei, wird einen Widerwillen dagegen entwickeln, etwas tun zu müssen, weil es von ihm erwartet oder gar verlangt wird. Er ist ein Mann, er hat zu wollen, egal ob dies genehm ist oder nicht, so lautet die allgemeine Schublade. Er ist per se schuldig, seinem Trieb ungeachtet der Beziehungsphase nachzugehen, und wird verdächtigt, an nichts anderes zu denken, als wann er wieder sein Ding irgendwo reinpfriemeln kann.
Natürlich weiß er, dass er auf bestimmte Signale reagiert, wie scharfe Dessous oder versautes Vokabular. Ähnlich wie Frauen auf George Clooney und Davidoff-Parfüm. Und solange diese Signale einfach dem dienen, dem zu dienen sie vorgeben, nämlich dem Vergnügen und der Lust – ach, es gäbe keinen begeisterteren Mitspieler als den so verlockten Mann! Doch so wie ganz tief in ihm noch sein uralter Primateninstinkt ihn zu breit gefächerter Vermehrung anstacheln will, so hat sich auch seit jenen ersten Tagen im Neandertal die Gewissheit in seinen Genen eingenistet, dass das Weib ein tückisch Wesen ist. Sie sagt nämlich das Eine – und meint das Andere. Sie redet von Leidenschaft und will doch den Kinderwagenschieber; sie streckt ihm ein wohlgeformtes Bein unter die Nase und hat die Klaue schon griffbereit; sie spricht von

Treue und Verbindlichkeit und schielt dabei schon mit einem Auge auf den Hengst am Nachbartisch. Sie sagt ihm die notorische Untreue nach und münzt sein Begehren gleich in egoistische Falschmünze um. Wie er auch reagiert, reagiert er falsch. Lässt er sich verführen, ist das schon der Beweis, dass er doch nur an das Eine denkt.

Meine Frau meint, ich übertreibe ein wenig. Zumal diese den Männern so suspekte weibliche Strategie ja auch nicht vom Himmel gefallen ist. Unterdrückte Gruppen pflegen im Laufe der Zeit eine gewisse Pfiffigkeit zu entwickeln. Nur: Ist das im aufgeklärten Paarungsverhalten wirklich noch nötig?

Nach jahrzehntelangem rhetorischem Dauerfeuer hat auch das trägste Manneshirn erfasst, dass die Zeiten der Samenschleuderei vorbei sind. Ist ja auf Dauer auch viel zu anstrengend. Männer wollen nicht mehr nur das Eine wollen müssen. Und Frauen wollen manchmal auch einfach nur Sex (höre ich da den Beifall applaudierender Frauenhände?).

Mag sein, dass wir oversexed (und underfucked) sind, vor allem aber ist unser Sex overloaded. In der boulevardesk-gesteuerten Jagd nach G-Punkt, multiplen Orgasmen und tantrischen Ekstase-Himalayas kommt der eigentliche Sinn der ganzen Chose doch ziemlich kurz, nämlich dass Sex Spaß machen soll und vielleicht den einen oder anderen nervösen Tick abbauen kann. Manchmal ist eben nicht nur eine Zigarre einfach nur eine Zigarre, manchmal ist Sex auch einfach nur Sex. Und der funktioniert nun mal am besten zwischen zwei Menschen, die sich gut verstehen und den Sex zu ihrem Hobby machen.

Das sehen übrigens die meisten Männer auch so.

Also, wie wär's, Ladys, ihr hört auf, uns wie dauererigierende, hodengesteuerte Deppen zu behandeln, und wir hören auf, uns wie solche zu benehmen.
Und wenn wir dann das Eine wollen, dann am liebsten von der Einen, die weiß, dass nur das Eine nicht genug für ein ganzes Leben ist.«

Ach, ach ... ja, es ist so: Wir verlieben uns auch immer in die Verliebtheit des anderen. Wir empfinden Lust an der Lust des anderen. Wir bewundern den anderen für seine Bewunderung, die er uns entgegenbringt. Wenn die Ansteckungsgefahr von Gefühlen so groß ist, was läge da näher, als dass man auch das Misstrauen des anderen übernimmt? Vielleicht ein Gedanke, den wir weiterspinnen sollten.

Die Verführung des eigenen Mannes

In *Sex für Könner* habe ich Männern geraten: »Wenn Sie weiterhin die scharfe Braut haben wollen, die Ihre Frau am Anfang Ihrer Beziehung für Sie war – dann behandeln Sie sie auch weiterhin als scharfe Braut.«
Ich bin überzeugt, das gilt ebenso für den Gegenpart: Wenn Sie Ihren langjährigen Partner auch künftig als den scharfen Hengst wahrnehmen wollen, auf den Sie zu Beginn so verrückt waren, für den Sie sich die tollsten Sachen ausgedacht haben – dann behandeln Sie ihn auch wie einen. Und nicht wie einen Jungen, nicht wie einen Bruder oder einen Sohn, dem das Hausmuttchen die Pantoffeln nachträgt, die ihn zusammenfaltet, weil er die Spülmaschine falsch einräumt, die ihm zu Weihnachten Hemden und Krawatten schenkt, weil er sich selber so unmöglich anzieht, und die ihn zu allem Überfluss auch noch Bärchen, Purzel oder Pupsihase

nennt. Werden Hengste auf diese Weise gezähmt, kann man das auch als Kastration bezeichnen.

Aber fangen wir noch mal mitten im Leben an. Sex ist nicht zu trennen von der Art, wie Sie beide miteinander leben, umgehen, wie Sie Ihren Alltag gestalten und wie viele Jahre Sie hinter sich haben. In diesen Jahren wurden Sie im schönsten Liebesfall zu einem Team, Vertrauten, Freunden, der Großteil Ihres Lebens wurde durch die Anwesenheit und Gemeinsamkeit mit dem Partner geprägt. Sie haben viele Verhandlungen geführt, immer wieder, sind älter geworden, jeder hat sich entwickelt, Sie hatten Krisen allein und zusammen. Ihr Sex ist sicher nicht mehr der wie in den ersten Wochen, aber auch nicht derselbe wie nach fünf Jahren oder vor dem Kind, nach dem Enkelkind, vor dem Betrug (falls da einer war), und es gab allerlei Phasen von Lust und Unlust.

Und jetzt ... stellen Sie fest, Sie hätten mal wieder Lust auf – ja, auf was genau? Geht es konkret um sexuelle Wünsche, die Sie ganz neu haben, die Sie seit Jahren aufschieben? Oder geht es darum, »mal wieder als Frau« wahrgenommen zu werden? Begehrt zu werden? Mal wieder beim Sex zu schwitzen und nicht nur beim Radfahren? Fehlt Ihnen was, oder sind Sie »nur« neugierig?

Wenn Ihnen etwas fehlt, versuchen Sie es ganz genau zu bestimmen, ob es durch Sex zu bekommen ist. Oder ob es sich nicht vielmehr um Aufmerksamkeiten handelt, die sich weniger im Schlafzimmer abspielen: Interesse, Freundlichkeit, Zeit miteinander verbringen, sich als Frau wertgeschätzt fühlen und nicht nur als Kumpel oder Mutter. Benutzen Sie Sex oder Verführung nicht, um etwas zu bekommen, was nichts mit Sex zu tun hat. Benutzen Sie dafür Ihren Mund, Ihr Herz und Ihren Verstand. Reden Sie. Fahren Sie mit ihm weg.

Oder fehlt Ihnen »nur« etwas beim Sex, was bisher durch

sein Unwissen ausblieb oder durch Ihrer beider gemeinsames, bequemes Leben? Dann – nur zu. Ob Sie darüber reden oder gleich in Aktion treten, wenn Sie sich bewegen, bewegt sich was.

Einige Vorschläge, um sich wieder daran zu erinnern, dass Sie nicht nur Liebende und Partner sind, sondern ein Mann und eine Frau mit jeder Menge Gelegenheiten, Sex zu haben:

- Fassen Sie ihn an. Sowohl zärtlich und nichtsexuell (lange Umarmungen, Kopfkraulen, in die Innenseite seiner Hand küssen ...) als auch bewusst sexuell: zwischen den Beinen, am Hintern, diskret in der Öffentlichkeit, offensiv unter vier Augen. Berührungen sind Nahrung für die Zuneigung und den Hormonspiegel. Wer berührt wird, bekommt Lust auf mehr Berührungen, ohne Kontakt schläft das Interesse daran ein, und die Seele verkümmert langsam vor sich hin.
- Küssen Sie ihn, so oft es geht. Nicht nur mit dem Mund und der Zunge, sondern mit Ihrem ganzen Körper, den Sie an ihn pressen. Grund: siehe vorangehenden Punkt. Anfassen und küssen sind die beiden ersten Dinge, die Frauen lassen, wenn sie länger mit einem Mann zusammen sind; als ob die rigide Beschränkung das Interesse an ihr wachhalten soll. Tut es nicht: Im Gegenteil, es schwächt das Interesse.
- Ich habe eine Freundin, die ihrem Gatten jedes Mal (wirklich jedes Mal!) an den Schwanz geht, wenn er das Haus verlässt. Während des Abschiedskusses krault sie seine Eichelspitze unter der Hose, bis sein Schwanz steht und ihr Mann mit einer Erektion das Haus verlässt. Er liebt dieses Interesse an seinem Teil, und der steife Bruder ist in der Tat sehr bestechlich: Ihn freut diese Zuwendung,

die nicht auf sofortigen Sex hinausläuft, so sehr, dass er, wenn es dann irgendwann doch auf Sex zusteuert, eifrig aufspringt und ihr den Vortritt lässt.

- Rufen Sie sich seine Vorlieben ins Gedächtnis. Er steht auf rote Klamotten an Ihnen? Tragen Sie ein rotes Lackkleid beim Kochen. Er hat schon früher bewundernd mit der Zunge geschnalzt, wenn Sie schwarze, hohe Stiefel trugen? Lesen Sie nackt in Stiefeln Zeitung, als ob Sie nie anders lesen. Sie haben früher öfter mal halterlose Strümpfe getragen, und er war furchtbar entzückt? Ziehen Sie vor seinen Augen welche an, legen sich neben ihm ins Bett, sagen »gute Nacht« und drehen sich um. Die Kunst ist, all das ganz nebenbei zu tun, ohne offensichtlich sexuelle Absichten. Viele machen es andersherum und stellen sich mit den roten Lackkleidchen in Positur und gucken lasziv; das aber wird ihn nicht verführen, sondern ihm ohne Raffinesse sagen: Okay, ich will was von dir, also, los, mach was! Verführung ist immer noch, jemanden dazu zu bringen, etwas zu tun, was er sowieso will, sich aber bisher nicht traute. Oder vergessen hat. Wenn Sie ein kleines bisschen so tun, als hätten sie üüüberhaupt nicht vor, ihn mit seinen Vorlieben anzumachen, erregen Sie genau die erotische Unruhe, die die Verführung zu einer solchen macht. Ja, das ist jetzt ausnahmsweise ein Tipp aus der Trickkiste der sexuellen Manipulationen. Weil er funktioniert und keinem schadet.

- Handelt es sich dagegen *nicht* um Ihren Gatten, sondern um einen Mann, den Sie nur sporadisch treffen, um sich zu lieben, funktioniert Verführung auch durch die unverhohlene Direktheit: Er hat sich mal gewünscht, Sie im Schwesternhäubchen zu sehen und dass Sie dazu eine von diesen winzigen, weißen Schürzchen mit nix drunter tragen? Bitte sehr. Tun Sie es, wenn er *nicht damit rechnet*. Soll er haben. Er klingelt, Sie lassen ihn rein, wortlos, Sie warten auf ihn, wortlos, im Häubchenoutfit, vielleicht auf den Knien und tun so, als putzten Sie gerade das Parkett. Oder Sie haben sich aufs Bett gelegt, Beine gespreizt, die Finger halten die Vulva offen. Die wortlose Pose in einem von ihm irgendwann gewünschten Outfit kann eine sehr, sehr effektive Verführung sein.

- Auch Männer brauchen Stimmung. Allerdings eine etwas andere als wir Damen: Während wir oft versuchen, ihm durch eine von uns geschaffene Stimmung etwas mitzuteilen, versteht er bei dem Anblick von Kerzenlicht, sexy Musik, seinem Lieblingsessen und Sie in einem engen, durchsichtigen scharfen Teil: fick mich. Und kommt schneller zur Sache, als Ihnen lieb ist. Sie wollten dagegen vielleicht ausdrücken: Verführ mich. Nimm dir Zeit. Flirte mit mir. Bewundere mich. Sieh mich endlich mal wieder an. Frag nicht: Was ist mit Oma, wenn ich schwarze Unterwäsche trage und sonst nichts außer meine Liebe für dich. Leg mich nicht gleich flach. Genieße uns.

- Das versteht Mann aber nicht unbedingt bei der Bühne, die Sie aufziehen (es sei denn, er kennt Sie wirklich sehr gut oder er hat zufällig mal davon gehört, dass Frauen nicht nur verführen, um Sex zu wollen, sondern um Aufmerksamkeit, Zärtlichkeit, liebevolle Gesten und Begehrtwerden zu erhalten). Deswegen bei aller Stimmungszeremonie: Geben Sie ihm einen Tipp, was *genau* Sie wollen. Darauf können sich Männer besser einlassen, als Sie vielleicht fürchten; er findet es nicht unromantisch, wenn Sie ihm mitteilen: Ich will mit dir reden, flirten, ich wünsche mir später eine Massage und ein bisschen Streicheleinheiten, und ein paar Komplimente wären auch schön.

- Männer brauchen Stimmung, Teil zwei. Genau wie Frauen sind Männer beeinflussbar durch die Dinge, die ihnen den Tag versaut oder verschönert haben. Einen gestressten, ärgerlichen, überarbeiteten, mit sich selbst unzufriedenen, geistig rastlosen Mann verführen zu wollen bedarf einer gewissen Vorarbeit: nämlich Entspannung. Körperlich wie geistig. Komplimente, liebevolle Gesten, Lob, Zuhören, ihm begreiflich machen, dass er nicht auch noch der Fickhengst sein muss, sondern dass Ihnen beiden jetzt ein wenig körperliche Nähe guttut. Und vorher was zu essen. An manchen Abenden geht das gut, an anderen nicht, und manchmal stellt sich heraus, dass er so ätzend gestresst ist, dass nur eine Reinkarnation oder ein generell anderer Lebenswandel vonnöten wäre, ihn zurück zu seiner sexuellen Lebensfreude zu führen. Dennoch: Machen Sie nicht den Fehler, des Mannes Libido als ständig reaktionsbereit einzuschätzen; auch er braucht Vorlauf. Manchmal hilft ein rigider Schnitt, um ihn aus dem Alltag zu befreien, der ihm auf den Schwanz und die Erregungsfähigkeit im Kopf schlägt – mit ihm wegfahren. An die See, in die Berge, eine andere Stadt, egal, Babysitter organisieren, Handy-Ladegerät verstecken, weg von Verwandten, Kindern, Job.
- Verführen Sie keinen hungrigen Mann. Und keinen überfressenen. Der Magen eines Mannes bestimmt mit über seine Lust, genauso wie bei Frauen beispielsweise kalte Füße oder Angst vor Schwangerschaft.
- Manche Männer lieben eine Frau so sehr, dass sie ihr die »schmutzigen« Phantasien vorenthalten und all die

kleinen geilen Wünsche, die sie umtreiben. Als ob sie sie nicht damit »belasten« wollen oder gar fürchten, nicht respektvoll zu sein. Das kann daran liegen, dass er Sie weniger gut kennt, als er meint – wenn Sie immer mal wieder den Anfang machen und über Ihre sexuellen Wünsche sprechen oder Sie anfangen, sie auszuleben und ihn einfach mit hineinzuziehen (indem Sie wortlos die für Sie interessanten Positionen einnehmen, indem Sie ihn bitten, mal dieses eine geile, böse Wort zu benutzen, oder ihm von Ihren erotischen Träumen berichten, dessen Mittelpunkt er ist), wird er begreifen, dass er ebenso offen sein darf und sexuelle Wünsche die Liebe nicht bedrohen. So halten Sie emotionale Nähe aufrecht, um auch weiterhin sexuelle Einzelheiten auszutauschen. Und wenn Sie die erst mal kennen … erfüllen Sie Ihrem ach so prüden, braven, überrespektvollen Ausschweiger eine kleine Wunschphantasie.

- In langjährigen Beziehungen, die von Liebe geprägt sind, drücken Männer durch Sex ihre Liebe aus. Oft mehr als durch viele Worte oder all die anderen Aufmerksamkeiten, die wir Frauen uns oft vergeblich ersehnen. Ja, Sex ist Liebemachen für die hoch sensiblen Herren. Was das für Ihre Verführung heißt? Dass Sie nicht nur seine Hose knacken, sondern auch sein Herz, wenn es darangeht, den eigenen Mann mal wieder zu verführen. Eben nicht mit Hardcore-Muschi-Parade im Latexfummel und »Besorg's mir, Scheißkerl«-Ansprache. Sondern mit Liebe. Erst das zärtliche Waschen seines Körpers unter der Dusche, dann das Streicheln von Kopf bis Fuß, schließlich ein ruhiger, schöner Fick, bei dem Sie ihm nebenbei zeigen, wie er Ihre Klitoris besuchen kann. Ganz in Liebe.
- Uns allen ist ein wenig das teenagerhafte Staunen ver-

lorengegangen, als Sex noch eine wahnwitzig verbotene, aufregende Sache war. Und man aus jedem Ort, jeder Begebenheit etwas Aufregendes machen konnte. Gefummel im Kino. Spontane Rollenspiele im Baumarkt. Hausputz in Unterwäsche. Bei der Masturbation erwischt werden und sich gegenseitig zeigen, wie man untenrum aussieht. Es im Schlafzimmer des Freundes auf der Engtanzfete treiben und hoffen, dass bloß keiner reinkommt. Sex im Rhythmus von Musik haben. Sex bei offenem Fenster und sich vorstellen, man könnte gehört werden. Sich einen Schlitz ins Höschen schneiden, weil man sich vorstellt, auf dem Rücksitz des Autos zwischen den Beinen geküsst zu werden. Und, und, und ... es sind die überraschenden Frivolitäten, mit denen Sie den männlichen Kopf und Unterleib erobern (und Ihren eigenen übrigens auch).

- Seien Sie nett. In etwa fünfmal netter, als Sie denken, dass es reicht. Wir alle vergessen manchmal, den Menschen, die uns wichtig sind, zu sagen, zu zeigen, dass sie uns die liebsten Menschen der Welt sind. Das heißt nicht, dass Sie sich nie zanken sollen – zanken Sie! Brüllen Sie! Aber seien Sie immer wieder nett, damit sein Herz sich bei Ihnen sicher fühlt. Ist sein Herz bei Ihnen, ist der Körper entspannt, um sich zu Sex verführen zu lassen.
- Lieben Sie mit den Augen. Tun Sie das, was auch wir uns von unseren Männern wünschen, nämlich dass sie uns ansehen, wahrnehmen, bewundern, begehren, mit Blicken streicheln, auch wenn wir uns zum zigsten Mal vor ihm ausziehen. Genau das tut auch Männern so unendlich gut. Es ist dasselbe Licht Ihrer Augen, in das Sie ihn am Anfang Ihrer Liaison gestellt haben und in dem er sich großartig fühlt – und großartiger handelt.

➨ Machen Sie öfter mal den Anfang zu Sex. Ob direkt: »Ich will mit dir schlafen«, ob mit einem kühnen Griff an sein Gemächt halbschläfrig am Morgen, ob direkt nach dem Essen, wenn die leeren Teller noch auf dem Küchentisch stehen und Sie ihn an die Hand nehmen und ins Schlafzimmer leiten: Die unkomplizierte Aufforderung vermittelt ihm: Ich will dich. Ich begehre dich. Das ist Zuckerzuckerzucker und zieht immer.

➨ Flirten Sie mit ihm wie mit einem Fremden, auf den Sie scharf sind, oder stellen Sie sich vor, er wäre Ihr heimlicher Liebhaber, mit dem Sie sich treffen. Oder Sie zelebrieren wenigstens einmal die große Oper, wie es meine Freundin T. getan hat:

»War es tatsächlich bald zehn Jahre her, dass Kai und ich uns das Jawort gegeben hatten? Es kam mir nicht so lange vor. Noch immer schauten wir uns zärtlich an, schrieben uns Liebesbriefe und suchten die Hand des anderen beim Einschlafen. Unser zehnter Hochzeitstag war Freitag in vier Tagen. Kai wollte sich um das Abendprogramm kümmern, und ich sollte mir etwas für den gemeinsamen Spätnachmittag ausdenken. Ich stand vor einem Dessousgeschäft und fragte mich, was ich mir wünschte. Ich wollte den Nachmittag allein mit ihm verbringen. Ohne Kinder, ohne Telefonanrufe. Und ich wünschte mir noch etwas: Ich wollte Lust. Seine. Meine. Übermütig beschloss ich, ein Tageszimmer in einem Hotel zu buchen. Damit würde Kai nicht rechnen. Und auch nicht damit: Ein Negligé und ein sündiges Nichts als Höschen aus nachtblauer Seide, Seidenstrümpfe und hohe Schuhe. Wann hatte ich mich zuletzt je so gekleidet, wann hatte ich meinen Mann nicht nur lieben, sondern verführen wollen?

An unserem Hochzeitstag schickte ich ihm eine Nachricht und bestellte ihn in das Hotel. Ich war schon dort. Prosecco stand bereit, ein Tablett mit Beerenfrüchten lockte zum Naschen, die Vorhänge waren zugezogen, und ich hatte Teelichter in roten Gläsern aufgestellt. Das Bett war in den Alkoven eingelassen, mit schweren roten Vorhängen. Außerdem hatte ich Musik: Tango Gotan, den erotischsten Tangosound der Welt.
Er klopfte.
›Entrez‹, rief ich.
Ich musste mich beherrschen, sitzen zu bleiben, wo ich war: in diesem nachtblauen Ensemble auf dem Ledersessel, mit dem schwarzen Seidentuch, das ich mir um die Augen gelegt hatte, zurückgelehnt, die Beine leicht geöffnet. Als ob ich immer so Tango zu hören pflegte.
Kai trat ein. Ich hörte das Rascheln von Blumenpapier; dann roch ich es: Rosen! Sacht streichelte Kai mich mit den Blüten am Hals, am Dekolleté.
›Du siehst hinreißend aus‹, flüsterte er und strich mir die Augenbinde fort. Seine Augen funkelten wie helle Halbmonde im Dämmerlicht. Er goss den Prosecco ein und ließ seine Fingerspitzen unter dem Saum des Negligé verschwinden.
›Später‹, versprach ich flüsternd und stand auf. ›Tanz mit mir. Tanz mit mir, als würdest du mit mir schlafen‹, bat ich.
Kai schaute mich intensiv an. Unter diesem Blick verschwand alles, was wir waren: Eltern, Freunde, Eheleute. Übrig blieben ein Mann und eine Frau – in einem Hotelzimmer am Nachmittag. Dann nahm er die erste Pose des Tango Argentino ein. Ich überließ ihm die Führung.
›Ich ... bin immer wieder verliebt in dich‹, raunte er, als

sich unsere Wangen berührten. Sein Becken suchte meines, eine hauchzarte Berührung. Seine Hand schmiegte sich warm an mein unteres Kreuz. Die Musik führte uns, in sinnlicher Vertrautheit tanzend, auf das Bett zu. Mal trennten wir uns für einige Takte, dann klebten wir wieder aneinander, und ich konnte seinen Herzschlag fühlen, sein wachsendes Verlangen spüren.

Immer wieder reizte ich ihn, schmiegte mich an ihn, schlug meine Schenkel um die seinen, biss ihn in die Unterlippe und entwand mich seiner Umarmung. Er setzte mir nach und fing mich ein. Nähe und Ferne. Sehnsucht und Verlangen. Bei jedem Schritt funkte es zwischen uns wie bei unserem allerersten Tanz damals in der Tangoschule. Und unsere Körper erinnerten sich. An den Hunger. Den Drang nach mehr. Wie sie sich gegenseitig erkannt hatten. Es war getanzter Sex gewesen, und das war es auch jetzt.

Beim Schlussakkord standen wir uns atemlos gegenüber, die Lippen nur Millimeter entfernt.

›Sie dürfen die Braut jetzt küssen‹, sagte ich lächelnd.

›Ich will mehr, als dich nur küssen‹, knurrte Kai und trieb mich rückwärts auf das Bett zu.

Er zog sich vor meinen Augen aus. Wie schön er war in all seiner Lust. Und als wir miteinander schliefen, war alles wieder da: die Neugier, das Verlangen, gleichzeitig die Vertrautheit, die Liebe, das Glück, mit dem Menschen zu schlafen, den man liebt.

Immer wieder hielten wir in unserem Liebestanz inne, bis wir eng aneinandergepresst in einem Rausch versanken, die Becken, kreisend, rasend, nur noch Lust, zu kommen und den anderen kommen zu sehen.

›Und was machen wir heute Abend?‹, fragte ich später.

›Wir bleiben hier, mein Herz, ich habe nämlich das Nebenzimmer gebucht.‹
Dieser geliebte Lump!«

➨ Machen Sie seinen Körper empfindungsbereit. Durch Massagen, vor allem am Po, unteren Kreuz und Becken, da sind Männer oft so was von steif (leider nicht *so*), blockiert, unbeweglich. Durch spielerische Rangeleien. Durch ausgiebige Streichelarien. Durch ein langsames Lingam-Ritual, bei dem Sie seinen Penis massieren, streicheln und küssen wie ein verspanntes Organ, aber *ohne* sexuelle Absichten. Indem Sie ihn in die Badewanne setzen und waschen, danach nackt ab ins Bett und aneinander trocken reiben. Ausgiebige Massage einmal rundherum.

Das Langweilige am partnerschaftlichen Sex über die Jahre ist die Vorhersehbarkeit. Daran kranken beide Geschlechter, aber trauen sich gleichzeitig selten, das Vorhersehbare zu ändern: Zu gut hat es sich eingespielt, man will den anderen ja nicht durch Veränderung verschrecken. Nebbich, das halten sowohl Sie auch als er aus! Und es ist genug Unvorhersehbares da, was endlich mal rausgelassen werden könnte – werfen Sie mal einen Blick in *Ihre* bisher unerfüllten Wünsche, die Sie bisher unerwähnt ließen. Verdoppeln Sie die Anzahl und Sie haben in etwa die Zahl der Ideen, die auch Ihr Gatte/Partner verschweigt, um Sie nicht zu verunsichern. Nehmen Sie all das mal zwei und ärgern sich gründlich. Nach dem Ärgern gehen Sie los und kaufen endlich das schwarze Seil, mit dem Sie längst mal gefesselt werden wollten, legen endlich mal das Seidentuch ans Bett, mit dem er Ihnen die Augen verbinden sollte, schreiben ihm einen Brief mit dem einen Satz, den Sie endlich mal hören wollen, weil er Sie so geil macht, oder holen ihn heute mit dem Wagen von der Arbeit ab, weil Sie endlich mal wissen wollen, wie es ist, sich auf einem Waldweg auf der Motorhaube zu verlustieren. Sie können nur gewinnen; die Anzahl der Szenen, die Männer Frauen bisher machten, weil die mit einer reizvollen, schnuckeligen, sauigeligen Sexidee ankamen, tendiert gegen null. Das Einzige, was es zu beherzigen gilt, ist: Richten Sie sich nach *Ihren* erotischen Ideen, suchen Sie *nicht* in Sexratgebern nach etwas, was womöglich *ihm* gefallen könnte. Der kürzere und sicherere Weg wäre, ihn zu fragen oder erst mal damit anzufangen, Ihre herrlichen kleinen Leidenschaften nach und nach auszuleben. In der Sauna vielleicht? Oder Sie in Schulmädchenuniform? Oder gefickt werden, während Sie so tun, als ob Sie schliefen? Was immer Sie wollen: Tun Sie es einfach – ohne viele Worte.

Es wurden Millionen von Bäumen gefällt, um Bücher zu drucken mit Tipps, wie Frauen den Schwanz des Mannes umgarnen. Wir übten an Gurken »die Ode an Bryan« und an Feigen »das Teebeutelchen« oder verbogen uns in Stellungen wie »Wiener Auster« oder »Schubkarre«. Vergessen Sie das meiste: Die beste Liebhaberin ist die, die gern tut, was sie tut, und sich an den Reaktionen des Mannes orientiert, der gerade an ihrer Seite ist. Denn er braucht das sichere Gefühl, dass es Sie erregt, ihn zu erregen. Wenn Sie ihn fesseln und ihm richtig schön langsam und gründlich einen runterholen. Oder unter dem Tisch Ihren Fuß unter seine Eier schieben und rumspielen. Oder unter die Decke kriechen und ihn anblasen, während er Sie gar nicht dabei sieht, nur Ihre Laute hört. Voraussetzung: Sie erfreuen sich tatsächlich daran, ihn im positivsten Sinne fertigzumachen. Suchen Sie sich deshalb nach Möglichkeit auch in diesem Buch Sextechniken aus, die Ihnen wirklich zusagen, und nicht solche, von denen Sie gehört haben, dass Männer das eben mögen. Also, was tun Sie wirklich, wirklich gern? Küssen, blasen, schmutzig reden, sich neue Spiele einfallen lassen? Macht es Ihnen Spaß, eine sinnliche Atmosphäre herzustellen – sich aufregend anziehen, das Schlafzimmer geheimnisvoll herrichten, erotische Musik zusammenstellen – oder lieben Sie es, ihn anzufassen, überall? Machen Sie es sich beim Sex leicht, nicht schwer, Sie müssen nicht »alles können«, um Freude zu haben oder zu geben.

Trennen Sie den Liebesakt in zwei Halbzeiten: den »Erlebnissex« und den »Orgasmussex«: Sehen Sie Sex ab und an als eine Sache, bei der Sie was erleben wollen. Nicht nur Liebe, Begehrtwerden, Orgasmen als Ausdruck von intimer Verbundenheit – nein, wirklich *erleben*. Was Neues. Ein anderer Ort, eine Stoßtechnik im Takt der Autos, die draußen vorbeifahren. Etwas, was unsicher macht, wie Rollenspiele, Augen verbinden, gespielte Vergewaltigung, einen künstlichen Streit, der während des Sex ausgetragen wird. Etwas, was kein Ziel hat, sondern einfach nur erforscht werden will, etwa eine Stellung, ein Hilfsgerät (ein Kochlöffel, eine Milchtüte, die Rückseite der elektrischen Zahnbürste?), eine Verkleidung als Vampir, die Sie dabei tragen. Rote Glühbirnen zu schwarzer Lackbettwäsche; oder eine Handvoll Kirschen, die Sie sich über die Genitalien mit der Zunge schubsen; Sex über einen Spiegel gekniet; Fellatio mit einem Mentos-Fresh im Mund; Klapse mit dem Kochlöffel ... Befreien Sie den Erlebnissex von dem Druck, etwas besonders Anmachendes zu tun oder kommen zu müssen. Riskieren Sie, etwas zu erleben, was Sie beide vielleicht auch nur zum Lachen, aber nicht zur Leidenschaft bringt, etwa sich beim Vorspiel zu siezen oder zu beschimpfen (»Ich möchte Sie lecken, gnädige Frau« – »Sie Mistkerl!«). Sie werden Gefühle erleben, auf die Sie nie mehr verzichten wollen: Spaß, Rausch, Risiko, Freude, Lust, Abgründe ... All das nicht, um einfach nur Ekstasen nachzujagen, sondern um Ihren Geist und Ihre Neugier aus dem Koma zu wecken. Sex ist nicht die ernste Sache, als die wir ihn so oft auffassen. Manchmal etwas scheinbar Unpassendes, Albernes oder nicht eindeutig Sexuelles mit ihm zu verquicken gibt ihm die Leichtigkeit zurück. Und Leichtigkeit ist genau das, was wir alle dringend brauchen.

Beim Orgasmussex ist Schluss mit Experimenten: Nehmen Sie bewährte Positionen ein, die Ihnen beiden genitale Lust bereiten. In jedem Mann steckt irgendwo ein Gentleman – wenn Sie wissen, dass er ein Formel-1-Kommer ist, bitten Sie ihn, *vor* dem Koitus an Ihnen Hand anzulegen oder Sie per Cunnilingus zum Kommen zu bringen, damit er beim Akt ohne schlechtes Gewissen genießen kann.

- Sorgen Sie sich um seine Gesundheit. Genügend Schlaf, gute Ernährung, Sport, keine übellaunigen Medikamente mit potenzsenkenden Nebenwirkungen, ein Ausgleich zum Jobstress, ein Hobby und Luft zum Atmen und Alleinsein: Das alles braucht nicht nur der Mann, damit er körperlich und geistig bereit ist, um zu verführen und verführt zu werden, sondern eigentlich jeder Mensch. Sie werden schon Mittel und Wege finden, um ihn dabei zu unterstützen, dass er sich so um sich kümmert, dass seine Libido nicht darunter leidet. Frauen sind eh meist für den häuslichen Ernährungsplan zuständig, und ein Lob hier und da über seine tollen Muskeln an Bein und Oberarm dürften ihn motivieren, Sport zu treiben oder wenigstens zweimal die Woche spazieren zu gehen.
- Begehren Sie ihn offen – auf vielfältige Weisen. Auch dann, wenn er es am wenigsten verdient oder gar nicht erwartet.

Das kann eine liebevolle, aufregende SMS am helllichten Tag sein oder eine stürmische Umarmung aus heiterem Himmel. Ein »Ich stelle mir vor, mit dir zu schlafen« während des gemeinsamen Theaterbesuchs. Ein hörbares, spürbares Vergraben in sein Haar, seine Halsbeuge, seine Schamhaargegend. Ein Zwicken in seinen Po. Ein Zwinkern quer durch den Raum. Egal wie, egal wo: Sehen Sie ihn auch immer mal wieder als Mann, und teilen Sie ihm Ihre freudigen Erkenntnisse darüber mit.

➺ Ihre Lust ist immer noch seine Lust. Wenn Sie etwas tun, was *Sie* erregt – sich selbst berühren, seine Eichel dazu benutzen, sie an Ihrer Klitoris zu reiben, auf seinem Schenkel reiten und sich rubbeln, mit ihm unter der Dusche stehen und das Wasser über Ihre Brüste kreisen lassen … –, wird auch ihn das erregen. Das ist ja das Seltsame an dieser Mann-Frau-Kiste: Ihn törnt es an, wenn Sie erregt sind – nur Frauen nehmen sich selbst zu wenig wichtig, um sich erregen zu lassen oder selbst zu erregen. Nehmen Sie sich wichtig.

➺ Nehmen Sie »Vorspiel« nicht als etwas, was erst kurz vor dem Liebesakt stattfindet. Das ganze Leben kann ein Vorspiel sein. Gemeinsam lachen, essen, streicheln, flirten, über Sex reden, während des Autofahrens seinen Schenkel kneten – all das sind winzige sexuelle Gesten, die für das erotisch temperierte Grundrauschen in einer Beziehung sorgen. Und das macht es leichter, zu Sex zu verführen. Würden Sie sechs Tage in der Woche asexuell durch die Gegend streifen und am Sonntag versuchen, auf Touren zu kommen, wäre das wie einer dieser alten Motoren mit Choke: Er läuft nie ganz warm, und heiß wird er auch nicht. Aus dem Stand heraus total auf sinnlich und sexy zu machen gelingt keinem (obgleich es viele von sich verlangen und damit frustrieren), genauso wenig wie ein untrainierter Muskel es schafft, 100 Kilo zu stemmen.

- Paare einigen sich im Laufe der Jahre unbewusst auf den kleinsten gemeinsamen Nenner beim Liebesspiel und wagen es nur noch selten, von der gewohnten Routine abzuweichen und zum Beispiel völlig neue Stoßtempi zu versuchen. Schlagen Sie ihm vor, heute auf drei verschiedene Arten miteinander zu schlafen! Tun Sie am Anfang so, als ob Sie beide jungfräulich seien. Danach, als ob Sie Mitte zwanzig seien – Sie wissen zwar nicht, was Sie tun, aber sind unglaublich neugierig darauf, alles mögliche Neue zu erfahren, und Sie müssen einander beispielsweise zeigen, wo genau die schönsten Lustpunkte zu finden sind. Schließlich tun Sie so, als ob Sie 69 seien: Sie haben langsam, zärtlich Sex – mit dem schönen Gefühl zu wissen, dass Sie geliebt werden. Könnte sehr aufschlussreich sein …

- Finden Sie sein Geschlecht schön. Sagen und zeigen Sie es ihm. Sie müssen ihm nicht täglich einen blasen (wie Jerry Hall bei Mick – hat nicht viel genützt, letztlich) oder ihn nur dann loben, wenn er steht. Sondern ihn hie und da streicheln, aus heiterem Himmel sagen: Dein Schwanz gefällt mir übrigens sehr. Oder abends mal mit dem Schwanz in der Hand einschlafen.

- No Show. Kein Strip. Kein Tanz auf dem Tisch. Keine Inszenierung. Das sind keine Allheilmittel, sondern überfordern die meisten Männer, weil sie wissen: Oha, sie will was sehr Bestimmtes – aber was? Wenn Sie etwas Bestimmtes wollen – dass er Ihnen die Augen verbindet, Sie ans Bett fesselt, ins Gesicht ejakuliert –, dann leiten Sie es während des Liebesaktes ein. Reichen Sie ihm den

Seidenschal und sagen: »Verbinde mir die Augen.« Oder reichen das Seil oder drängeln sich unter seinen Penis und fordern ihn auf, es zu tun. Während des Liebesaktes zu einer neuen Idee eingeladen zu werden ist für Männer (wie auch für Frauen) erotischer und auch entspannter, als erst eine Show geboten zu bekommen und dann mit der Erwartung konfrontiert zu werden, adäquat zu reagieren.

➻ Was Männer immer wieder betört (ohne nach Schema X zu gehen), sind Worte: Angefangen bei dem schönen Satz »Ich will mit dir schlafen« bis hin zu vielen süffigen Worten. So manchen hat ein scharfes Wort zur rechten Zeit schneller wieder aufgerichtet als alle blauen Rautenpillen zusammen. Ich erinnere mich an eine Schwanzflüsterin, die einer ängstlichen Erektion stets Sachen zuflüsterte wie: »Na, mein Gardeoffizier, willst du in die kleine, enge, nasse Fotze? Darfst du aber nicht, das ist streng verboten, da lässt dich das böse Mädchen nicht rein, da musst du sie schon fesseln ... oder knebeln ... oder ihr den Hintern versohlen ...« Und Ähnliches mehr. Manchmal knetete und kraulte sie nachlässig das unentschiedene Organ, lag mit halbgeschlossenen Lidern da und ignorierte quasi den Mann neben ihr, während ihre andere Hand in ihrer Vulva spielte und weiter auf der Klaviatur interessanter, versauter Linguistik klimperte – sie sprach allein nur mit dem Schwanz, so schien es.

Und es hat gewirkt. Mag aber auch daran liegen, dass sie genau wusste, welche Worte und Bilder und Emotionen der Mann an ihrer Seite bevorzugte, die sie allein mit ihren Worten heraufbeschwor und dadurch Hosenmatz mit Hirn kurzschloss.

Die Macht der Worte

Wieso machen Worte uns an? Was passiert im Kopf, wenn wir hören: »Na? Lust auf Schweinereien?« Oder: »Ich will mit dir schlafen.« Oder: »Mach die Beine breit, damit ich dich lecken kann.« Oder eben auch: »Der Gardeoffizier darf nicht in die nasse Muschi, er muss dem bösen Mädchen erst den Hintern versohlen.«

Warum reagieren wir auf Zweideutigkeiten (»ich komme gern öfter ... in dieses Lokal«) mit Verschämtheit, Unruhe, Gedanken an Sex? Wieso zünden Worte manchmal mehr als die ausgefeilteste Rubbeltechnik?

Die Psychologie des schmutzigen Wortes funktioniert, wie das meiste in der Sexualität, über Verbot, Tabubruch und Sehnsuchtserfüllung.

Unser Sprachzentrum hat im Laufe der Kindheit und Pubertät einen Katalog an Begriffen angelegt, die »erlaubt« und die »verboten« sind. Die »man« vor Leuten nicht sagt und die nur im Schlafzimmer oder im Porno zu hören sind. Dazu gehören sämtliche Umschreibungen der Genitalien, sexistische Diskriminierungen, sexuell aufgeladenen Begriffe wie nackt, atemlos, erregt, stoßen, saugen ebenso wie Bezeichnungen für Geschlechtsverkehr. Und auch bei den Worten blasen oder lecken denken die meisten Menschen nicht an Luftballons und die Rückseite von Briefmarken, sondern an vergnügliche Spielereien.

Diese Trennung von »öffentlicher« und »privater« Sprache werden vom Broca-Areal (nach dem Arzt Paul Broca benannt) und vom Wernicke-Zentrum (nach dem Arzt Carl Wernicke) überwacht (beide vorn links im Kopf hinter der Schläfe und zuständig für das Sprachvermögen). Vereinfacht gesagt, ist das Broca-Areal für das Aussprechen zuständig, das Wernicke-Zentrum für das Verstehen. Beide wiederum haben einen Big Boss: Er sitzt im rechten Schläfenlappen. Er gibt die Agenda vor, was schlimme Wörter sind, was normale, was zärtliche, peinliche oder poetische – aber vor allem bestimmt er, wie ein Mensch auf die sexuellen Begriffe reagieren soll. Ich nenne ihn: den Zensor.

Wir alle reflektieren über uns und entscheiden in einem permanenten inneren Monolog, was wir gern für ein Mensch sein wollen. Wir haben ein Modellbild im Kopf (wie gesagt: vorne rechts), wie wir wirken und handeln, denken und fühlen, um uns selbst zu gefallen. Und der Zensor ist der Hüter dieses Idealbildes.

Der Zensor zürnt lauter oder leiser, wenn wir mit schmutzigen Worten vom Idealbild abweichen. So kann es passieren, dass Menschen mit ausgeprägtem Wortzensor bei Verbalerotik erröten, ins Stottern kommen, rumdrucksen, es nicht hören können, weil es sie verunsichert und sie völlig abgetörnt sind. Sie werden verlegen, fangen an zu lachen oder sagen abgemilderte, diffuse Sachen wie »ich will dich tiefer küssen« anstatt »ich will dich schmecken/lecken«.

Dieser Sprachzensor schwächt Männer wie Frauen, über sinnliche Bedürfnisse zu reden, weil er sexuelle Begriffe auf den Index setzt – wir schämen uns vor uns selbst.

Die gute Nachricht: So manche schämen sich zwar weiterhin, dass schmutzige Worte sie erregen. Was aber nichts daran ändert, dass sie durch sie erregt werden!

❥ Der Wortzensor ist ein Kaltstarter für die Lust: Mit »verbotenen« Worten konfrontiert, lenkt er die Gedanken auf Sex, das Gehirn wirft die Hormonmaschine an. Er ist in unserer übersexualisierten Gesellschaft einer der letzten Knöpfe, die auf Tabus noch reagieren.

Wobei Frauen beispielsweise mehr auf Komplimente bezüglich ihrer Person und ihres Körpers abfahren, Männer auf Reizworte und verbalisierte Bilderwelten. Die Gehirnautobahnen zwischen dem Sprachzentrum und dem Gefühlszentrum sind bei Frauen gut gepflastert; nehmen die Freunde Broca und Wernicke zärtliche oder bewundernde Worte wahr, dann leiten sie diese umgehend in die Gefühlszone weiter. Dort wird dann eine Menge zugewandter Emotionen produziert. Hören B & W dagegen erotische (nicht schmutzige, *erotische* Wörter), schicken sie einen Durchschlag ins limbische System, direkt ins Lustzentrum, wo der erotische Appetit, die angeregte Stimmung, das Verlangen entstehen.

Bei Männern funktioniert es etwas anders, obgleich auch sie – und wie! – auf Komplimente abfahren. Bei Männern sorgen sie aber eher für eine gelöste, zufriedene Grundstimmung, nicht unbedingt – wie eher bei Frauen – für eine erotisierte Stimmung. Teilen Sie ruhig weiter Komplimente und Nettigkeiten an ihn aus, das ist für ihn gesprochene Liebe.

Gesprochener Sex dagegen geht im Männerhirn einen tendenziell anderen Weg. Da ist es nicht das Kompliment über ihn (wie: du hast so einen geilen Schwanz), das ihn antörnt, sondern es sind die Begriffe des Sex, die etwas mit dem weiblichen Körper und dem Vorgang des Vögelns und Fummelns zu tun haben (wie: du hast so einen geilen Schwanz, und ich will, dass du ihn mir tief in meine nasse Schlampenmuschi schiebst). So ein Satz zündet bei den Herren, weil er mit Worten ein pornografisches Bild malt und es gleichzeitig mit fühlbaren Handlungen »unter-malt«.

Bei Frauen würde das Äquivalent – du hast so eine geile Schlampenfotze, und ich will, dass du sie auf meinen harten Schwanz drückst – im Zweifel dazu führen, dass sie in dem Satz nach möglichen Werturteilen über ihre Person suchen.

Und meist auch finden; fällt so ein vulgärsprachlicher Satz zu früh, kann die ganze Lust so was von flöten gehen. Der weibliche Sprachzensor reagiert empfindlich auf Subbotschaften, und erst recht auf Begrifflichkeiten, die das Weibliche abwerten (Schlampe, Fotze, geile Sau und so weiter und so fort) – natürlich, es gibt Ausnahmen, bewahre, und während des Orgasmus zum Beispiel haben die diskriminierenden Wörter eventuell sogar den Effekt, noch mehr zu erregen.

Oder aber, und das geht nicht nur mir so: Ist die Sprache des Sex *zu* blumig, geht der Laden runter. Mein persönlicher Hasssatz ist: »Ich möchte Nektar aus deinem Honigtopf naschen.«

Ach, geh weiter spielen.

Dabei gäbe es doch genügend Nuancen zwischen Fotze und Honigtopf, zwischen sexistischem Jargon und Kindergarten:

Verbalerotik ist nicht Dirty Talk

Im Gefolge der sexuellen Revolution von 1968 übernahmen wir im deutschen Sprachraum eine ganze Reihe von Anglizismen, um sexuelle Vorgänge zu benennen, und die werden von den meisten Frauenzeitschriften, die sich ans jüngere Publikum wenden, auch reichlich verwendet. Das *Date* hat die Verabredung oder das Rendezvous abgelöst, der *Blowjob* die Fellatio, statt Verbalerotik heißt es *Dirty Talk* (was auch noch eine blöde Fehlübersetzung ist – dazu gleich), das *Face Sitting* bezeichnet die Variante, sich zum Gelecktwerden auf seinem Mund niederzulassen, aus dem Liebhaber ist der *Lover* geworden. Der scheinbare Vorteil dieser Anglizismen: Da es sich nicht um die Muttersprache handelt, lassen sich die Wörter leichter aussprechen beziehungsweise niederschreiben. Der Nachteil besteht darin, dass die englischen Ausdrücke den muttersprachlichen Zensor nicht interessieren, so dass er sie nicht mit Tabu oder gar Sex identifiziert. Sie wirken langweilig. Sie simplifizieren Sex in Zeitungsinserat-Stil. Das Wort »Job« im Blowjob suggeriert, dass es sich um eine »Arbeit« handle, die Frau am Mann verrichtet (ähnlich verhält es sich mit dem »Lickjob«; die folgenden Schlagworte stammen aus der Prostitution, um das Angebot auf den Punkt zu bringen: Handjob, Blowjob, Fulljob).

Auch das Wort *Date* war im amerikanischen Raum der Deal zwischen Freier und Hure und ersetzte das galantere *Rendezvous*. Und ist »ich habe einen Lover« nicht viel platter, als wenn eine Frau sagen würde »ich habe einen Liebhaber«?

Die schlimmste Fehlinterpretation setzte sich durch, als die Kunst der Verbalerotik schlicht »Dirty Talk« genannt wurde, schmutziges (oder auch: beschmutzendes) Gerede.

Sie fragen sich vielleicht, was genau Dirty Talk ist? Das: »Ich will dich ficken, fick mich, besorg's mir, lutsch meine Eier, bück dich, du Schlampe, wichs meine nasse Möse, steck ihn mir tief in mein Loch, du geile Sau, vögel mir das Hirn raus, reib meine Titten, bums hart meinen Arsch, spritz mir den Ficksaft in die Fotze« und so weiter und so fort.

Dirty Talk sind Reizworte tief unterhalb der Gürtellinie. Es ist aber nur *eine Variante* der Verbalerotik – diese allein mit Dirty Talk gleichzusetzen, käme der Behauptung gleich, alle Blumen seien Rosen. Um bei dem floralen Vergleich zu bleiben: Die schmutzige/beschmutzende Rede, die sich durch Obszönität, sexistische Beschimpfung und imperative Kurzsätze auszeichnet, ist die fleischfressende Venusfalle unter den Blumen im Dschungel der Verbalerotik. Da blühen allerdings noch zahlreiche andere Gewächse: das erotische oder das erotisierende Gespräch, das Liebesgefecht oder die zärtliche Neckerei, der erotische Brief oder das verruchte Kompliment ...

➻ Wo Dirty Talk einfach ist und als Wortpeitsche während des Geschlechtsverkehrs dient, ist verbale Erotik kreativ, elegant, raffiniert, mehrdeutig und dient vorwiegend all dem, was vor dem Reinstecken passieren soll: Es verführt, es macht an, es erregt, um überhaupt Lust aufs Reinstecken zu bekommen.

Ich bin keine Gegnerin des Dirty Talks und möchte Sie unbedingt ermuntern, die Fick-mich-ich-fick-dich-Phrasen aussprechen zu können. Dirty Talk mag die »niederste«, weil schlichteste Form des sexuellen Sprachuniversums sein – aber ist deswegen nicht minder attraktiv. Es ist jedoch eine archaische Grenzüberschreitung. Warten Sie, bis Sie Sex haben, der muss immer mal wieder Tabus brechen, um anzuregen. In jenen Augenblicken, da wir ganz Instinkt, animalischer Trieb, totale genitale Gier sind, hat Dirty Talk seinen Auftritt; der Zensor wandelt Empörung in Verlangen um. Und da rockt das zünftige »steck ihn mir tief rein, Mistkerl« oder »ich will in deine heiße Fotze« besser als: »Oh! Du! Ungeahnte Tiefen erreicht dein stolzes Schiff in meinem Alkoven!«

Wo Dirty Talk während des Sex für ungeahnte Kicks im Kopf sorgen kann, so kann er, zu früh genutzt, den Knick im Kopf, sprich: Befremden auslösen. Alles eine Frage des Timings.

Die Sprache des Sex

Dennoch ist uns die Fähigkeit, das Gehirn mit mehr als der Einfachstsprache von Dirty Talk zu beschmusen, ein wenig abhandengekommen … ob nun durch die Verlotterung der Sprache mit Anglizismen, ob durch die geringe Sorgfalt von Medien oder Autoren, die in erotischen Texten keine besondere Wortgewalt hervorbringen, ob durch die Sprachlektionen per Pornoschule – oder weil schlicht »vergessen« wurde, dass das anregende, nichtobszöne Wort ein Türöffner der Lust ist.

- Es ist ein tragischer Fakt, dass die Vielfalt der sprachlichen Erotik radikal abgenommen hat; alles ist nur noch sexy oder geil.

Als Schriftstellerin bin ich Anwältin der Sprache und überpinselig, wenn es um ihren Schutz geht. Gerade bei den Streifzügen durch Aphrodites sündige Welten plädiere ich hiermit für den Erhalt unserer muttersprachlichen Ausdrücke, für die Pflege unseres reichhaltigen Vokabulars und bitte Sie, sich dem Erwerb der erotischen Sprache genauso intensiv zu widmen wie allen anderen sexuellen Ausdrucksmöglichkeiten. Denn sich in der Sprache zu beschränken hieße quasi, nur den kleinen Finger zum Masturbieren oder Vögeln zu haben.

Dazu gehört: Lesen Sie.

Lesen Sie, was Sie in die Finger kriegen können – Bücher führen Sie ins Wissen. »Wortschatz« heißt nicht umsonst Schatz: Je reichhaltiger Ihr sprachliches Repertoire an Ausdrücken, Synonymen (bedeutungsähnliche Alternativen, etwa statt sexy: aufregend, anregend, verführerisch, sinnlich; statt geil: faszinierend, aufpeitschend, erregend, berauschend, ekstatisch …) und Bildern ist, desto verschwenderischer können Sie diesen Schatz ausgeben.

- *Um Ihre Wünsche zu äußern.* Vorher, dabei, gegenüber sich selbst und erst recht ihm gegenüber.

◆◆ *Wünschen Sie sich alles, was Sie wollen, sobald Sie es wollen!* Ob er die Beine anders legen soll, damit Sie ihn anders oder besser spüren können, ob er etwas weiter links lecken könnte oder dass er ruhiger zustoßen soll ... Sie werden es schaffen, dafür eine Tonlage zu finden, die sich nicht nach genervtem Kommando anhört. Und die meisten Männer macht es sehr an, wenn eine Frau ihnen sexy flüstert, was genau er tun soll, damit sie noch mehr Lust bekommt.

Apropos Tonlage – es ist *immer* der Ton, der alles entscheidet. Wie sexy können Sie flüstern, raunen, sprechen, stöhnen? Zum Glück hat es die Natur so eingerichtet, dass jede Frau ihre eigene, hoch erotische Stimme besitzt. Sie finden sie, indem Sie sich zum Beispiel vorstellen, ganz nah an einem Mikrofon zu sitzen. Es überträgt Ihren Atemhauch ganz laut, man hört das Schlucken, fast schon Ihre Zungenschläge. Flüstern Sie etwas in das Mikro. Tiefer als Sie sonst sprechen. Atmen Sie dabei aus. Sprechen Sie wie in ein Aufseufzen hinein, vielleicht den Satz: Ich will mit dir schlafen. Oder von ganz unten aus der Kehle: »Haaalloo ...«

Das ist Ihre Bettstimme. Logopäden würden sie beschreiben als: »abfallender Atemdruck, wie ein Aufseufzen, Nachgeben, geringe Lautstärke und höhere Tiefenlage, eine Satzmelodie und keine Monotonie, entspanntes Zwerchfell, runde Kanten in der Aussprache«.

Aha, ach so. Fakt ist: Wer den Bauch anspannt oder aufgeregt ist, dem geht die erotisierende Tonlage flöten. Also ruhig bleiben, langsamer sprechen, den Bauch locker lassen, tief unter den Nabel atmen.

Diese Stimme setzt vor allem eins voraus: körperliche Nähe. Nähe, um flüsternd oder leise und tief sprechend verstanden zu werden. Nah am Ohr des Mannes. Discos und Fußballstadien scheiden also schon mal aus, um ... ja, was?

- *Um die Phantasie eines Mannes (oder Ihre eigene!) auf Touren zu bringen.* Gesprochene Bilder sind Viagra für den männlichen Kopf (und damit besser als Viagra selbst).
- In seinem Kopf entstehen Bilder, wenn Sie beschreiben, was Sie mit ihm anstellen würden, wenn Sie gerade nicht im Restaurant wären. Sondern vielleicht in der Restaurantküche. Und nachdem Sie ihm geflüstert haben, was Sie mit ihm tun würden, reden Sie leise davon weiter, was er mit Ihnen tun würde.
- Oder werden Sie konkreter und erzählen ihm, was Sie neulich für eine Phantasie oder was für einen nächtlichen Traum mit ihm hatten (ob das stimmt oder Sie sich das gerade ausdenken, sei Ihnen überlassen).
- Was dagegen sprechen könnte: Sie wissen nicht, wie angenehm oder unangenehm es ihm ist, über Sex zu reden oder Ihnen zuzuhören.
- All das können Sie rausfinden. Fragen Sie zum Beispiel: »Ich möchte dir jetzt gern genau sagen, was ich mit dir tun möchte, wenn wir allein wären. Willst du ein bisschen was davon hören?« Wenn er ja sagt, legen Sie los. Hören Sie an einer geeigneten Stelle auf, etwa: »Und wenn ich dich erst mal nackt vor mir habe, dann ...«
- Und, wie geht es ihm gerade? Windet er sich vor Scham? Spielen Sie darüber hinweg: »Das möchte ich dir lieber zeigen.« Hängt er an Ihren Lippen, die Pupillen groß und dunkel? Haucht er sogar: »Jaaa ...? Und dann?« Erzählen Sie mehr von Ihren schmutzigen Phantasien.
- Sie erinnern sich an den Gardeoffizier? Die Schwanzflüsterin vermochte es, sowohl Bilder zu kreieren (Hintern

versohlen, rote nasse Muschi) als auch mit Tabus und Reizworten zu spielen (verboten, böses Mädchen, fesseln, knebeln) und sich dabei ganz und gar nur an den Schwanz als Adressat ihrer Rede zu wenden. Sie verblieb in der Traumatmosphäre des Sex, anstatt zum Beispiel zu sagen: »Oh, er steht nicht ... mach dir keine Gedanken, Schatz ... ist nicht so schlimm ... soll ich ihn mal anblasen, vielleicht geht das ja ... doch, ist kein Problem...« Vielleicht ist auch das die Kunst der Verbalerotik: Sie ist Sex, sie thematisiert ihn nicht. Anstatt über Sex (oder über misslungenen Sex wie den Hänger) zu reden oder Wünsche zu formulieren – reden Sie Sex. Haben Sie Sex mit Worten. Ob Sie es wie die Schwanzflüsterin von sich in der dritten Person tun – »Die nasse Vulva lutscht den Schwanz ... du musst die Brüste fester drücken und so tief zustoßen, dass sie den Schwanz gleich unterm Kinn spürt ...« – oder in »Ich-Form«, sollten Sie nach Gefühl entscheiden. Schließen Sie die Augen, dann fällt Redesex leichter, oder flüstern Sie.

⇒ Sie können Verbalerotik in allen Stadien der Lust einsetzen: bei der Verführung (da besonders), beim Vorspiel als Beischlaf-Anmoderation, als Vorspielersatz, während des Sex anstatt Sex, beim Nachspiel statt Nachspiel, um sich in Erinnerung zu rufen oder ihn zum Kommen zu bringen, wenn Sie 5000 Kilometer weit von seinem Schwanz entfernt sind (und Sie ihm eine erotische Phantasie genau ausmalen oder ihm ganz genau sagen, wie er sich anzufassen hat); und natürlich während Sie 160-Zeichen-Nachrichten schicken. Kurz gesagt: Es gibt keinen Augenblick, in dem Sie das Gehirn eines Mannes nicht mit Worten verrückt machen können. Solange die Wortwahl stimmt.

Was für den einen Erotik, ist für den nächsten Schweinerei. Manchmal ist es nur ein Wort, das darüber entscheidet, ob etwas erregt oder entzürnt. Manch einer jedenfalls kehrt sich mit Schauern ab von den sterilen medizinischen Ausdrücken wie Penetration, Insemination (Abspritzen), Erektion – ein anderer findet genau diese Begriffe so sexy wie Spanische Fliege (nur ein Senföl, das die Blutgefäße weitet). Aber wir können auch anders, wir können es auch poetisch ausdrücken oder humorvoll oder zärtlich oder rüde …

Andere Wörter für Möse, Vulva, Vagina und Klitoris: Argolla (argentinisch), Chatte (französisch), Höhle des weißen Tigers, Lotosblüte, purpurne Moosspitze (alles orientalischer Herkunft); die mit der Stupsnase, die Entzückende, die Heiße, das Leckermaul, die Begierige (alles arabisch). Frei nach einer Umfrage: Hain, Landgut, Kalanderlerche, kleine Gitarre, Pflaume, Harmonika, Kluft, Südland, Tal des Lebens, Venusdelta, Myrrhengarten (aus dem ein Murrengarten wird, wenn er nicht beackert wird …), Schwalbe, Seeigel, Schoß, Anemone, Koralle, Fleischbackofen, Gurkenhobel, Rübenkorb, Rieslings-Lieblingstraube (fragen Sie mich bitte nicht, woher das nun …), der »heiße Leib«, Kleine, Impertinenzia, Spatz, Schatzkasten, Muschel, Feuchttulpe, Paradiesvogel, kleines Geschirr, Phantasialand, Sexzylinder, Mondschoß, Handbesen, zweites Lächeln, Liebesmund, Fica, Spieldose, Tigresse, chocha (portugiesisch, sprich: schuscha), coochie, Baja Sur (spanisch: das Land im Süden).

Das männliche Gegenstück, das sich ansonsten gern Schwanz nennen darf, aber bitte keinen Namen wie Willi, Harry oder Fred; und anstatt Lingam, Pimmel, Schlauch, Bolzen, Penis oder Erektion: Dolch, Degen,

Diener, Phallus, Salonlöwe, Seine Lordschaft, Bogen, Männlichkeit, Amor, Priap, engster Freund, Muschiöffner, Besucher, Tauchsieder, Hausfreund. Und immer wieder Schwanz, das passt einfach immer.

Ein weiterer Begriff für den Vorgang des GV statt ficken, bumsen, vögeln, hacken, bürsten, Liebe machen oder miteinander schlafen: Poppen – aus dem Ruhrplattdeutschen und bedeutet eigentlich stopfen – ist bei Menschen unter zwanzig Jahren am beliebtesten.

Zugegeben, einige der folgenden Ausdrücke sind poetisch oder aus den alten Schriften der Liebeslehren, aus Anekdotensammlungen des 18. Jahrhunderts oder Tagebüchern von Frauenhelden gehumst: der Venus den Jungferngürtel losspannen, nehmen, Liebeskampf, Liebesnacht, Liebesakt, Tier mit zwei Rücken, Arouser (französisch: begießen), intim werden (na ja, für die Schüchternen unter uns), ineinander verschlingen, Beischlaf (für Juristen!), Horizontaltango, Bodenturnen, Kaiserwalzer, Tag der offenen Tür, unkeusch werden, Fullplay, der Venus opfern, die Mieze füttern, »abhören« (abgeleitet von Vokabeln abhören), Konstantinopel erobern ...

Für die Variante des Fingerns: Digitation (nun ja, für Arzt-Patientin-Spiele vielleicht). Ein Fingerbad nehmen, den Handschuh ölen, die Mandoline spielen, den schönsten aller Ringe überstreifen, die Katze kraulen, die Temperatur prüfen und so weiter und so fort.

Für orale Freuden statt blasen oder lecken: französisch, Flötenspiel, Vulvaflüstern, Irrumatio, Kurtisanengespräch, »sugar time«, lutschen, naschen, Intimitäten flüstern et cetera et cetera.

▶ Das Rot-Grün-Spiel: Sie erinnern sich an den Katalog von bösen und guten Wörtern, den jeder in sich trägt? Finden Sie eine Wortwahl, die Ihnen beiden zusagt. Das Rot-Grün-Spiel habe ich aus der Bondage- und Sadomaso-Szene entlehnt und es für unsere Belange abgemildert. Es geht so: Der eine sagt einen sexuellen Begriff, der andere sagt »rot« für »bloß nicht, geh mir weg damit« oder »grün« für »hmm, aufregend, ja, das darfst du sehr gern sagen«. Sie können auf diese Weise entspannt durch das Vokabular pflügen, ohne sich gegenseitig mit »mag ich nicht« abzuweisen.

▷ Falls Sie noch »gelb« anwenden wollen – es bedeutet: weiß nicht, wir können es ja mal ausprobieren.

▷ Sie reden über Sex und verständigen sich gleichzeitig über Ihre Sexsprache. Sie können sogar mit Rot-Grün abklären, welche Praktiken bevorzugt sind. Augenverbinden? Grün. Klapsen? Rot. Es im Fahrstuhl tun? Rot. Dabei schlimme Sachen reden? Grün, grün, grüüüün ... Ein sehr unterhaltsames Spiel, das Sie überall spielen können – im Bett, im Theater, wenn es auf der Bühne gerade langweilig ist, im Auto auf der Fahrt in das spontan geplante Wochenende, per SMS oder Chat ... und vor allem dann, wenn Sie sich gerade erst kennenlernen und umwerben. Da ist schon das Reden über Sex reinster Sex.

Und wie ist es mit dem Schreiben? Gerade das Internet und die mobile Telefonkommunikation laden dazu ein, sich gegenseitig schwärmerische Nachrichten zukommen zu lassen. Das geschriebene Wort kann, geschickt eingesetzt, für ordentlich Zunder im Gehirn sorgen; Sätze wie »Meine Muschi ist ganz aufgeregt. Ich werde mich jetzt mit ihr beschäftigen und

an dich denke«", Liebesgeständnisse oder lustvolle Befehle
(»Das Abendprogramm stelle ich mir in etwa so vor: erst ablecken, dann reinstecken. Und du?«) – schreiben Sie, was Sie
wollen, aber seien Sie stets mutig, detailliert und formvoll-
endet:

☞ Auch wenn ich mich schon wieder pinselig anhöre, eine
Bitte einer aufrichtigen Träumerin: Ganz gleich, was Sie
schreiben (und das gilt auch für Mails und besonders
für Kurznachrichten), vergessen Sie nicht die Anrede, be-
achten Sie bitte Groß- und Kleinschreibung, die Recht-
schreibung, die Interpunktion, und verwenden Sie nicht
die drei Punkte …, um etwas Schweinisches anzudeuten
und keine Emoticons wie ☺. Der Grund: Eindeutigkeit
und Selbstbewusstsein, die Dinge beim Namen zu nennen, wirken circa tausendmal erotischer als verschämte
Abkürzungen. Zeigen Sie Gesicht!

Die Kultur des erotischen Briefwechsels prägten vor allem
die Schriftsteller Anaïs Nin und Henry Miller. Sie führten ein
Doppelleben, sprachen niemals über den Inhalt der Briefe,
sondern ließen sich in der erregten Stimmung, in die sie sich
schriftlich versetzten, wie hörig ineinandertreiben. Und: Sie
erwähnten in den Briefen keinesfalls den gemeinsamen Alltag.

Allerlei Bettgeflüster
●✦ Ihre wilden Worte wirken wie ein Verstärker Ihrer gemeinsamen Handlungen. Ab und an ein Kommentar à la
»du leckst so gut« oder »du fickst so gut« (sofern es der
Wahrheit entspricht!) lassen im Gehirn sämtliche Schalt-
zentralen jubeln: Der eine Teil des Gehirns, der Berüh-

rungen registriert und verarbeitet, klinkt sich mit dem Teil zusammen, der wilde Worte hört, und gemeinsam schaukeln die beiden sich zu einem irren Rausch hoch.

- *Langsam anfangen, sachte steigern*, von der Zweideutigkeit zur Eindeutigkeit. Schalten Sie nach und nach eine härtere Gangart ein. Lassen Sie sich Zeit; ein richtiges Wort zu früh gesagt, ist ein falsches.
- *Werden Sie persönlich.* Ich habe Lust auf Sex – mit *dir*! *Dein* Schwanz ist so schön, *du* bist so aufregend, ich will *dir deine* Eier lecken, *dein* Blick macht mich an. *Dir, dich, dein* – und ab und an sein Vorname: Das gibt ihm das gute Gefühl, dass wirklich er gemeint ist. Und er es ist, der Ihnen guttut.
- *Loben Sie immer*, wenn Ihnen etwas gefällt. »Wie gut du küsst, wie schön deine Eichel zuckt, wie sehr ich deine Hände liebe, wenn sie das und das machen ...«
- *Seien Sie auch ohne Worte* mit Stöhnen und Blicken *deutlich in Ihren Reaktionen.* Woher soll er sonst wissen, dass Sie noch leben oder was Ihnen gut gefällt (auf dass er es sich merkt und beim nächsten Mal wiederholt).

▶ Müssen und Wollen: Verbalerotik hat etwas Einladendes, aber auch etwas Zwingendes an sich; wenn der Zeitpunkt gekommen ist, dass Sex in der Luft liegt, ist die Zeit für *Müssen* und *Wollen* gekommen. »Ich *muss* mit dir schlafen!« Die beiden Wörter »muss« und »will« besitzen einen magischen Charme. Ein »Ich muss mit dir schlafen« wirkt erregender als ein »Ich möchte mit dir schlafen« oder gar »Ich würde gern mit dir schlafen«. Möchte, würde – zu viel Konjunktiv, zu wenig Versprechen, und was knallt schöner als ein drängendes Versprechen, das noch auf seine Einlösung wartet?

❧ *Pornografische Poesie* – flüstern Sie ihm lüsterne Lyrik, während Ihre Hand in seine Hose schlüpft und ihn massiert oder während Sie reitend auf seinem Schwanz thronen oder Ihre Vulva in der duftenden Wanne an seiner Hand reiben ... Der erregende Gegensatz zwischen erotischem Gedicht und sinnlichem Tun ist überraschend anders, hoch erotisch und herrlich verrückt.

Die prickelndsten Gedichte (Titel & Auszüge):
1. Für heimliche Affären: »Ferngruß von Bett zu Bett« von Ringelnatz. »Weißt du noch, wie wir's trieben/Was nie geschildert werden darf?/Heiß, frei, besoffen, fromm und scharf./Weißt du, dass wir uns liebten?/Und noch lieben?«
2. Für Liebende: »Mein Herz ist wie ein singender Vogel« von Christina Rosetti. »Mein Herz ist wie eine schimmernde Muschel friedlich treibend durch stilles Meer ...«
3. Für Küssende: »Der Kuss« von Franz Grillparzer. »Auf die Hände küsst die Achtung,/Freundschaft auf die offne Stirne,/Auf die Wange Wohlgefallen,/Selge Liebe auf den Mund;/Aufs geschlossne Aug die Sehnsucht,/In die hohle Hand Verlangen,/Arm und Nacken die Begierde/Überall sonst die Raserei.«
4. Für Hemmungslose: »Wir im Welteninnen« von Klabund. »Pflanze auf meine Lenden/Deiner Liebesküsse Raserei:/Sieh: mein Schrei ...«
5. *Auf eigene Gefahr: Sexy Sonnets. Sechsundsechzig Sonette von Liebe, Sex und Zärtlichkeit* von Achim Amme – 66 Bekenntnisse wilder Frauen in edelste Versform verpackt.
6. Extratipp – die drei besten Sammlungen erotischer und romantischer Gedichte: Erstens *Fünfzig erotische Ge-*

dichte von Harry Fröhlich (vor allem die Klassiker von Goethe, Brentano, Mörike, Rilke und so weiter). Zweitens *Ich will dich. Die hundert schönsten erotischen Gedichte* von Hansjürgen Blinn, Schamloses aus vier Jahrhunderten. Drittens *Halb gebissen, halb gehaucht. Das kleine Liebeskarussell der Poesie* von Anton G. Leitner – klassische und zeitgenössische Gedichte, von zart bis unverblümt.

Fünf Sätze, auf die Männer sehnsüchtig warten, dass sie mal zu ihnen gesagt, geflüstert, gekeucht oder per SMS gesandt werden:
1. »Jetzt. Genau jetzt will ich mit dir schlafen.«
2. »Mach mit mir, was du willst. Und wehe, wenn nicht.«
3. »Vergiss das Vorspiel. Nimm mich hier, jetzt und sofort.«
4. »Tu nichts. Lass mich das machen. Und das auch. Und das.«
5. »Übrigens: Ich trage keinen Slip drunter, und meine Muschi ist ganz nass.«

Gut geklaut ... **ist besser als nicht gut ausgedacht:**
- »Küss mich. Küss mich, als wäre es das letzte Mal.« (Casablanca)
- »Es gibt im Leben nur vier Fragen von Bedeutung, Don Octavio! ›Was ist heilig?‹ ›Woraus besteht der Geist?‹ ›Wofür lohnt es sich zu leben?‹ und ›Wofür lohnt es sich zu sterben?‹ Die Antwort ist stets die gleiche: ›Nur die Liebe!‹« (Don Juan de Marco)
- »Du hattest recht, es war der Fick des Jahrhunderts, Revolverheld!« (Basic Instinct)

Lesen Sie? Lesen Sie vor. In der Badewanne, im Bett oder während er Ihnen gerade ganz langsam und sehr genussvoll die Klitoris mit der Zunge massiert. Mit Ihrer verrufensten, leicht angerauhten Bettstimme. Vielleicht aus diesen Büchern:

- für erotische Inspirationen: *Boudoir-Phantasien: Verführungen zu Lust und Liebe*, herausgegeben von Isabella d'Amario – die erotischsten Stellen aus Büchern wie *Salz auf unserer Haut*, Short Stories von Casanova, Anaïs Nin, Henry Miller oder Zeruya Shalev
- für gefährliche Gedanken: aus den Büchern von Nicholson Baker *Vox* oder *Die Fermate*
- für unverschnörkelten Sex: Phantasien von Charles Bukowski (*Fuckmachine, Das Liebesleben der Hyäne*)
- für aufregende Versuchungen: *Komm, spiel mit mir!*, Anthologie über sinnliche Versuchungen mit Spielzeugen vom Seidentuch bis zum Bondageseil
- für sinnliche Abende: *Jadeschwert und Pflaumenblüte – erotische Paraventgeschichten* von Alison Fell
- für experimentierfreudige Sonntage: *Sextipps for Boys and Girls* von Paul Johannides – der erheiterndste aller Sextipp-Klassiker
- für intime Lehrstunden: *Sex für Könner – die Kunst, Frauen um den Verstand zu bringen* (Anne West – na ja, ich dachte, ich versuch's einfach mal, mich hier unterzumischen)

Geben Sie es ihm schriftlich – und lassen sich von ihm verraten, was er sich wünscht, wenn ihm das geschriebene Wort näher ist als der direkte Dialog. Drei wortgewaltige Korrespondenzen:

1. Einen Geschenkgutschein zum Selberausfüllen: »Der Inhaber dieses erotischen Coupons ist berechtigt, zu jeder

Zeit und an jedem Ort, _____ von der Ausstellerin einzufordern.« Und was es auch sei – ob Fellatio im Park unter dem Regenschirm, eine Schläfenmassage oder ein Lapdance von Ihnen im scharfen Sekretärinnenlook: Tun Sie es aus vollem Herzen. So wird er mit ein bisschen Glück nach und nach immer offener über seine Wünsche reden, wenn er merkt, dass ihm weder etwas peinlich sein muss noch dass ihm Szenen drohen.

2. Der personalisierte Kurzroman: Lassen Sie sich von Ihrem liebsten erotischen Roman inspirieren und schreiben eine besonders aufregende Sexszene ab – allerdings ersetzen Sie die Namen der Figuren durch seinen und Ihren.
3. Ein Liebesbrief gehört zu den schönsten Geschenken, die sich Liebende machen können. Doch ein Lustbrief könnte ihn noch angenehmer überraschen – und zwar einer, in dem Sie ihm ganz und gar gestehen, was Sie an ihm anmacht. Jedes Detail. Wie er riecht. Seine Stimme. Diese kleine geile Stoßbewegung. Seine Zunge, die auf Ihrer Klitoris Achten fährt ... und was Sie sich alles vorstellen können, noch mit ihm zu tun.

Abschließend: Natürlich ist ein »Ich liebe dich« beim Sex erlaubt. Ihm direkt in die Augen gesagt, aus vollem Herzen, sind es wahrscheinlich die mächtigsten Worte der Welt.

Absolut heiß – Spiele, die ihn (fast) um den Verstand bringen

Es geht das Gerücht, unter Vorspiel verstünden Männer den Weg von der Bar bis zur Bettkante.

Das stimmt und stimmt auch nicht: Die Erregungsfähigkeit des Mannes ist zwar tendenziell als »leicht entflammbar« zu bezeichnen. Ein zielsicherer Griff zwischen seine Schenkel, um seine Schwanzspitze unter der Hose zu kraulen oder zart mit seinen Hoden zu spielen, ein herausforderndes Lächeln – und schon dürfte es für den Herrn (unter fünfzig) ohne große Schnörkel weitergehen: zum Vögeln. Falls Sie Ihren Liebhaber bisher noch nicht mit diesem Lass-uns-vögeln-sofort-Schatz-Griff beglückt haben – tun Sie es mal (unter vier Augen, nicht gleich im vollbesetzten Aufzug) und schauen, was passiert ...

☞ Dieses geile Gefühl von »sie will meinen Schwanz jetzt und gleich« ist für Männer eines der ersehntesten Komplimente. Fragen Sie nicht, wieso – selbst die empfindsamsten, klügsten, schönsten, uneitelsten, intellektuellsten Männer finden es rasend toll, wenn Ihnen sein Schwanz gefällt und Sie es ihm deutlich zeigen.

Wer weiß, vielleicht ist das sogar das verlässlichste Geheimnis glücklicher Liebender: Dass sie einander immer wieder beweisen, wie schön, aufregend und begehrenswert sie das Geschlecht des anderen finden.

Vier Thesen zu Männern und Vorspiel

Aber heißt das, Vorspiel sei out? Oh, bitte, nein! Genauso wie es eine klischeebehaftete Behauptung ist, alle Frauen würden immer ein Vorspiel anfordern oder erst dann auf Touren kommen, wenn ihnen Appetit geduldig in den ach so keuschen, komplizierten Körper hineingeknetet würde – so voreilig ist es auch zu sagen, *kein* Mann würde auf ein Vorspiel gesteigerten Wert legen. Das sind beides verquere Rollenmodelle von Sexualität. Sie reduzieren unter anderem die männliche Sexualität allein auf die eine Stelle vorn mittig und bauschen die weibliche zu einem Problemfeld auf.

☞ Was ist eigentlich Vorspiel? Ein bescheuertes Wort, das in seinem Subtext ausdrückt: Das Wesentliche, um das es ginge, käme erst danach, wie etwa nach der Konzert-Vorgruppe endlich die Rolling Stones. Es stimmt nicht, dass das Vorspiel weniger wert ist, weniger aufregend oder dass »das Beste« erst danach kommt (manchmal ist »das Beste« vergleichsweise banal). Was wir unter Vorspiel abgespeichert haben, sind sexuell orientierte Praktiken, nur ohne Koitus. Eine pragmatische Sichtweise, die die Emotionen völlig beiseiteschiebt. Dabei ist alles Sex, der beginnt nicht erst beim Reinstecken. Wir könnten es als Spielsex umschreiben, denn es ist eine Facette des gesamten Sexualakts, die mehr »leistet«, als nur einen Ständer bei ihm und eine feuchte Muschi bei ihr zu produzieren. Spielsex ist der Ort, um Phantasien auszuleben, dem anderen seine Wertschätzung zu zeigen, ihn zu erforschen, ihm Liebesgefühle zu zeigen, um sich selbst wieder als sexuelles Wesen zu begreifen oder um sich gegenseitig zum Höhepunkt zu bringen. Es ist Sex.

Erstens. Doch, Männer mögen »Vorspiel«. Der Mann ist nicht so simpel, wie es seit Jahrzehnten gern dargestellt wird – dass er nur eine willige Partnerin bräuchte, eine Erektion und eine zügige Ejakulation nebst sofortigem Schlaf, um sich befriedigt, entspannt und glücklich zu fühlen.

Um genau zu sein: All das, was auch Frauen am Vorspiel hinreißend finden – sich begehrt fühlen, sich entspannen, das Herzklopfen genießen, sich wahrgenommen, gemeint oder sogar geliebt fühlen –, alle diese Emotionen haben auch Männer. Innere wohlige Erregung entsteht nicht nur durch eindeutig sexuelle Berührungen (an seinem Penis oder Mund), sondern auch durch sinnliche Liebkosungen, die erst mal nicht unbedingt zu seiner sexuellen Erregung führen sollen: durchs Haar streicheln, massieren, alle anderen Körperstellen berühren, zärtlich sein. Das braucht Mann genauso wie Frau; jeder Mensch braucht Berührungen, die ihm beweisen, dass er nicht nur als Sexualgespiele, sondern auch als Mensch, als Persönlichkeit wertgeschätzt wird.

Und genau da fehlt eine Art Erfahrungsbrücke bei manchen Männern: Werden sie berührt – oder berühren sie –, fassen sie es als Auftakt zum Koitus auf. Und nicht als Wertschätzung und Interesse an sich. Kurz gesagt: Männer sind körperliche Aufmerksamkeiten, die Freude machen sollen (und nicht nur den Penis zum Stehen bringen), nicht gewohnt; vor allem, wenn dabei sein Schwanz ignoriert wird und stattdessen Gesicht, Hals, Bauch, Beine oder gar der Zehenzwischenraum geleckt und gestrichelt werden. Sie »verstehen« diese Berührungen zunächst nicht, nehmen sie als Ablenkung wahr oder als Bruch zwischen Sex und Liebe.

Dazu kommt das männliche Aktivgebot – »dein Penis muss stehen und sich anstrengen« –, und das erlaubt ihnen nur schwer zu genießen, dass eine Frau etwas für sie tut. Ausnahmen: Die Kerle, die selbst nach dem Geblasenwerden so tun, als sei es eine Gunst, die sie der Blasenden gewährt haben. Puha.

Massiert werden, gestreichelt werden, langsam und kunstvoll mit der Hand oder dem Mund liebkost zu werden – Mann fühlt sich unwohl, weil er sich dabei nutzlos fühlt. Ausgeliefert. Hilflos. Seine Aufgabe, die ihm (auch) die platten Rollenbilder Mann – Frau eingeimpft haben, besteht darin: Er ist für alles zuständig. Er hat dafür zu sorgen, dass sie will, dass sie feucht wird, dass sie kommt. Zurücklehnen beraubt ihn seines Daseinszwecks.

Zweitens. Ständiger Barock vor dem Reinstecken liegt ihm in der Tat nicht.

Manche Männer empfinden es als Umweg, jedes Mal die »Kerze an, Füße massieren, von oben bis unten abküssen«-Nummer zu bringen oder einen Hausfrauenstriptease über sich ergehen zu lassen. Sie hätten es gern mit weniger Drumherum – aber dafür öfter. Nur an den wichtigsten Stellen ausziehen, Spucke drauf, los geht's – diese Form von Sex ohne Vorlauf und Dessousvorführeinlage lässt einige Männer Frauen schneller verfallen als jenen Ladys, die stets und immer eine aufwendigste Vorspiel-Choreographie durchziehen, und er erst Kino, Dinner, Bar und so weiter durchstehen muss, bevor er auch nur in die Nähe ihres Schlüpfers kommt.

Solche Pseudotrends wie derzeit »Gourmet-Sex«, bei

dem »inszeniert« wird und eine »erotische Dramaturgie« aufgebaut wird – das ist für einen Mann zu große Oper. Denn sie folgen einem Skript, das er nicht kennt – er merkt genau, dass etwas von ihm erwartet wird. Begeisterung auf Kommando, eine adäquate Reaktion. Doch Mann will kein Erfüllungsgehilfe sein. Oder das würde er ja vielleicht noch machen – doch er weiß: Ein perfekter Mann soll nicht nur allzeit bereit sein, sich einfühlsam und adäquat auf die erotischen Bedürfnisse und Inszenierungen der Frau einzulassen (ohne dass sie ihm irgendwie mitgeteilt werden, nein, er hat sie gefälligst zu »erspüren«) – nein, er soll sich genau das auch selbst wünschen! »Schatz, *genau* das wollte *ich auch*.«

Ist das vielleicht ein bisschen zu unmöglich?

Ja, er will ein guter Liebhaber sein und die Wünsche der Frau erfüllen – sofern sie im Bereich seines Machbaren liegen. Doch Mann ahnt zu Recht, dass von ihm etwas gewünscht wird, was schon ins Metaphysische geht: Nicht nur einen gut funktionierenden Schwanz und die richtigen Griffe, sondern auch ein bestimmtes Verhalten, ein Einlassen, ein Folgen der Phantasie der Frau; er soll sie verstehen, begehren, lieben und ihren Traum erfüllen. Dabei gibt es zu viel falsch zu machen, darauf lässt er sich lieber nicht ein.

Diese »Trends« wurden letztlich von Frauen für Frauen erfunden (und es verkauft sich ja auch so gut: »Erfüllen Sie all Ihre Träume – noch heute Nacht!«). An des Mannes Sexualität gehen sie vorbei und ignorieren, dass zwischen zwei Menschen so viel an Dynamik bezüglich Erwartung, Hoffnung, Stimmung, Chemie läuft, auf die sich irgendwelche erotischen Ideale nicht einfach draufpfropfen lassen. Mehr noch: Sie pflanzen einen Leistungskatalog auf, den kein Mann, keine Frau erfüllen könnte, und stellen es als neue Norm dar. Wenn's geht, lassen Sie sich nicht von der fixen Idee beirren, dass jeder Liebesakt nun zum Bühnenstück werden muss, um anerkannt »genussvoll« zu sein.

Ein einzelner Satz am Telefon wie »Komm sofort her, ich will dich (ficken, haben, will deinen Schwanz …)« betört im Zweifel mehr, als wenn sie das Hotel bucht, ihm in schwarzen Dessous öffnet, erst mal tanzen will, Champagner aus dem Bauchnabel schlürfen, ihm die Augen verbinden, Beeren aus der Kniekehle …

Ausnahme: Wenn es eine Fremde tut oder es um die ersten Nächte geht – oder er nicht damit überrascht wird.

☞ Inszenierungen von Sex gehen in den seltensten Fällen gut. Die klassische Nichts-unterm-Mantel-Nummer zum Beispiel führt in acht von zehn Fällen wahlweise zu einem Lachanfall des Geliebten, zu einer verlegenen Fummelaktion oder zur Unsicherheit der Nackten, da sie im Kopf ein völlig anderes Drehbuch von ihrem Auftritt hatte, nur der Mitspieler partout nicht so reagiert, wie sie sich das wünschte. Inszenierte Überraschungen sind beim Sex eher ein Dramarisiko als ein Lustgarant: Denn er fragt sich, was Sie nun wohl von ihm erwarten, ist überfordert, trotzig, gefühlsmäßig in einer völlig anderen Stimmung als Sie, die Sie sich schon länger mit der Idee beschäftigten … Wenn Sie eine bestimmte Idee umsetzen wollen, warnen Sie Ihren Geliebten in jedem Fall vor. Und sei es, dass Sie ihn anrufen und mitteilen, dass Sie für heute Abend etwas vorhaben, wovon Sie hoffen, dass es ihm gefällt – und es habe mit Seide/einem Korb Erdbeeren/einem Hauch von Lack auf nackter Haut … zu tun.

Oh, warum der männliche Unwille gegenüber Inszenierungen? Die Gründe liegen meist in der Sozialisation des Mannes und seinem verqueren Anspruch an sich selbst als Mann und Träger eines Penis: Er hat Sorge, dass sein Schwanz für die drei Stunden Theater vor dem Akt nicht stehen bleibt und Sie sein Männlein in halbgarem Zustand erblicken statt im steifen (ja, das ist unlogisch, dass Männer sich wohler fühlen, wenn er unter Ihren Augen eine Erektion hat).

Außerdem ist da die Furcht, nicht wie erwartet zu reagieren oder etwas falsch zu machen. Mit Vögeln kennt er sich aus, aber wie zum Teufel schlürft man Schampus aus dem Bauchnabel (und warum, wenn es doch Gläser gibt?), und wie knotet man das Tuch so um den Kopf, dass man nicht einen Schwung Haare mit reinzipt? Es war für den Mann schon schwer genug, allein auf sich gestellt dahinterzukommen, was man mit einer Muschi macht. Jetzt auch noch weitere Disziplinen, deren Ergebnis er nicht nachvollziehen kann. Oder kommen Frauen jetzt auch schon, wenn Mann Sekt aus ihrem Nabel trinkt?!

Sich auf Experimente einzulassen heißt, keinem Schema folgen zu können, das einen messbaren Erfolg garantiert. Und genauso wie Männer einen Hang zu schematischen Strukturen haben, zu Gleichungen, die aufgehen, oder zum Ursache-Wirkung-Prinzip – so hegen sie ein Misstrauen gegenüber dem ungewissen Spielverlauf von Experimenten.

Lösung: Sagen Sie es ihm, dass in dem Fall der Weg das Ziel ist. Es geht nicht ums Kommen, sondern ums Anmachen.

Drittens. Männer sind in Sachen Spielsex so launisch wie die meisten Frauen: Auf den Moment kommt es an. Manchmal törnt es sie an, vor dem Reinstecken allerlei anderen Schweinkram zu veranstalten, weil es sich aus dem Augenblick heraus ergibt und es kein wahnsinnig kompliziertes Unterfangen ist, sondern »nur« Eiscreme vom Venushügel lecken, so tun, als sei man sich fremd. Oder er findet es doch ganz spannend, dass sie ihn mit nichts als den Overknees und einem Herrenhemd im Wohnzimmer erwartet, als wäre das ganz selbstverständlich – und sich daraus etwas Ungeplantes ergibt. Fangen spielen oder eine überraschende Fesselung auf den Tisch ...

Und manchmal ist jegliche Vorbereitung schlicht überflüssig. Beide sind geil. Sie bläst ihn an, er leckt sie nass, los geht's. Richten Sie sich also weder nach Statistiken (»Frauen brauchen zwanzig Minuten Vorspiel, Männer lieber nur sieben ...«) noch nach Klischees (»Frauen brauchen ein Vorspiel, um Sex zu genießen« – blabla), sondern vertrauen auf Ihre Intuition in den Moment. Es gibt Zeiten, da wollen Sie vögeln, und andere, da wollen Sie gestreichelt, geleckt werden oder etwas ausprobieren, was Sie noch nie getan haben.

☞ Das Berauschendste für Männer ist die deutliche Reaktion einer Frau – dazu gehören auch deutlich geäußerte Wünsche, wonach Ihnen jetzt der Sinn steht. »Streichele mich, beiß meine Brüste, hau mir auf den Hintern, nimm mich ...« – drücken Sie aus, was Sie wollen. Und, nein: Das ist weder Kommandosex noch Gebrauchsanweisungssex, und Sie »degradieren« ihn auch nicht zum Lustdiener. Frauen wird in der Erziehung oft Fleiß und Bescheidenheit als Tugend eingeimpft; oft versagt deswegen vielen die Sprache, sie fühlen sich seltsam, wenn sie ihre Wünsche anmelden. Mist! Denn gerade beim Sex haben Männer sehr viel Freude, wenn ihnen mitgeteilt wird, wie sie ihrer Liebhaberin guttun können. Ach was, nicht so bescheiden: Es macht ihn tierisch an.

Viertens. Es gibt *Spielertypen* unter den Männern, die ohne ein ausführliches, abwechslungsreiches Programm rund um den Koitus gar nicht leben wollen – sie spielen mit Worten, Blicken, mit Rollen, mit Flirten, Essen, gegenseitig Lecken. Sie lassen Trüffeln über den Körper rollen, helfen der Geliebten nacheinander erst in die roten Schuhe, die schwarzen Stiefel und zum Schluss in das Abendkleid, um sie zu beschauen und zu befummeln. Sie experimentieren mit Bondage und beginnen bereits mit sexuell angehauchten Aktivitäten, wenn der Abend gerade erst begonnen hat. Hier ein Kompliment, da eine geflüsterte Beichte, dort ein langsamer, unzüchtiger Griff ... Für solche Männer ist ein Quickie zwei- bis dreimal im Jahr praktisch wie Fastfood: Muss auch mal sein, aber bitte nicht dauernd.

Diese Spielertypen machen Spaß – denn sie wissen all das zu schätzen, was Frauen sich an Kostüm, Bühne und Drehbuch einfallen lassen; sie beziehen alles mit ein, sie sind von Dessous, schönen Schuhen, Handschuhen und Ähnlichem genauso erregt wie von einem zweideutigen Flirt, einem sinnlichen Essen, einem Vorschlag, dass er heute der ungehorsame Schüler ist und sie die gestrenge Lehrerin ... Sie vermögen es, sofort auf ein Spielangebot einzusteigen (siehe oben: nackt unterm Trenchcoat), scheren sich nicht um Erwartungen, sondern übertreffen sie. Diese Männer sind rar, doch sie können für eine Frau auf der Suche nach ihrem sinnlichen Selbst Türöffner zu unbekannten Welten sein.

Abschließend: Umworben zu werden, ob verbal oder ganz und gar handgreiflich, von Kopf bis Fuß und mitten ins Herz hinein ist für jeden Menschen schön. Vielleicht sollte das »Vorspiel« umbenannt werden in Wertschätzung zeigen ...

Lust mit allen Sinnen

Okay, Männer. Männer sind sexuell weder selbstbewusster als Frauen noch schlichter, noch sind sie weniger empfindlich, wenn es um Abweisung oder Selbstzweifel geht. Männer hoffen, dass sie ein guter Liebhaber sind, und geraten völlig aus dem Häuschen, wenn die Frau, auf die es ankommt (nicht Mutti), ihnen das Zeugnis »guter Liebhaber« ausstellt – immer und immer wieder. Wenn sie ihm zeigt, dass sie seinen Körper mag, wenn sie vorurteilsfrei mit seinen Wünschen umgeht, wenn sie seinen Penis gern anfasst. Vor allem das Letztere.

Was genau ein guter Liebhaber ist, wissen die wenigsten Herren; die meisten vermuten, es hätte mit Spezialtechniken und dem Stehvermögen nebst zuverlässiger Reaktionsfreude seines Schwanzes zu tun. Was für eine Täuschung!

Letztlich ist die Technik relativ schnuppe (wenn er nicht zu grob ist, versteht sich, oder die Klitoris weder im Dunkeln noch mit Kompass findet) – sondern es zählen der Wille wie auch die Fähigkeit, eine Frau glücklich, zufrieden oder entspannt zu machen. Interesse an den Wünschen des anderen gehört dazu, ebenso wie die Fähigkeit, sich nicht selbst unter Druck zu setzen, irgendeine »Leistung« bringen zu müssen, für die es eine Eins mit Sternchen gibt. Wichtig sind Wachheit, Empathie und Flexibilität, wirklich auf *diese* Frau einzugehen und nicht nur Klischeeroutine abzuturnen (warum fallen mir ausgerechnet jetzt all diese Pornoplagiate ein, die mit monotoner Nähmaschinenart im Unterleib einer Frau rumfuhrwerken und hoffen, das reicht?!). Des Weiteren braucht es körperliche Zuneigung, Respekt vor dem Körper des anderen und eine ausgereifte Emotionalität, um Sexualität nicht nur physisch, sondern auch psychisch zu begreifen, um zum Beispiel vorurteilsfrei und unverklemmt an manche Techniken oder Spielvorschläge heranzugehen. Und ebenso: Sich selbst sichtbar zu machen, damit Sie die Chance haben, seine Bedürfnisse kennenzulernen.

Alles im Prinzip genau jene Fähigkeiten, die auch Frauen als gute Liebhaberinnen auszeichnen. Es gibt Naturtalente, die schon als Teenager Menschen glücklich machen konnten, allein durch ihre Art und ihre Begabung, Freude zu verströmen. Und andere müssen da erst hineinwachsen.

Ich denke, die meisten Männer werden erst durch eine bestimmte Frau und auch erst mit zunehmendem Alter zu guten Liebhabern – denn vorher ist der Junge, der Jungmann, der Mann bis Anfang, Mitte dreißig zu sehr mit sich beschäftigt: Wer will ich sein? Wie will ich wirken? Wie komme ich an? Er ist vor allem damit beschäftigt, männlich, wenn nicht gar über-männlich zu sein und sich von allem abzugrenzen, was als »weibisch« eingestuft wird; dazu gehören auch Sanftheit, Sentimentalität, soziales Verhalten, sich kümmern, offen sein. Nur in Kürze, da für den ganzen Ödipuskomplex in diesem Buch kein Platz ist: Bei dem Versuch, sich von seiner ersten Bezugsperson, der Mutter, abzugrenzen, vermeidet der Mann alles, was mit weiblichen Eigenschaften assoziiert wird, und hechelt dem Ideal eines extrem maskulinen Mannes nach – Heldentum, Schmerzlosigkeit, Abwehrhaltung gegenüber Intimität, Einsamkeitsdrang, Macht, Coolness. All diese Attribute haben allerdings nichts mit einem guten Liebhaber zu tun. Sie verhindern die Liebhaberqualitäten.

Die Realität wird der irrealen Vorstellung angepasst, und Mann vergleicht Frauen ständig mit aberwitzigen Vorlagen – »sieht aus wie J. Lo, lacht wie Cameron Diaz, ist ein ähnlicher Typ wie meine Grundschullehrerin, gehört in die Kategorie prüde Träumerin ...«. Irgendwann schwenken des

Mannes Verstand und Menschenkenntnis – toi, toi, toi! – um, die Realität ersetzt das Vorurteil.

Man(n) beginnt, zu differenzieren und jeden Menschen als Individuum zu begreifen. Es gibt nicht mehr *die* Frauen, *die* Männer, nicht mehr diese Typen und jene Kategorie, und hoffentlich bald sieht der Mann eine Frau exakt so, wie sie ist.

Und erst dann wird er auch zur Gänze fähig sein, im Bett (oder davor) auf Sie so einzugehen, wie eine Frau es sich von einem guten Liebhaber erhofft: Er meint sie, er versteht sie, er will sich auf sie einstellen, und er kann es. Er kreiselt nicht mehr um sich (Wie gut bin ich, wie wirke ich, wie komme ich an …?), sondern es interessiert ihn: Ist das gut für *sie*? Geht es *uns* gut? Mag sie mich? Was kann ich tun, damit es ihr gutgeht?

Altruismus oder der Wunsch, dass es einem geliebten Menschen gutgeht, kann nur mit runtergefahrenem Egoismus und abgelegtem Helden-Strebertum funktionieren. Und beides legen Männer frühestens nach der Adoleszenz (mittlerweile reicht die ja bis über siebenundzwanzig!) nach und nach ab oder nach ihrer »Phase der Unzurechnungsfähigkeit«, wie der wunderbare und leider verstorbene Dietrich Schwanitz in seinem Buch *Männer* die Suchphase der Herren nach sich selbst bis Mitte, Ende dreißig bezeichnet.

In einem Alter ab Mitte dreißig hat Mann hoffentlich genügend Erfahrung, sich in einer Beziehung zu offenbaren und sich nicht mehr in die Hose zu machen, wenn er sich angeblich »weiblich«, also offen, emotional, sorgend, verhält – auch sexuell. Vorher war er ein Meister des Verschleierns seiner Gefühle – und das seit seiner ersten unfreiwilligen Erektion mit 13, 14 oder 15 Jahren. Schauen Sie: Jungs masturbieren dauernd. Täglich. Mehrfach. Schon das Wort »Mitglied« macht ihn rappelig. Testosteron eben, ein Stoff, aus dem Lust gewoben wird und der aus kindlichen Körpern männliche formt und nebenbei das Gehirn in eine einzige Baustelle verwandelt. Und der Junge? Redet mit keinem drüber. Ist ihm peinlich. Er weiß auch nicht, ob das jetzt schlimm ist, dieser Trieb, oder normal, ob das so sein muss oder doch pervers ist. Er schweigt sich aus, und dieses Schweigen wird über Jahre bestens antrainiert.

Parallel bekommt er die Normen, wie ein Mann im Bett zu sein habe, eingehämmert: Vorspiel muss sein, weil Frauen angeblich seltener wollen als Männer (hört, hört!), nicht zu pervers darf es sein, und stehen muss er. Ja, ja, fasel, fasel. Er verbirgt Gefühle, Gelüste, versteckt sie hinter Zoten oder Übertreibungen, und gleichzeitig baut sich eine derartige Schamwand auf, die ihm lange Jahre verbietet, (mit Frauen) über seine Sinnlichkeit zu reden. Oder gar, igitt, Gefühle!

Und diesen Mann haben Sie jetzt da vor sich. Oder neben sich. Ganz gleich, wie alt er ist – auch er hat die Reise der Scham durchlaufen (wahrscheinlich allein) und selten die Leistungsnormen des Ideals Mann hinterfragt.

Da ist also erstens Scham gegenüber sich selbst und seinen Gelüsten. Zweitens ein Penis- und Liebestechnik-Glaube, der ihn dazu verleitet, dass es hauptsächlich auf seinen Ständer und seine Fingerschwurbeltechnik ankäme (oder auf Stellungsperfektion). Drittens eventuell ein Mann, der vielleicht noch nicht oder vielleicht gar nicht die Persönlichkeit dazu hat, sich emotional wie körperlich auf Sie einzulassen, genau hinzusehen und hinzufühlen, wer Sie sind und was Ihnen guttut – und stattdessen mit Scheuklappen liebt, Augen zu und durch, und hoffentlich komme ich nicht zu früh. Und viertens einer, der noch im Abgrenzungsprozess ist und alles, was weich oder unmännlich ist – wie sich hingeben, sich verführen lassen, genießen, Intimität zulassen –, strikt vermeidet.

Jetzt kommen Sie und wollen Dinge wissen. Reden. Wünsche erforschen. Phantasien entlocken. Sich ihm offenbaren. Seinen Körper erkunden, überall, nicht nur vorne mittig. Schlagen dies oder das vor, probieren alles Mögliche aus. Sie wollen ein Liebesleben, intim, persönlich, befriedigend, aufregend.

Missverstehen Sie mich nicht: Er will das auch! Nur ist er weder so geübt darin, sich mit seiner Sexualität zu beschäftigen, noch trainiert auf emotionale Offenheit, die wir Damen, polemisch gesagt, schon zu unserer Barbie aufgebaut haben. Während wir gepolt sind, unsere Schwächen zu verbergen und unsere Stärken hervorzuheben (jeder Schminkkurs lehrt uns nichts anderes), so ist er darauf geeicht, Schwächen gar nicht erst haben zu dürfen. Und so zu tun, als wüsste er alles, kann er alles. Und wer fragt, ist feige.

Was Ihnen mit diesem Mann passieren kann: Er sperrt sich, er versteht nicht, er redet nicht, er lässt Sie nicht an sich rummachen. Er quiekt, wenn Sie ihm an die Hoden gehen, obgleich das wirklich sehr schön ist, er findet Pomassagen irgendwie schwul, und bei der Frage, was Sie eigentlich mal für ihn tun können, antwortet er errötend: »Ooch ... ist eigentlich so alles ganz prima, wie es ist.« Er fährt weiter seinen Stiefel und streichelt und bumst Sie so, wie er meint, dass es offiziell sein muss, hart, kräftig, ausdauernd, dominant. Ja, du mich auch, Schatz, so kommen wir nicht wirklich weiter.

Oder er wagt sich nach und nach aus seiner Deckung (bekanntermaßen wird Sex besser im Laufe einer Beziehung, es lohnt sich, dranzubleiben) und ist Schritt für Schritt fähig, angstfreier zu werden, seine Scham aufzugeben, sich von Klischees und Technikhörigkeit zu lösen und Ihrem wie auch seinem Körper zuzuhören. Das geht nicht von jetzt auf gleich.

Verzeihen Sie den Sermon, bevor es hier zum How-to

geht. Doch ich möchte versuchen, dass Sie beide einander zu Liebeslehrern werden – und sich dem Sex als zwei individuelle Persönlichkeiten zuwenden, anstatt unpersönlichen Sex, wie er von anderen definiert wurde, zwischen Sie beide zu pressen. Auch wenn es beispielsweise hundertmal irgendwo gedruckt steht, dass alle Männer es toll finden, geblasen zu werden, so kann es Ihnen passieren, dass Sie jemanden treffen, der es beängstigend findet. Kastrationsangst (die haben schon kleine Jungs – das Dingelchen ist einfach zu exponiert und schreit förmlich nach einem klaren Schnitt), Hilflosigkeit (mir wird der Orgasmus gemacht, nicht ich mache ihn mit meiner Bewegung), sich als Schwein fühlen (ist Fellatio nicht Erniedrigung, was hat sie jetzt davon, will sie dafür eine »Belohnung« und wenn ja, welche nur, wird sie mich emotional damit erpressen am nächsten Morgen ...). Es kann sein, dass er sich unbehaglich fühlt, weil Sie mit Nase, Auge, Ohren, Gesicht so nah am Intimsten dran sind, dass er Furcht vor Kontrollverlust hat, dass er sich allein fühlt, weil Sie so weit da unten sind und er Sie nicht umarmen kann ... Das alles sind mögliche Reaktionen. Genauso wie der beste Fall, dass er Fellatio tatsächlich schlicht geil findet und sich null Kopf macht.

☞ Ein guter Liebhaber wird ein Mann mit jener Frau, die ihn von seinen Bums-Scheuklappen erlöst. Sprich: Nicht Sie müssen auf den Prinzen warten, der Sie aus dem sexuellen Dornröschenschlaf wachküsst und Ihnen alles zeigt, was Sie erleben können – Sie sind der Prinz. Oder die Ritterin, meinethalben.

Obacht: Das heißt nicht, dass der Spruch von dem »weichen Kern unter des Mannes rauher, gefühlsverschleiernder Nussschale« stimmt. Unter einem harten Schein ist sehr wohl auch ein hartes Sein; es ist nicht so, dass in jedem Mann eine Art verschüttete Frau wartet, bereit, sich nach der Enttarnung auf alle Emotionen und verschütteten Sinnlichkeiten einzulassen. Das heißt nur, dass Männer beides sind: emotionsgeladen und empathisch wie auch verschlossen, hart und gefühlsabwehrend. Es ist seine Aufgabe, diese Dualität unter seinen Hut zu kriegen. Weshalb es auch nicht Ihre Aufgabe ist, ihn quasi zu knacken, nur das Weiche, Bindungssehnsüchtige, Kommunikative in ihm zu wollen. Nein, Sie kriegen im besten Fall alles: den sturen, stummen, einsamen Cowboy wie auch den liebevollen, zugewandten, einfühlsamen Teamplayer. Nur gezähmte Wölfe kommen in dem Deal nicht vor.

Nun denn. Fangen wir Frauen an, Männern, egal ob mit oder ohne harter Schale, den Sex zu offenbaren, anstatt darauf zu warten, dass er ihn uns zeigt; Frauen waren schon immer die Priesterinnen der Lust und Hüterinnen des erotischen Wissens – nur haben sie es irgendwann vergessen, es wurde ihnen nicht mehr erlaubt, sich auszuleben und Männer einzuweihen; und Männer stochern seitdem wahrhaftigst im Nebel rum und hören sich die Vorhaltungen der modernen Frau an, denen der Grundkurs Reinstecken nicht reicht. Tun wir was dagegen (wenn wir wollen und der Mann es wert ist): Satteln wir die Pferde und reiten zum Schloss; im Kerker von Scham, gezähmter Körpersinnlichkeit und absurder Penisleistung sitzt der Mann gefangen und erhofft, eines Tages auf eine Frau zu treffen, die ihn von seinen sexuellen Ketten befreit. Die Türen aufstößt, langsam, Schritt für Schritt, vielleicht erst mal nur eine kleine oder die zum Dachboden – auf dass wir gemeinsam neue Räume erkunden. Fangen wir fast oben an: bei den …

Ich schau dir in die Augen, Kleiner

Männer gucken gern. Und sie gucken anders als Frauen. Wie es die *Süddeutsche Zeitung* in einer Kolumne beschrieb – sinngemäß –, so nehmen Männer erst dann Staubflusen oder Stapel von dreckigem Geschirr wahr, wenn die anfangen würden, mit dem Hintern zu wackeln.

Stopp, stopp! Das heißt nicht, dass Sie dauernd herumtanzen müssen, sich beim Stripdance-Pole-Burlesque-Tanzkurs anmelden oder sich fortan ständig in scharfe Dessous werfen, damit er ein paar Wackelflusen für die Pupillen hat.

Dessous werden überschätzt und sind als Erotikbooster Nepp: Männer sehen sie wirklich sehr gern – an Damen auf Fotos in teuer aufgemachten Zeitschriften, bei den Berufstänzerinnen an den senkrechten Stangen oder auf Plakaten von H & M. All das läuft unter »Traumfrauen«; die bewegen sich nicht, sie sprechen nicht, sie laden ein zum kurzen Herumphantasieren, ohne sich zu beschweren, dass Mann ihnen in den Ausschnitt, frech in die Augen und auf den Arsch guckt – aber vor allem wollen sie gar nichts von dem Betrachter. Die dazugehörigen Dessous gehören für Männer in die »Traumschublade« und zu unerreichbaren Frauen, die Mann aber auch gar nicht erreichen will (das gilt auch für Stripteasetänzerinnen)! Nur angucken. Und vergessen.

Bei der Frau, die sie lieben oder für heute Abend begehren, sind in etwa zwei Drittel bis drei Viertel der Herrschaften bei *betonter* Dessouspräsentation (und erst recht bei Hausfrauenstrip) alles andere als auf Knopfdruck hoch erregt: Da will ja eine Frau was – sie lädt nicht zum konsequenzlosen Träumen und Begucken ein, sondern zum konsequenten Handeln. Doch überall, wo eine Erwartung drinsteckt, ist die Anti-Erotik nicht weit. Wenn schon, tragen Sie Dessous einfach so, weil Sie sich darin geil finden, aber bauen Sie nicht auf den garantierten Antörneffekt (»Versuch ich es halt mal mit roten Strapsen«).

☞ Auf Erwartungen, die mit erotischer Maskierung wie Dessous daherkommen, reagieren Männer so wachsam wie ein Seismograph und die meisten leider mit instinktiver Verweigerung oder gebremster Leidenschaft.

Dessous sind hübsche Verpackung, sie geben uns Sicherheit beim Entkleiden oder ein selbstzufriedenes Lächeln, wenn wir unterm strengen Kostüm rattenscharfe Spitze tragen. Doch wer drinsteckt und was darunter ist, findet Mann entweder eh viel spannender, da würde sogar ein Montag-Dienstag-Mittwoch-Blümchenslip nichts dran ändern. Findet er dies nicht, so nutzt auch das schärfste Dita-Von-Teese-Lookalike-Kostüm nichts. Das nur nebenbei, falls Sie Dessous mehr mit dem Gedanken an *ihn* als an sich kaufen und die Kreditkarte zum Glühen bringen. Tut nicht not, tragen Sie nichts unterm Oberhemd, keinen BH unterm Shirt oder im Hochsommer keinen Slip. Das knallt im Zweifel mehr als Palmers & Co. Und wenn Sie sich fragen, warum Zeitschriften immer wieder mit dem Dessousding ankommen? Wegen der Anzeigenkunden!

☞ Ihrer Geliebten beim Masturbieren zuzusehen ist für die meisten Männer ein Anblick, den sie sehr lustvoll und erregend finden. Falls Sie sich das trauen – posieren Sie nicht, machen Sie es so, wie Sie es tatsächlich sonst auch machen. Ob er Sie dabei im Arm hat, sich neben Ihre Hüfte kniet oder sich einen Stuhl heranzieht und bei diesem wunderschönen Ausblick sich selbst berührt – alles ist möglich. Doch nicht nur der erlaubte Voyeurismus macht ihn an, sondern auch das Vertrauen, das Sie ihm schenken: »Schau, auch ich lege Hand an mich, nicht nur du, keiner von uns ist also irgendwie unnormal, wenn er es sich selber macht.«

Zurück zu den Augen: Es ist nicht die Hauptaufgabe der Frauen während des Pettings oder Spielsex, »Männern was zu sehen zu bieten«, wie es oft umschrieben wird. Klar, Stiefel und Rock finden Männer sehr schön zum Ansehen (und wie sagte mal ein Bänker in Rente: »So schön nuttig« – er selbst ist übrigens ein lieber Kerl, der dabei errötete), und über einen schwingenden Busen gleich welcher Größe freut sich auch des Mannes Blick.

Was er an Ihnen aber sexy und aufregend findet, werden Sie vielleicht nicht genau herausfinden – denn Sexappeal ist nie statisch, sondern an das Gesamtkonzept Ihrer Persönlichkeit gebunden: Haltung, Lachen, Mimik, die Art, wie Sie den Kopf wenden, atmen, sprechen, zuhören, die Augen aufschlagen, riechen, stöhnen, Ihre Stimmlage, Ihr Optimismus, Ihre Zufriedenheit mit Ihrem Leben, wie Ihre Haut glänzt, wenn Sie gekommen sind ... Aber würde er fähig sein zu sagen, was ihn en détail an Ihnen anmacht? Wahrscheinlich nicht, denn vieles ist auch unbeschreibbar und nur in seiner Gesamtheit der Knaller – wie das, was er in Ihren Augen liest.

Ganz gleich, was Sie für eine Frau sind, ob groß, mollig, zierlich, athletisch, große Brüste, runde Knie, dezenter Hintern: Was das Aufregendste an Ihnen ist und immer bleiben wird bis ins höchste Alter, sind Ihre Augen.

☞ Ihre Augen, Gesamterscheinung, Gesicht – in der Reihenfolge nehmen die meisten Männer eine Frau auf den ersten Blick wahr. Ausnahme: Herren mit Nackenstarre, die nur auf den Busen und selten ins Gesicht schauen. Erstaunlicherweise ist das der kleinere Teil der Herrenwelt (der nimmt nur rapide zu, wenn das dritte Bier geflossen ist ...). Frauen gucken in der Reihenfolge Augen, Geschlechtsteil, Hände, Gesamterscheinung.

Sogar bei den Damen in Zeitschriften verweilt der männliche Blick am längsten bei den Augen der Frau, nicht bei ihrem Hintern, Busen oder Bauch. Da gucken nur wir Frauen hin, um uns zu vergleichen. Die Herren jedoch suchen in dem Blick etwas Bestimmtes. Und jeder etwas anderes: Klugheit, Charme, Witz, Natürlichkeit, Sinnlichkeit, Weisheit, Wärme, Frivolität ... Erst der Blick der Zeitschriftenfrauen entscheidet, ob ein Mann sie erotisch findet oder nur aus Gewohnheit seine Augen auf das präsentierte Körperteil richtet.

Ah, Bilder – natürlich ist auch der Einsatz von Bilderbüchern für Erwachsene ein adäquates Vorsex-Spiel. Über das Betrachtete können Sie sich austauschen und erfahren vielleicht en passant, auf was Sie beide stehen, was Sie noch gar nicht voneinander wussten – die Art, wie die Leute gucken, ein Kleidungsstück, eine Position, eine bestimmte Stimmung, die ein Foto ausdrückt ... Vielleicht blättern Sie gemeinsam in einem solchen Buch, während Sie beide nackt auf dem Bauch liegen, noch nass von der Dusche, ein Glas kalten Sherry oder ein Päckchen Eispralinen (die es sonst immer im Kino gibt) ...

Folgende Empfehlungen:
- *Augenblicke der Verführung.* Hervé Levis. Stilvoller und ästhetischer Erotik-Bildband über den weiblichen Körper und seine Dessous. Schwarzweiß, Knesebeck Verlag

- *Augenblicke*. Arpad Safranek. Frauen und Paare in den verschiedensten intimen Augenblicken fotografiert – verliebt und lustvoll. Schwarzweiß, konkursbuchverlag
- *Erotic Sessions* von Dahmane, Edition Skylight. Kunstvoll, gewagt, aufregend, glamourös; auch als Geschenk für den Geliebten hervorragend geeignet
- *Guthier No 3. 6x6.com*. Norbert Guthier fotografiert Liebesspiel und Geschlechtsakt – berührend, aufregend, niemals vulgär. Schwarzweiß, Edition Braus
- *Bordello*. Die Bilder der international renommierten Fotografin Vee Speers, aufgenommen in Bordellen Frankreichs, inspiriert von den Zwanzigerjahren – dekadent, kunstvoll, intimes Vorwort von Karl Lagerfeld, Texte englisch/deutsch/französisch (Verlag Edel Classics); plus: vier Audio-CDs mit französischen Chansons

Diese Bilderwelten dürfen der Inspiration dienen – nicht der Nachahmung.

☞ These eines befreundeten Sexualpsychologen: Durch das mediale Dauerfeuer an nackter Frauenhaut werden für Männer unbewusst jene Frauen interessant, die sich gekonnt verhüllen, anstatt ebenso viel nackte Haut zu zeigen. Nach einer Minute stillen Nachdenkens setzte er hinzu: Eng anliegen darf es aber trotzdem.

Augen und Blicke ... sie locken. Versprechen. Sie singen Dinge, über die der Mund schweigt. Sie durchdringen, sie provozieren.

Sie können mit einem direkten Blick in die Augen eines Mannes mehr erreichen als mit jeder sexy Pose, jedem aufreizenden Rock. Jemanden wahrhaftig anzusehen – und zwar lange, etwa drei bis fünf Sekunden – ruft die unterschiedlichsten, die Brust heiß durchströmenden Gefühle hervor: Sich erkannt fühlen. Sich wahrgenommen fühlen. Sich verstanden fühlen. Gewollt. Getestet. Aufgefordert. Herausgefordert. Und wenn es sich um eine Mann-Frau-Geschichte handelt – denken Sie an Sex, wenn Sie ihn ansehen. Lächeln Sie erst mal nicht, Ihre Augen sind der Mittelpunkt Ihres Gesichts. Wenn Sie mögen, senken Sie leicht das Kinn und schauen ihn dann erst an (gucken Sie mal in den Spiegel, in welchem Haltungswinkel Ihre Augen die meiste Kraft haben, und tun das, womit Sie sich selbst wohlfühlen. No posing, please). Versuchen Sie diesen Blick bei einem Mann, den Sie an der Kasse, im Menschengewimmel, in der Teeküche im Büro treffen. Die Kraft Ihrer Augenblicke ist groß. Sehr groß. Die wenigsten Menschen schauen sich lange und direkt in die Augen, und es könnte Ihnen passieren, dass das Gegenüber diesen Blick als Aufforderung (miss)versteht und Ihnen sogleich Avancen macht.

☞ Die meisten Frauen wie auch Männer halten sowohl beim Küssen als auch Sex die Augen geschlossen, um sich unter anderem auf ihre Gefühle besser konzentrieren zu können. Wie der Sexualpsychologe David Schnarch richtig bemerkt, schließen wir mit geschlossenen Augen den anderen aus und uns ein – wir wollen uns nicht ansehen, nicht erkennen lassen, wir erleben zweisamen Sex einsam hinter geschlossenen Lidern. Geschlossene Augen trennen uns. Augen (so oft es geht) auf und durch, dürfte ab heute ein neues Credo sein: Denn wer es wagt, einander in den intimsten Momenten anzusehen und sich sehen zu lassen, wird eine tiefere Intimität und ein intensiveres erotisches Einverständnis erreichen – denn Wünsche lassen sich von den Augen ablesen. Allerdings nur, wenn diese geöffnet sind ...

Und nun – sehen Sie Ihren Geliebten an. Ihren Mann. Liebhaber. Ihre künftige Eroberung. Lassen Sie sich Zeit, Ihren Blick von seinen Augen zu seinem Mund, zu seinem Schritt und wieder zurück wandern zu lassen, zurück zu den schwarzen Inseln inmitten seiner Augenseen.

- Sehen Sie ihm in die Augen, wenn Sie sagen: Ich will mit dir schlafen.
- Sehen Sie ihm in die Augen, wenn Sie an seinem Bauch abwärts wandern, um gleich seinen schönen Schwanz zu lecken.
- Sehen Sie ihn an, wenn er Sie berührt.
- Lassen Sie es zu, dass er durch Ihre Augen hindurch Sie sehen kann, Ihre Seele, Ihre Wünsche.
- Sehen Sie ihm ins Gesicht, um seine Reaktionen mitzubekommen – bei allem, was Sie einander tun.
- Diese Aufmerksamkeit der offenen Augen ist eines der unschätzbarsten Geschenke, die Sie einem Mann machen können: Ich sehe dich, ich meine dich, ich verschließe meine Augen nicht vor dem, wer du bist, und mich nicht vor dir.

☞ Augen verbinden? Einige Männer hassen es, andere finden es belanglos oder unheimlich, und manche finden es ausgesprochen aufregend, wenn Sie ihnen die Augen mit seiner Krawatte oder einem schwarzen Tuch verbinden und er nicht sieht, was als Nächstes kommt. So kann er sich ganz auf seine Gefühle konzentrieren, die leichte Angst vor Überraschung schlägt in Erregung um.

Dennoch: Lassen Sie ihn nicht allzu lang im Dunkeln, er braucht den Blick aus Ihren Augen, um sich sicher zu sein, dass alles noch in Ordnung ist und Sie sich nicht heimlich lustig über sein Geschlecht machen.

Nicht unterschlagen möchte ich Ihnen, dass Männer einen weiteren Anblick sehr zu schätzen wissen: wie Ihr Körper reagiert. Wie Sie sich mit und in Ihrem Körper bewegen. Genauso wie manche Frauen es sehr lieben, sich anzuschauen, wie beim Sex seine Muskeln unter der Haut spielen, so streicheln auch Männer mit Blicken über Ihren Körper. Vielleicht, wenn Sie ihm die Brüste entgegenheben, wenn Sie Ihre Schamlippen mit den Fingern offen halten, damit er erst schauen, dann lecken kann; wie Sie erst mal langsam an Ihren zehn nackten Fingern lecken, bevor Sie seinen Schwanz mit beiden Händen umfassen ... ziehen Sie keine Show ab, aber lassen Sie sich Zeit, damit er Sie genauso genussvoll beobachten kann wie Sie ihn, wenn Sie sich beide zum Spielsex hier und da hinmanövrieren.

☞ *Und was ist mit Pornos gucken?* Klar, warum nicht? Warnen Sie ihn allerdings ein bisschen vor, bevor Sie zum Beispiel diese Filme einlegen (von Frauen für Frauen gemacht), oder schauen Sie sich die Streifen zunächst alleine an und gucken, ob es Sie anmacht: 1. *Sensual Seduction*; 2. *Sexual Sushi*; 3. *Female Fantasies*; 4. *Feeling it* (alle von Petra Joy; www.petrajoy.com); 5. *Five Hot Storys for Her*; 6. *Barcelona Sex Project* (beide von Erika Lust, www.lustfilms.com).

Und was dazu? Ihr Geliebter (oder zwei), Schokolade mit Chili, Champagner, aphrodisierendes Öl, viel Kerzenlicht und ein paar Spielzeuge Ihrer Wahl. Mehr von

Hardcore, der die weiblichen Sehnsüchte erfüllt? Schauen Sie mal hier: www.hotmoviesforher.com.

☞ Wenn Porno nicht so Ihr Ding ist, könnten eventuell diese Kinofilme eine hübsche Einstimmung über das Auge sein: *Verhängnis* mit Jeremy Irons und Juliette Binoche, *Henry & June* mit Fred Ward und Uma Thurman (nach Anaïs Nin), *Das Piano* mit Harvey Keitel und Holly Hunter, *Secretary* mit Maggie Gyllenhaal und James Spader, *9 Songs* oder *Der Liebhaber* mit Tony Leung Ka-Fai und Jane March (nach Marguerite Duras).

☞ Und was dazu? Eine schwarze Decke aus falschem Nerz, Ihr tiefrotes Negligé oder sein Oberhemd und nichts als pure Haut darunter und zwei nackte Münder, die sich aneinanderdrücken. Oh, und natürlich was zu trinken und ein bisschen Kokosöl, damit Sie seinen Schwanz nebenbei (ganz, ganz nebenbei) halten oder massieren können. Oder, wer weiß, vielleicht sitzt er hinter Ihnen und streichelt das Öl in Ihre Brüste (probieren Sie auch unbedingt das Öl aus Frangipaniblüten; die Baumblüte enthält etwas, was sonst nur Jasmin verströmt: puren Sex)?

Licht aus? Licht an?

Frauen können Atmosphäre und Stimmungen in einen Raum zaubern. Deswegen hier nur pro forma der Hinweis, dass das Auge als erster Zensor entscheidet, ob man in Stimmung gebracht werden will, sobald man(n) einen Raum betritt; es gibt neutrale oder abtörnende Beleuchtung, und es gibt jene, die sofort symbolisiert: zur Sache, Schätzchen.

- Glühbirnen in Beige, Orange, Rot oder Schwarz – in Lampen, die auf dem Boden stehen oder gedimmt werden können, um für geheimnisvolle Stimmung zu sorgen
- Teelichter in roten Gläsern vor Spiegel oder spiegelnde Fensterscheiben gestellt – magisches Feuer in der Farbe der Leidenschaft
- Fließende, nahezu durchsichtige Vorhänge in Schmeichelfarben wie Bordeaux, Orange, Rot, Apricot …
- Tauchen Sie Ihr Schlafzimmer in blaues Licht: Blau ist die Farbe des Vertrauens, der Ruhe und der Kraft, aber gleichzeitig so unüblich, dass Sie die Erwartung wecken, dass heute auch etwas Unübliches passiert. Vielleicht eine neue Stellung, ein neues Spiel? Fesseln Sie ihn oder erzählen ihm während der Liebkosung eine erotische Geschichte.

☞ Wie man sich bettet, so liebt man: Erkunden Sie die Unterschiede, die diverse Unterlagen wie Leder, Satin, Seide, Baumwolle, Gummi oder Lack beim Liebesspiel ausmachen können. Die Kühle der Seide wird streicheln, das Gefühl von Lack verstärkt jeden Bewegungsreiz um das Doppelte – und auf Leder reiben Sie sich nahezu wie an einer zweiten … äh, dritten Haut.
PS: Am unkompliziertesten und beliebtesten ist allerdings immer noch schlichte weiße Baumwollbettwäsche.

Nackt oder fast nackt?

Wenn man sich an einem Strand umsieht, scheint der Schönheitswahn noch nicht ganz bei der Herrenwelt angekommen zu sein (und bei den Engländern und Amerikanern leider auch nicht). Sicher, es gibt die Adonistypen, die sich so viele

Sorgen um ihren Look machen, dass sie sich Silikonpolster in den Hintern und die Waden schieben lassen, sich die Brust rasieren (wozu – um einer Ken-Puppe zu ähneln?), Botox – sprich: Schlangengift – unter die Haut spritzen lassen und sich fünfmal die Woche ins Fitnessstudio schleppen, anstatt mal ein gutes Buch zu lesen und was für ihren inneren Auftritt zu tun.

Doch wie sieht es im Inneren eines Mannes aus, ganz gleich ob mit selbstfinanziertem Bierbauch, Mopsring oder blassen, dünnen Ärmchen?

Genauso wie bei einer Frau, die sich morgens auf die Waage stellt und sich fragt, wie man zunehmen könne, obgleich man gestern nichts gegessen habe. Totaler Egoalarm.

Das Selbstbild der meisten Männer ist so fragil und unsicher wie das der Frauen; und auch dort gibt es wenige, die sich in ihrem Körper zu Hause und wohlfühlen, ungeachtet der Tatsache, dass sie keine Idealmaße vorweisen. Um diesen heiklen Moment des Sich-nackt-Zeigens so schnell wie möglich hinter sich zu bringen – oha, ihr könnte ja auffallen, dass ich einen Bauch habe, einen platten Hintern, schiefe Zehennägel, Haare auf dem Rücken –, wirft Mann sich zeitnah auf das Weib, um ihr die Sicht auf seine eingebildeten Unzulänglichkeiten zu versperren, und würde am liebsten sofort drauflosvögeln, um sie von den restlichen zwei Quadratmetern Hautoberfläche und möglichen Problemgebieten abzulenken. Oder er macht das Licht aus.

Wenn es sich irgendwie einrichten lässt, streicheln Sie das sensible Ego des Mannes genauso, wie auch Sie es sich von einem Mann in der Situation wünschen: Ob Sie ihm sagen, flüstern, zeigen oder in Stein meißeln, dass Sie seinen Körper sexy finden, schön, aufregend, dass er Sie verrückt macht, dass Sie ihn gern riechen, anfassen, an sich spüren: Umso entspannter wird Ihr Liebhaber und lässt sich vor allem auch gern von Ihnen berühren. Wer weiß, vielleicht hat er ja einen Körperteil, auf den er sehr stolz ist: Schultern, Bizeps, Waden, schöne Füße? Loben Sie zu Beginn das, was er selber mag, dann wird er Ihnen auch den Rest zu gern glauben.

Sie können sich nicht vorstellen (oder vielleicht doch?), wie erleichternd es für einen Mann ist, wenn Sie ihn schön finden. Er ist oft ein bisschen neidisch auf die Frauen, die so offensichtlich mit ihren Komplexen hausieren dürfen und sich ständig Beruhigung einholen; er wird für balla-balla erklärt, wenn er fragt: Bin ich zu dick geworden? Begehrst du meinen Körper überhaupt noch? Findest du, ich hab einen zu fetten Hintern? Sind meine Oberarme stark genug?

Nur weil Männer so etwas nicht fragen, heißt das nicht, dass sie uneitler oder selbstbewusster sind. Wenn er sich schön genug fühlt, um sich nackt zu zeigen, fühlt er sich auch attraktiv und sicher genug für Sex – und wird sich dabei mehr auf Sie konzentrieren, als wenn er sich noch Gedanken darüber machen muss, ob er für Sie überhaupt zumutbar ist.

Apropos Nacktheit: Es gibt Menschen, die genießen Sexualität am liebsten Haut auf Haut und empfinden jegliche Spielerei mit Accessoires oder Klamottenresten nur abträglich für Vertrautheit und Verschmelzung. Andere wiederum assoziieren mit bestimmten Accessoires auch etwas Erotisches.

Als da beispielsweise wären:
1. Das enge scharfe Punk-Lederhalsband, das ein bisschen nach devoter oder dominanter Liebhaberin aussieht.
2. Ihr funkelnder Strassgürtel um die Taille, den er als Zügel einsetzen kann oder der ein wenig an Bondage erinnert.
3. Das verspielte Stewardesshalstuch oder der zarte Seidenschal, der zwischen Ihren Brüsten pendelt und an dem

er Sie zu sich heranziehen oder den er nutzen kann, um Ihnen die Hände zu fesseln. Oder wie ein Herr aus einem Fetisch-Chat sagte: »Wie wunderbar, dass eine Frau ihren eigenen Knebel quasi schon um den Hals trägt, immer griffbereit.«
4. Die Sonnenbrille, in deren verspiegelten Gläsern er sich selber sehen kann.
5. Jegliche Sorte hochhackiger Schuhe oder Stiefel mit hauchdünnen Absätzen, das Symbol von selbstbewusster Weiblichkeit überhaupt.
6. Ein schwarzes Taillenkorsett und sonst nichts, weil es nach Lebedame, Vamp, nach den Separées eines Herrenclubs aussieht.

Und so weiter und so fort.

Der Männermund

Skandalös! Manche Männer küssen beim Sex nicht! Diese Statistik ist mir im Mülleimer verlorengegangen (Mist!), es waren rund drei von zehn Männern, die es quasi vergessen zu küssen, wenn die Klamotten vom Leib fallen. Konzentrationsschwäche, weil Mann angeblich nicht zwei Dinge auf einmal kann? Oder weil im Porno auch nicht geküsst wird? Oder vielleicht wird Küssen ja gar als Punkt auf der Liste abgearbeitet, der gen Koitus führt, aber nicht mehr gebraucht wird, wenn es so weit ist?

☞ Ein intensiver Kuss verbrennt zwölf Kalorien, haben Kussforscher herausgefunden. Menschen, die viel küssen, hätten mehr Erfolg im Beruf und weniger Unfälle im Straßenverkehr. Außerdem soll häufiges Küssen gut für die Haut sein: Es sorgt für eine gute Durchblutung und lässt uns länger jung aussehen. 4000 Bakterien werden beim Küssen ausgetauscht, antimikrobielle Enzyme im Speichel schützen die Zähne vor Karies und Parodontose, der Austausch von sogenannten Neuropeptiden stärkt das Immunsystem. Und der Punk geht im Sexualzentrum des Gehirns ab: Nach einer Viertelstunde knutschen setzt bei den Küssenden ein »positiver Stress« im Körper ein – durch Glückshormone, Adrenaline, Belohnungshormone. All das, was auch beim Sex passiert. Wer hat doch gleich behauptet, küssen sei kein Sex? Es ist der Sex der Lippen!

Die Art, wie ein Mann küsst, ist ein Indiz dafür, wie er Sex zu genießen weiß. Das beschränkt sich nicht allein auf die Penetration, sondern umfasst seine Genussfähigkeit gegenüber allem, was vor dem Knopf-und-Knopfloch-Spiel passiert. Wenn Sie schon ein paar Männer geküsst haben, wissen Sie, dass es Unterschiede gibt – es gibt die Stocherer, die ihre Zunge in einen Minipenis verwandeln und im Gaumen rumfuhrwerken und einem die Plomben aus den Zähnen schütteln. Es gibt die Faulen, die ihre Lippen auf Ihrem Mund parken und mal abwarten, was jetzt so passiert. Es gibt die Spitzmundküsser, die arg vorsichtig sind und bei denen alles stets ein bisschen trocken ist ... Und es gibt solche, die für alles Applaus erwarten, nur weil sie es tun.

⚡ Es gibt Frauen, die Küssen grundsätzlich ablehnen. Darauf kam ich erst, als mir immer mehr Männer diesen Fakt mitteilten und sich fragten, warum – es handelte sich nicht um Huren (denen Küssen zu intim ist). Es sind ganz liebe Frauen, die aber panische Angst vor Krankheitskeimen haben. So haben sie es in der Kindheit gelernt, und sie würden ihren Mund eher mit Seife auswaschen, als rumzuknutschen. Dabei steigert Küssen den Speichelfluss, der die Zähne schützt und Keime in den Magen verbannt, wo sie einer gründlichen Säurekur zum Opfer fallen. Es gibt keinen hygienischen oder medizinischen Grund, nicht zu küssen. Den einzigen Grund, den es dafür gibt: Er hat Mundgeruch. Nehmen Sie ein Fisherman's Friend und bieten ihm auch eins an. Wenn er es nicht annimmt, schieben Sie es ihm beim Kuss unter. Wenn er *immer* Mundgeruch hat: Das werden Sie vielleicht ein, zwei Jahre aushalten, danach nicht mehr. Entweder tut er was dagegen. Oder Sie richten sich auf eine harte Zeit ein. Oder Sie gehen gleich.

Ich denke – auch wenn es etwas gewagt ist –, es gibt zwei Indikatoren, ob der Mann etwas fürs Bett sowie fürs Leben ist: Erstens, es gefällt Ihnen, wie er Sie küsst, dann steigen seine Chancen enorm, auch in Ihr Schlafzimmer zu kommen. Wenn Sie ihn schon nur halbherzig küssen wollen, dann wollen Ihre hauseigenen Hormone Ihnen damit was sagen, nämlich dass es keine physiologische Harmonie zwischen Ihnen gibt, verliebtes Herzklopfen hin oder her. Und zweitens: Sein Schwanz muss Ihnen gefallen. Wie er aussieht, wie er sich anfasst, wie er riecht, schmeckt, reagiert, wie sein Sperma Ihnen »bekommt« (kennen Sie das auch, dass es manche Samen gibt, die man instinktiv ablehnt – ganz gleich ob aus Gründen der Konsistenz, Farbe oder des Geruchs – und mit denen sich die Vagina irgendwie nicht versteht?).

Aber zum *bello Phallico* gleich, zurück zum Mund: Erfahrene Frauen haben sich angewöhnt, sehr genau in das Gesicht eines Mannes zu blicken, um unter anderem von seinem Mund auf seine Sinnlichkeit wie auch seine Einstellung zum Leben zu schließen. Im Laufe der Jahre bekommt jeder von uns das Gesicht, das er verdient – es schiebt sich zurecht aus Hoffnungen, Enttäuschungen, Optimismus, Lebensbeleidigung; und ganz gleich, wie schön oder durchschnittlich jemand ist, so zeigen vor allem die Mundpartie und das verspannte Kinn sehr deutlich Verkniffenheit, Arroganz, Unzufriedenheit, den Hang zu Vorurteilen (ja, die Abfälligkeit, mit der manche Menschen anderen begegnen, steht irgendwann in ihrem Gesicht, starr wie Stein schraffiert – welch schöner Ausgleich von Maman Nature) – oder eben auch Entspanntheit, Sinnlichkeit, Genussfähigkeit, Lebensfreude. Warnen möchten diese erfahrenen Frauen vor schmalen Männeroberlippen, vor Babymündern, die ständig offen sind, und vor Kaugummikauern, die sich nicht drum scheren, dass sie unästhetisch aussehen wie eine wiederkäuende Kuh.

☞ Schöner küssen: Saugen Sie leicht und in langsamem Takt an seiner Zungenspitze (dazu müssen Sie Ihre Lippen sozusagen in seinen Mund bugsieren), der Druck setzt sich angenehm bis in den Unterleib fort. Das Tempo? Ach – etwa vierzig Zuckungen in der Minute – das ist derselbe Rhythmus, in dem der Samen hervorschießt oder sich die Gebärmutter beim Orgasmus bewegt oder Babys an der Mutterbrust saugen. Sozusagen der Urtakt aller Lüste. Oder saugen Sie mal an der Ober- oder der Unterlippe, beißen ganz zart hinein, berühren sich nur mit den Zungenspitzen, halten dabei sein Gesicht in den Händen oder seine Hoden, drücken Ihren Körper in voller Länge an ihn, kratzen ihm leicht mit den Fingernägeln über die Kopfhaut und hören bald auf, darüber nachzudenken, was Sie tun.

Für Spielernaturen unter den Frauen, die mit ihrem Mund noch gerne anderes anstellen außer küssen, reden oder essen:

- »Sublime moi«, essbares Körperpuder mit den Aromen *fürstliche Erdbeere* oder *Goldrausch* (von Fun Factory, um zwanzig Euro), mit neckischem Federpinsel. Sie könnten das Zeug überall dort auftragen, wo Sie ihn gerne mal belecken wollen. Lenden, Innenseite der Schenkel oder die Achselhöhlen sind sehr sensibel für solche Experimente. Und natürlich sein Schwanz. Und, ach ja, sein Schwanz.
- Vier in einem: Massageöl, Gleitgel, essbarer Körperbalsam für Ihre sensibelsten Stellen (das wird ihm schmecken: Whisky-Creme-Caramel-Aroma!) und wärmende Creme für intensivere Durchblutung. Im stilvollen Schächtelchen der Madrider Sinnlichkeitsmanufaktur Late Chocolate (www.latechocolate.com) oder über www.pure-sin.de.

Und wenn es einfach nur ein Eiswürfel sein soll, den Sie aus Ihrem Gin Tonic oder Roséglas fischen und, mit den Lippen gehalten, über seine Haut führen wollen – und sofern es wirklich heiß und hochsommerlich ist und Sie keinen Gefrierbrand riskieren, dann bitte gerne an diesen Stellen:

- seinen Nacken
- hinter den Ohrläppchen (vor allem, wenn die kühlen Schmelztropfen die erogenen Seitenpartien des Halses hinabperlen)
- den Übergang seiner Schenkel in die Lenden
- die Innenseiten seiner Unterarme – das Eiswürfel-Striegeln bringt seinen Kreislauf auf Hochtouren
- oh, natürlich funktioniert das auch mit einer Daunenfeder oder schwerer, reiner, kühler Seide an kühlen Aben-

den; oder wenn Sie ihm vorher mit seiner Krawatte die Augen verbinden und er nicht ahnt, was als Nächstes kommt.

☞ Bis(s) zur Dämmerung – der weibliche Biss ist nur an einer Stelle gefürchtet; ansonsten ist die Signalwirkung eines Bisses, auch mit nach innen über die Zähne gewölbten Lippen, nackte Gier. Manche Männer reagieren zurückhaltend (also: empört bis abgetörnt), wenn sie fest gebissen werden, also starten Sie langsam, als ob Sie von einem Eis ein Stückchen abbeißen, vorsichtig, um sich nicht die Zähne zu verkühlen …

1. Der hungrige Biss – überall dort, wo genügend Muskeln vorhanden sind, wirkt der leichte Schmerz höchst lustvoll. An seinem Innenschenkel, in seiner Achselhöhle oder in seinem Po … setzen Sie wenig Zähne, aber viel Feuchte und Atem ein, als ob Sie ihn verschlingen wollen.

2. Der Maiskolben-Biss: Knabbern Sie mit den über die Zähne gewölbten Lippen an seiner Erektion auf und ab. Vor allem an der Unterseite (heißt: die Seite Richtung Hoden) – dort ist der Harnröhrenschwamm, der sehr leidenschaftlich auf festere Berührungen reagiert, weil sich der Druck so schön auf die Schwanzwurzel fortsetzt.

3. Der Vampirella-Biss: Am lustvollsten reagieren die seitlichen Halspartien Richtung seines Nackens auf gebissene Küsse: Beginnen Sie hinter seinem Ohr und tasten sich dann langsam nach hinten abwärts.

4. Der Nippeltest: Einige Männer besitzen erogene Brustspitzen – finden Sie heraus, auf welchen Bissdruck er reagiert. Legen Sie Ihren Mund zart um seine Brustspitze, beginnen zu saugen und leicht, dann immer fester

zuzubeißen. Wenn es bei ihm nicht so knallt – na, macht nichts, dann wissen Sie es wenigstens.

5. Der begehrende Biss: in seinen Daumenballen. Nach der Akupressurlehre sitzen dort jene Punkte, die mit seinem Unterleib assoziiert werden.

6. Der raffinierte Biss: in seine Ellenbeuge – kombiniert mit leichten Zungenschlägen.

Die Liebe küsst:
- auf die Schläfen
- auf die Stirn
- auf seine Mundwinkel
- auf seine Herzseite

... und hier küsst die Lust:
- in die Innenseite seiner Hand
- in seinen Nacken
- in seine Kehle
- auf seine Eichel – küssen Sie ihn dort auf die Weise, wie Sie ihn Sekunden vorher auf den Mund geküsst haben
- und immer wieder schön: erst beißen, dann anlecken, schließlich drüber atmen – britzel, britzel, britzel
- reden und küssen, küssen und reden: Die Abwechslung von Ihren anregenden Worten und kosenden Küssen bedingen einander. Ein »Schlaf mit mir!«, gefolgt von einem Kuss, ein Zungenkuss, gefolgt von einem »Ich will dich kommen sehen«, versetzen das Hirn in unbeschreibliche Aufregung.

Da war mal Haar da

Was für Frauen Brüste und Gewicht sind, um ihre weibliche Ausstrahlung zu definieren, ist für Männer das Haupthaar. Die meisten werden furchtbar nervös, wenn sie bemerken, dass es ihnen ausgeht – sie fürchten, dass sie alt aussehen, unmännlich, nicht potent, und stellen so seltsame Dinge an wie nichtsnutzige Nahrungsergänzungsmittel zu schlucken, sich Toupets schneidern zu lassen oder, o Graus, den dünnen Scheitel von rechts nach links über die Platte zu schaufeln. Nützt alles nichts.

Flugs wurde also die Idee in die Welt gesetzt, Männer mit Glatze seien potenter (was so viel heißen soll wie: können länger, können öfter und sind fruchtbar wie ein subtropischer Tümpel). Was jedoch nicht stimmt – Haare gehen manchen Männern aus, weil sie eine erblich bedingte, androgenetische Allergie gegenüber Testosteron haben. Das heißt nicht, dass Glatzen *mehr* Testosteron in sich haben als Samsonkerle – sie reagieren nur auf jegliche Mengen so empfindlich, dass die Haarwurzeln am Kopf sich lösen und stattdessen an anderen Orten des Körpers munter sprießen – Urologen sprechen von einem alterstypischen »Haarverteilungsmuster«, das auftritt, je länger Mann unter dem Einfluss von Testosteron steht. Ja, genau, deshalb haben reifere Herren so viele Haare auf Brust und Rücken, aber nix auf dem Scheitel. Cäsar übrigens auch, er ließ nur seine Statuen mit Föhnwelle meißeln. Und eines der ältesten überlieferten Heilwässerchen ist eine 4000 Jahre alte ägyptische Tinktur gegen Männerglatze. So lang existiert bereits die Eitelkeit des haarlosen Mannes, der befürchtet, mit Glatze so verwechselbar zu sein wie ein Torpfosten und so erotisch wie ein haarloses Baby.

Haben sie recht? Teils, teils: Manchen Männern steht

kein Haar so unverschämt gut, dass jeglicher Haarschatten sie verändern würde; andere wirken aufgrund der Glatze spießig, unsicher, zu nackt und wenig männlich-dominant. Schade. Aber sind Eindrücke zu ändern?

Über die Qualität als Liebhaber sagen Haar oder kein Haar nichts aus – doch nahezu alle Kulturen verwechseln männliche Haarpracht mit sexueller Aktivität und verbanden einst sogar langes Männerhaar mit Freiheit, Rebellion und Kraft. Freiheit? Rebellion?! Kein Wunder, dass die Militärs die Jünglinge erst mal scheren, um ihnen die Rebellion auszutreiben.

Also, sein Haar, seine »Potenz«: Die haarige Neurose befällt den Mann auch bei grauem Haar: Distinguiert, sexy, männlich bisweilen finden es die Frauen – und Männer finden es so scheußlich wie wir Cellulite und glauben uns kein Wort, dass es doch bitte sehr darauf nicht ankommt.

Und es ist Fakt, dass Männer mit wenig oder ohne Haar ein Hauch unsicherer sind als jene mit – sensible Charaktere, die eine Ablehnung oder Zurückweisung mehr fürchten als ihre behaarten Genossen, die sich nicht mit der Unsicherheit »Bin ich noch ein ganzer Kerl mit ohne Haar?« rumplagen müssen. Ach, Männer! Ihnen kann so rasch das Siegel »Mann« entzogen werden (von sich selbst, von anderen Männern und auch von Frauen). Nehmen Sie es ihm nicht übel, er glaubt so sehr an bestimmte Attribute der Männlichkeit, genauso wie viele Frauen irrerweise daran glauben, schön, dünn und großbrüstig sein zu müssen, um begehrt zu werden. Alles Unsinn. All das müssen Sie wissen, bevor Sie einem Mann ins Haar greifen, was wir ja eigentlich ganz gerne machen – es ist so ein schmusiges Gefühl, und man kann seinen Kopf ein wenig hin und her reißen, was eine herrliche dominante Geste zur rechten Zeit sein kann. Und doch: Hat er Sorge um sein Haar, wird er fürchten, Sie rupfen ihm ein Riesenbeet aus, und so zickig wie eine frisch frisierte Diva reagieren, wenn Sie ihm an den Kopf gehen.

☞ Jeder Teil seines Körpers, der mit Haaren oder Härchen überzogen ist, reagiert mit Erregung auf sanfte Liebkosung, streicheln, pusten, lecken und dann drüber atmen; haarfreie Partien sind dagegen vergleichsweise weniger erregbar.

Die, die genug an Haar auf dem Haupt haben, genießen alles, was Sie damit anstellen – es waschen, kraulen, zärtlich massieren –, denn Haar ist ein Verstärker von Empfindungen, und über die Kopfhaut werden Berührungen besonders intensiv wahrgenommen. Als wenn man einen Stein in einen Teich wirft und die Wellenkreise sich ausbreiten, so wirken Berührungen des Haars. Und das nicht nur auf dem Kopf: Sondern auch an den zarten Hodenhaaren, der Spur zu seinem Bauchnabel hin, den kleinen Gewächsen um seine Nippel herum … und vor allem an den feinen Härchen seines Unterarms. Streichen Sie die zart in Herzrichtung nach oben, am besten in Schlangenlinien – und die Empfindungen werden sich ausbreiten wie ein Flächenbrand.

Oh, wieso Schlangenlinien? Weil Nerven vorausahnen, wenn ein gerader Strich auf der Haut gezogen wird; und diese »Vorahnung« lässt sie sich zusammenziehen. Finden Berührungen in Schlangenlinien, Kreisen, Kurven, Achten, Zickzack … statt, dann reagieren die Nervenenden überrascht und mit mehr Begeisterung – sprich: mehr Gänsehaut, mehr Lustschauer, mehr Erregung. Das Chaos Ihrer Berührungen reizt mehr als das einfache Rauf- und Runterstreichen. Ändern Sie auch immer mal wieder die Fingerhaltung – mal angespannt, mal locker, oder drehen Sie die Handinnenfläche nach oben und fahren mit der Rückseite der Nägel an seinen Oberkörperseiten entlang, in schönen, chaotischen Kreisen.

☞ *Rasur oder nicht Rasur?* Schamhaar macht (bei beiden Geschlechtern) Sinn. Es verstärkt die optische Wirkung und ist im limbischen Gehirn unter Sexualsignal abgespeichert, während blanke Schöße andere Signale senden. Die Kräusellocken speichern den sexuellen Duftstoff und schützen sowohl Vulva als auch der Herren Schniepel vor Fremdkörperchen. Manche Männer rasieren sich, weil sie gehört haben, das müsse jetzt so sein, andere doktern an ihrem Haar herum, damit der Schweif länger ausschaut – und weil es das Einzige ist, was sie an ihrem Schwanz tun können. An allen anderen Körperteilen können sie »arbeiten« – Sport, Muskeltraining, Ernährung, Operationen, Solarium. Nur der Schwanz entzieht sich jeglicher Manipulation, Mann muss ihn nehmen, wie er ist.

Ob Sie haarlos, gestutzt, frisiert (als *French Cut*, ein zweifingerbreiter Streifen, oder Moustache, ein rautenförmiges Stück Pelz in der Mitte) oder au naturel gehen, ist Ihre Sache; auch da gibt es keine Norm, was wen am meisten antörnt; eine bestimmte Sorte Frisur ist jedenfalls keine verlässliche Technik, um die Lust zu steigern. Es gibt Herren, die finden Schambehaarung instinktiv als zu »gefährlich«, zu »raubkatzenhaft«, und wer weiß, ob sie dieses Tierchen zu zähmen wissen? Die beruhigt eine blanke Vulva, da ist nichts versteckt, schon gar nichts, was Zähne hat ... Andere empfinden die unbehaarte Vulva als »menschlicher« – schon vor Zigtausenden Jahren wurde jegliche Körperbehaarung mit den »Barbaren« assoziiert, und der glatte Schoß hob die Frau vom Tier ab.

Der aktuelle Brasilian-Waxing-Trend (Paste drauf, ritsch, alle Haare vom Po bis zum Venushügel weg) ist letztlich eine Modeerscheinung, die sich für die Werbestrategie »besserer Sex« entschieden hat (wie es unter anderem auch Parfüm-, Diätschokoladen- oder Klamottenfirmen tun). Die man ausprobieren kann, um zu gucken, was sie für einen selber bringen mag, wer weiß, vielleicht stärkt es die Bindung zur eigenen Vulva, wenn man sich ausführlicher und mit Wilkinson Sword und Molkeseife – deren pH-Wert dem der Vagina ähnelt – mit ihr beschäftigt (so empfand ich das zumindest: Ich verbrachte Zeit bei der Rasur mit ihr, sah ihr ins erstaunliche Gesicht, und wir kamen uns in aller Verbundenheit näher).

Es ist eine nette Geste, mit dem Scherchen Überlängen zu stutzen, damit der Herr weniger suchen muss, wenn er die Klitoris mit der Zunge sucht; und wenn Sie gerne mit essbarem Körperpuder, Paraffinwachs oder Honig auf dem Venushügel experimentieren, ist Haarfreiheit für alle sicher angenehmer. Die Huren auf St. Pauli haben mir allerdings neulich mitgeteilt, dass immer mehr Freier die behaarte Prostituierte vorziehen, weil sie von all den blanken Venushügeln genug haben und mal wieder eine richtige Frau sehen wollen. Na dann.

Hals – Nase – Ohren

Die meisten Frauen – etwa 90 Prozent – geben an, dass Küsse auf den Hals (eine knappe Handbreit unterm Ohr) sie in erotische Alarmbereitschaft versetze. Und die Männer? Eine befreundete Visagistin und Kosmetikerin weiß zu berichten, dass die Herren auf ihrer Liege es leise genießen, wenn sie die sensiblen Seitenpartien des Halses bearbeitet. Eine Masseurin eines Day-Spa (Spa: sanus per aquam, Gesundheit durch Wasser) hat sich auf Nackenmassagen bei Männern spezialisiert, weil die da so schön knurren. Eine Freundin erzählte mir von einem Liebhaber, der ein bisschen gewürgt werden wollte (oder es selbst tat), und von einem anderen, der ihr verbot, seinen Hals zu berühren, er hasste alles, was da eng anlag.

Vorne rum um den Adamsapfel und die Kehle wie auch an den Seitenpartien hat jeder Mann seine eigenen Vorlieben oder Abneigungen, aber die meisten sind sich einig, dass sie Küsse und Bisse dort *nicht* so spannend finden. Für das Gros gilt die Berührung am Nacken, dort wo das Rückgrat in den Haaransatz übergeht, als erotisierend. Im Nacken laufen jene Nerven entlang, die am unteren Ende in Richtung Steiß eine Menge Erregung rauf- und runtertransportieren – hier leicht gekratzt, gestreichelt, massiert, geküsst, gebissen zu werden bringt Männer durchaus zum Schnurren wie einen Kater, der dort gestreichelt wird, wo der Schwanz anfängt.

Nase ... es gibt Parfüms, die machen an. *Opium* gehört nicht dazu. Gehen Sie überhaupt sparsam mit Ihrem Lieblingsduft um; gerade der Geruchssinn ist ein unbarmherziger Kritiker, und ob ein Duft als sympathisch oder gar erotisch wahrgenommen wird – ob aus der Sprühflasche oder Ihrer Haut –, ist eine ganz individuelle Melange aus Vorlieben, Erinnerungen, die mit Aromanuancen assoziiert werden, allergischen Reaktionen. Zwar werden Grundnoten wie Jasmin, Rose, Amber, Zimt, Moschus und so weiter als erotisch eingestuft, doch letztlich entscheidet die Nase Ihres Gegenübers, ob es sich gern in der Nähe Ihres Geruchs aufhält. Manche Frauen haben übrigens deswegen weniger Erfolg bei Herren, weil sie sich zu sehr mit falschen Noten – sprich: zu viel Parfüm, parfümierte Bodylotions, Intimsprays, Mundwasser,

Haarspray, aromatisierte Lippenstifte, Körperpuder ... umgeben; der Riechinstinkt des Mannes findet es verdächtig, wenn er nicht zu der wahren Duftnote des Körpers durchdringen kann, und wendet sich irritiert oder abgestoßen ab.

Vertrauen Sie auf eine normale Hygiene, benutzen Sie wenig Parfüm, um das wirken zu lassen, was seit Jahrtausenden wunderbar funktioniert hat: der Eigengeruch. Speziell die Pheromone – die sexuellen Duftlockstoffe des Körpers –, die am Kopf, an den Wangen, Handgelenk, unter den Brüsten, an und in der Scham und im Gaumen produziert werden. Das Irre an den Dingern ist: Man(n) kann sie nicht wirklich riechen (also keiner bestimmten Duftnote zuteilen), sondern die Dinger docken direkt im Gehirn an, wo die chemischen Botschaften der Pheromone ankommen.

Sie produzieren jede Menge davon, wenn Sie auf den Eisprung zugehen (etwa zwischen dem siebten und siebzehnten Tag nach Beginn des ersten Tages Ihrer Regel) und keine Pille oder andere hormonelle Verhütungsmittel nehmen – die beiden Letzteren dämpfen die Wirkung der Pheromone enorm und, so Gerüchte, lassen auch die Vagina weniger eng sein. Wer weiß, hat jemand Reihenvergleiche gemacht?! Ich will Ihnen die Pille nicht ausreden, nur die Nebenwirkungen erklären, die kaum ein Frauenarzt anspricht: Ihr Riechvermögen für passende Liebhaber lässt nach, die Kraft der Sexualduftstoffe auch, und bei manchen Frauen werden auch die sonst so lustvollen Tage um den ungebremsten Eisprung herum weniger lustvoll empfunden, es gibt also keine Hoch-Zeit der Geilheit.

Ach, die Pheromone ... es werden sie auch im Labor nachgebaut, allerdings handelt es sich da um Treibstoff aus den Drüsen von Schweinen. Ich weiß nicht. Möchte man das wirklich? Oder warum nimmt man nicht das Original?

Drei Variationen des französischen Vulvakusses:

- Ein Hauch des besondersten Parfüms – Ihres Geruchs der Lust –, den Sie mit der Hand aus Ihrer Vulva erst auf Ihren Brüsten verteilen, um ihm die duftgekrönten Spitzen dann sanft über sein Gesicht, die Nase, die Oberlippe zu streichen. So hat er Ihr anmutigstes, erotischstes Parfüm in der Nase, während Sie ihn berühren; Sie koppeln damit sinnliche Empfindungen an Ihren Duft, und diese Assoziationen prägen sich in seinem limbischen Gehirn so tief ein, dass er das Bild von Ihnen bis an sein Lebensende mit sich herumtragen wird.
- Tupfen Sie einen Hauch des sinnlichen Eau de moi auf jenen Teil Ihres Halses, den Sie am liebsten geküsst haben wollen – so vermischt sich Ihr eigener Duft mit Ihrem Parfüm, dank dieses »Duftstempels« wird er die Stellen stets wiederfinden, wo Sie am liebsten gebissen werden wollen.
- In einem Roman von Jackie Collins trägt eine Frau den Duft aus dem zweiten Lippenpaar auf ihrem ersten auf. Und geht so zum Rendezvous. Hui!

Zurück zum kritischen Duftsinn des Menschen: Er ist gegenüber allem Nichtnatürlichen negativ eingestellt. Deswegen sind Spielereien wie Duftlampen oder Duftkerzen in Bettnähe (lieber nicht – Kopfwehgefahr, vor allem wenn die Teile industriegefertigt sind) – nicht zwingend nötig. Wenn den Herrn etwas antörnt, dann ist es der ganz spezifische Geruch Ihres Körpers, wenn Sie Lust bekommen, wenn Sie »nach Sex riechen«. Sogar der Geschmack Ihres Gaumens verändert sich bei Erregung.

Und genauso unbestechlich, wie Ihr Riechsinn ist, so wenig käuflich ist auch der männliche Riechkritiker. Entweder er kann jeglichen Duft von Ihnen gern leiden – den Duft Ihrer Muschi, Ihren Schweiß, Ihren Hautduft, der sich aus genetischen Signalen Ihres Immunsystems und Ihrer DNA zusammensetzt – oder eben nicht. Den einen macht er an, den anderen nicht, Punkt.

Dass er Ihre natürlichen Duftnoten mag, merken Sie unter anderem daran, dass er Sie gern leckt, sich nachts an Sie legt oder dass er zum Beispiel eine Vorliebe für nur eine Ihrer beiden Brüste hat. Wenn Sie mögen, machen Sie mal einen Test – waschen Sie beim morgendlichen Frischmachen nur eine Brust, erscheinen barbusig vor ihm, erbitten einen Kuss auf die Spitzen und warten ab, wo er zuerst drauf zusteuert – es wird in den meisten Fällen die ungewaschene sein.

Sie merken schon, ich bin eine Anhängerin des naturbelassenen Frauenkörpers – wobei das nicht die Pflege ausschließt! Die Erfahrung hat nur gezeigt, dass Männer, die davon schwärmen, »wie gut sie riecht, wie erotisch«, nie das Parfüm oder den Tüddelkram von Cremes und parfümiertem Bügelwasser meinen – sondern den unverfälschten Duft.

Wie sich Ihr Körpergeruch verbessert:
- Viel Wasser trinken (als Raucherin gleich noch mal mehr, gern mit frischem Zitronensaft untergerührt)
- Nicht vegetarisch leben. Ich weiß, dass es gute Gründe gibt, dennoch: Der Körpergeruch der strengen Vegetarier ist säuerlich wie umgekippte Milch. Gilt auch für strenge Diäthalterinnen beziehungsweise Models – nicht oder wenig essen steigert den Mundgeruch und verursacht einen bitteren Geschmack der Vulvaaromen.
- Sparsam mit Bier, Rotwein und Schnaps sein, sowie mit dunklem Fleisch – diese vier Dinge schlagen sich unmittelbar auf Ihren Pussygeruch.

- Nicht zu viele Vitamin-A/C/D-Kombi-Präparate nehmen; wenn Nahrungsergänzungsmittel, dann nur Monopräparate, seltsamerweise lassen alle Kombis den Schweiß muffiger, bitterer werden.
- Bei Medikamenten gegen Nagelpilz zum Beispiel einkalkulieren, dass sich Ihr Vaginaduft und -geschmack verändern wird (ebenfalls muffiger, medizinischer) und nach Absetzen acht bis zwölf Wochen braucht, um sich wieder aus dem Körper zu lösen.
- Eine mittlere Menge ganz leichten Sports (zweimal die Woche circa 45 bis 60 Minuten) erhöht den Östrogengehalt in Ihrem Körper, die Grundlage der Pheromone, und öffnet die Poren.
- Nackt schlafen (und die Betten dann eben alle zwei statt drei Wochen neu beziehen).

Fischeln?! Es ist ein Gerücht der nicht-lecken-wollenden Männer, dass die Vulva nach *Fisch* schmeckt oder riecht. Vaginen fischeln nur in zwei Ausnahmefällen: erstens nach Sex ohne Kondom, wenn sich alkalisches Sperma und saures Scheidenmilieu treffen, zwei, drei Tage vor sich hin emulgieren und sich weit und breit keine Dusche befindet. Das passiert vor allem mit einem neuen Mann – die Vagina mit ihrem Transsudat aus Lactobazillen und Wasserstoffperoxyd will sich erst an die fremde Spermaflut gewöhnen und reagiert nach dem Sex sauer auf deren Alkaloide. Die beiden Flüssigkeiten bilden in einer chemischen Reaktion das anaerobe Trimethylamin, die Frutti-di-mare-Duftstoffe. Das gibt sich mit der Zeit. Wenn es also fischelt, dann deshalb, weil der Mann die Bücklingsdose mitbrachte.

Oder zweitens, wenn Sie eine chronische Vagina- oder Vulvainfektion haben (von der Sie vielleicht nichts ahnen –

weil Sie meinen, der Lachsgeruch sei »normal«, wie es das Fischel-Klischee ja behauptet). Kein Seifenbad hilft, sondern macht es nur noch schlimmer – dann befinden sich in der Vaginaltube nicht mehr nur die gesunden und erwünschten Lactobazillen, sondern auch pathogene Keime, die da nicht reingehören. Ein Gang zur Frauenärztin ist angesagt oder eine Zäpfchenkur mit ein paar Millionen Lactobazillen, »Döderlein« genannt. Ach ja: Infektionen bekommt eine Frau *nicht* durch Fremdgang.

Ohren … hier teilt sich das Männerlager auf: in jene, die es lieben, wenn sie am, im und um das Ohr herum geleckt und geküsst werden. Und in die anderen, die alles dies kategorisch ablehnen.

Vor allem das linke Ohr, der Zugang zum emotionalen Gehirn, dürfte die Pforte für Ihre Liebesworte sein. Es ist ganz erstaunlich, was ein Flüstern – die Lippen berühren dabei höchstens den feinen Flaum der Muschel direkt am Ohr – auslösen kann: Ihr Liebster spürt Ihren Atemstrom, die Wärme Ihres Gaumens, Ihre Stimme wird nicht mehr durch den Raum und die Luft durch Schallwellen getragen, sondern schlüpft geradezu in ihn hinein, Ihre Worte füllen ihn von innen aus, und er weiß, diese Botschaft ist jetzt nur für ihn, als existieren nur Sie beide auf der Welt.

»Es wird der Tag kommen, an dem ich mit dir schlafen will, und der Tag kommt bald«, raunte eine meiner Bekannten mal einem Verehrer während einer Oper ins Ohr. Eine andere entschied sich, »ich bin klatschnass« in das Ohr ihres Liebhabers während eines Essens zu hauchen. Es wurde überliefert, die Herren hätten mit leuchtenden Augen und hüpfender Schwanzspitze dagesessen, und das alles, ohne dass die Damen sie berührt hätten.

All das kann das Ohr – es ist ohne Umwege (wie die Nase) mit dem limbischen Gehirn verbunden, das für die Verarbeitung von Basisemotionen zuständig ist –: Lust, Hunger, Angst, Zorn, Erwartung, Freude. Und genauso wie Musik, Stimmen oder Geräusche uns beeinflussen, so vermag es auch eine Stimme.

- Leider gibt es nicht *die* Fickmusik. Ziemlich viele Paare hören dabei Reggae, manche ziehen Opern vor, andere Eminem, Public Enemy oder Soul, andere wiederum Tango oder die Stille der Nacht. Allerdings ist es dienlich, wenn der Grundrhythmus nicht schneller als das Herz ist (bei über 120 Beats pro Minute stören Adrenalin und durch schnelle Musik geförderte Stresshormone die Lusthormone; unter vierzig Schlägen pro Minute schläft man ein) und wenn es sich um männliche Sänger mit tiefer Stimme handelt oder gar kein Gesinge. Denn auch Stimmen beeinflussen die Lust, und wo Frauen eher auf tiefe Kerlestimmen lustvoll hören, ziehen Männer die weichen, höheren Frauenstimmen vor, was Frauen irritiert ...
- Atmen Sie in das Ohr Ihres Geliebten, wie Sie sonst atmen, wenn Sie mit ihm schlafen (oder schlafen würden). Nur eine Nuance langsamer.
- Legen Sie Ihre Stimme tief. Der Effekt von rhythmischem, langem Stöhnen und Raunen in der Kehle bringt Saiten zum Schwingen, die an tiefe Urinstinkte rühren.

Kleine Zwischenfrage: Wenn er will, dass ich meine hohen Stiefel trage, heißt das, er will lieber mit den Stiefeln ficken?

Definitiv nein. Ausnahmen: Fetischisten schweren (also vierten) Grades, die ein menschliches Wesen komplett gegen ihren materiellen Fetisch eintauschen und eine sehr erfüllende Beziehung beispielsweise mit einer roten Sandalette eingehen können. Diese Kategorie ist selten – häufig dagegen ist der Alltagsfetischismus, der uns alle ohne Ausnahme befällt. Allerdings heißt das dann Faible oder Vorliebe; ob für einen Duft, eine Farbe, für Schuhe oder für Schmuck. Jeder hat etwas, was er besonders mag, womit er sich wohlfühlt, worauf er abfährt. Manches davon liegt im sexuellen Bereich, anderes nicht. Wie schön, wenn ein Mann weiß, was ihn anmacht, noch besser, wenn er sich traut, es Ihnen mitzuteilen – Angstfreiheit gegenüber speziellen Vorlieben ist die Basis jeder erfüllten Sexualität.

Frauen befürchten jedoch oft – und viel zu schnell –, dass sinnliche Vorlieben etwa für hohe Stiefel, weiße Kniestrümpfe, Lackkleidchen oder Katzenmaske eine Konkurrenz für sie darstellen und der Herr entweder »ohne« nicht mehr kann oder will oder dass die Accessoires sie als Frau austauschbar machen, beliebig, dass er mehr auf Schuh und Strumpf abfährt als auf sie. Sie fühlt sich in ihrem Wert herabgesetzt.

Woher diese unbegründbare Angst en détail rührt – ob es ein genereller weiblicher Verdacht ist, für die Lust der Männer austauschbar zu sein? Diese Befürchtung beruht auf dem Missverständnis, Männer seien triebgestörte Hirnamputierte, denen es wurscht ist, ob sie in die Bettritze oder einen weiblichen Leib onanieren. Das ist sexistische Propaganda, können Sie vergessen. Oder ob es die gesellschaftliche Erziehung ist, die ja recht rigide in ihren »Regeln« zu Perversionen ist und erst in den letzten Jahrzehnten lernte, dass Sex kein allein auf den Körper bezogener Akt ist, sondern eine Sache von Phantasien, Hoffnungen, Gefühlen, individuellen Kicks und Neugier.

Vielleicht aber liegt es auch an der individuellen Einstellung einer jeden Frau zur Sexualität – was sie glaubt, wie sie zu funktionieren habe, um »normal« zu sein. Das Dumme ist nur: Niemand ist normal (im Sinne, dass er genau der Norm entspricht beziehungsweise ihr »gehorcht«), und alle sind normal – normal in der Individualität, die für den einen Perversion ist, für den anderen ein vergnüglicher Spaß.

☞ Männer deuten Sex als Liebe: Manche »lesen« von der Bereitschaft ihrer Geliebten für bestimmte Praktiken (Samen schlucken, Analverkehr, Stiefel tragen) ab, wie weit ihre Liebe beziehungsweise ihr Einlassen auf ihn reicht. Im Gegenzug zweifeln sie an dem Grad der Zuneigung, wenn sie etwas nicht mag, und misstrauen ihrer Liebe. Deswegen: Gleich aus welchen Gründen Sie etwas ablehnen, so sagen Sie ihm, warum, damit er die Ablehnung nicht auf sich als Mensch bezieht: »Bin so erzogen, ist nicht mein Ding, habe Schmerzen, fühle mich gehemmt, habe Angst, dass du nur noch kannst, wenn ich schwarze Strapse trage …« So haben Sie beide die Chance, sexuelle Erlebnisse nicht als Liebesbeweise einzufordern oder misszuverstehen. Denn manchmal ist die Liebe immens groß, nur die Lust auf Analverkehr oder Hüftgürtel klein; doch das eine hat mit dem anderen nichts zu tun.

Der Atlas-Gleiche: Schultern und Rücken

Für Männer dreht sich viel um Sex – nur beim Sex dreht es sich dann um etwas ganz anderes: sich männlich fühlen, lebendig, begehrt, funktionierend; geliebt, ausgeglichen, zu was nütze sein. Und, ja, manch einer hat auch einfach nur Sex, weil er Spaß haben und Entspannung und Zärtlichkeit fühlen will.

Doch die meisten (Menschen!) überfrachten Sex mit enormen Erwartungen, sie sehnen sich nach einer Melange von bestimmten Gefühlen, die er ihnen bringen soll, und sind gleichzeitig von Zweifeln und Unsicherheit befallen, wenn es um Sex geht (davon handelt unter anderem mein Buch *Feeling – das Gefühl. Liebe, Sex und Erotik ein Leben lang*). Sex hat eine Last zu tragen; ein bisschen so wie Atlas, der auf seinen Schultern die Welt stemmt.

Und da wären wir bei den Schultern und dem Rücken eines Mannes – *die* Zone, wenn es um das Empfangen von Sinnlichkeit, Zärtlichkeit, Verlangen und sich männlich fühlen geht. Während »vorne rum« alle Wege südlich nach Rom führen und er irritiert ist, wenn Sie sich beim Weg zum Penis so viele Umwege erlauben, so sind Schultern und Rücken quasi eine emotional erlaubte Zone. Er liegt auf dem Bauch, der Penis ist in Sicherheit, er muss sich nicht steif zeigen und beweisen, und Mann kann endlich entspannen. Heimlich. So heimlich, dass er kaum von selber sagen würde: »Kraul mich mal, massiere mich, streichele mich ... weil ich eine Sehnsucht habe, die nix mit Abspritzen zu tun hat, sondern ... ach, ichweißauchnichHasi.«

Massieren Sie ihn, auch wenn er nicht darum gebeten hat; es wird ihn freuen.

Erotische oder praktische Massage? Tempo und Druck entscheiden über die »gefühlte« Leidenschaft:

➼ Rubbeln Sie nicht schnell, sondern versuchen, jede Bewegung langsam auszuführen. Wenn Sie klopfende, rüttelnde oder Druckmassagen ausüben, halten Sie sich in etwa an das Tempo von 40 »Takten« pro Minute – das ist der bereits erwähnte Urtakt, in dem beispielsweise auch die Gebärmutter beim Höhepunkt kontrahiert oder der Samen hervorsprudelt. Dieser Rhythmus wird mit Liebe und Erotik assoziiert, höheres Tempo dagegen mit unpersönlicher Berührung.

- Je fester ein Massagestrich ist, desto mehr wird er mit Muskellockerung verbunden als mit subtiler, anregender Berührung: Bleiben Sie an Stellen, an denen seine duftende Haut ganz zart ist (Innenseite der Oberarme, Innenschenkel der Oberschenkel, Brustseiten unter den Achselhöhlen und so weiter), zurückhaltend und sanft, massieren Sie nur leicht mit den Fingerspitzen, kratzen, hauchen Sie. An Stellen, wo genügend Muskelmasse unter der Haut vorhanden ist (Po, Oberseite Oberschenkel, unterer Rücken), greifen Sie gern fester zu.

- Alles, was Sie nicht mit den Händen massieren, sondern mit Ihren nassen Haaren, Ihren eingeölten Brüsten, Ihrem feuchten Schoß ... wird eindeutig nicht mit praktischer Massage verwechselt. Sondern mit »Ich mach dich an«.

- Objekt Ihrer Lust sein und sich von Kopf bis Fuß begehrt fühlen – dieser Traum wird wahr, wenn Sie seinen ganzen Körper als Liebesspielzeug sehen, an dem Sie sich reiben und schubbern: reitend auf seinem Po, um seine Schenkel geschmiegt, über seine geöffneten Hände gleitend ...

- Massieren (oder streicheln, kratzen, küssen, beißen) Sie wenn möglich immer in Herzrichtung.

- Ihre warmen Hände, die sich um seine Schenkel, seine Oberarme oder seine Erektion schlingen, zudrücken, den Druck halten, ohne sich zu bewegen, und abrupt wieder loslassen. Diese Akupressur bewirkt, dass seine Nervenenden nachvibrieren und wacher auf nachfolgende Berührungen reagieren; die Stelle wird kräftiger durchblutet und hochsensibel. Schon Ihr feuchter Atem wirkt!

- Nehmen Sie einen schweren Rohseidenschal, edel und kühl, und ziehen Sie den Saum über den nackten Rücken und Po Ihres Geliebten – solche Gänsehaut haben Sie noch nie gesehen!
- Wechseln Sie von der praktischen Massage zur erotischen Massage – und weiten die Berührungen auf den Po und das Steißbein aus. Dort und in der Nierengegend werden streichelzarte Berührungsimpulse durch den kaum sichtbaren Haarflaum verstärkt und über die ganze Hautstelle wie ein Flächenbrand weitergereicht. Und nicht nur zu Entspannungs- und Wohlfühlhormonen verarbeitet – im Lendenwirbelbereich regelt die Nebennierenrinde die Ausschüttung der Sexualhormone, wie des Testosterons. Wackeln Sie den Po Ihres Süßen hin und her, streicheln Sie ihn und küssen und beißen die Backen, pusten Sie über die kleine Kuhle am Steißbein und massieren mit dem Daumen kleine Kreise.
- Tragen Sie Öl erst an Ihren Händen auf, um besser zu gleiten (beispielsweise Wildrosenöl oder Ylang-Ylang, finden Sie in der Drogerie), legen Sie sanfte Musik auf, in deren ruhigem Rhythmus Sie massieren. Achten Sie darauf, links und rechts der Wirbelsäule zu kraulen, Striche mit den Nägeln zu ziehen und mit duftig leichten Materialen wie Federn, Perlenketten, Ihrer leicht mit Eis angekühlten Zunge entlangzugleiten.
- Oh, wenn Sie beide herausfinden wollen, ob Klapse auf dem Hintern ihm gefallen – dann klapsen Sie auf die Punkte, wo die Rundungen in die Beine gehen. In dieser Mulde wird Schmerz in Lust umgewandelt. Klapsen Sie aus dem Handgelenk, das zwiebelt am besten.
- Benutzen Sie nicht nur Ihre zehn nackten Finger – sondern auch mal einen Lederhandschuh. Oder eine Pfauen-

feder, einen falschen Nerzpelz, streichen Sie mit einer Gerte darüber (ohne zu hauen, es sei denn, er will es explizit), Satin, einer kühlen Kette, der Lederspitze des Gürtels ...

Kesse Sohlen und erotische Fußmassagen

Unter den baren Sohlen seiner und Ihrer Füße warten erogene Akupressurpunkte, die auf den ganzen Körper wirken. Dabei spiegelt die Fläche des Fußes den ganzen Körper: Zehen für Kopf und Hals, Ballen für Brustbereich, der Übergang zur Ferse für Bauch und Unterleib, die Ferse selbst für Beine und Füße.

Anregende Accessoires:
- Warmer Tee, den Sie auf den Lippen behalten, während Sie jeden seiner Zehen einzeln ablutschen, als sei es seine steife Erektion. Fahren Sie unbedingt mit der Zunge zwischen die Zehen. Wenn Sie sich genieren (oder er), nehmen Sie vorher ein Bad.
- Jasminöl, um besser zu gleiten – vor allem um Kreise am Übergang seines Ballens in den Spann zu vollführen. Dort bündeln sich die meisten Nervenenden, die Lust, Lust, Lust! nach oben zum Unterleib funken.
- Warme, feuchte Baumwolltücher, die die Füße gleichzeitig anwärmen – mit warmen Füßen bekommt er leichter eine Erektion.
- Kühle, rote Seidentücher, durch die Sie hindurch massieren, den glatten, gleitenden Stoff durch seine Zehen ziehen, die Seide über seine Haut tänzeln lassen.

Und wenn Sie sich langsam wieder hocharbeiten, kommen Sie doch gern hier vorbei:
- Kniekehlen – zum Lecken, Drüberpusten, mit den Fingerspitzen kleine Kreise fahren.
- Übergang der Beine in den Schambereich. Um ihn mit Federn zu liebkosen, mit Champagnerperlen zu reizen, mit Küssen zu betören oder einem Zungenbad zu erregen.
- Achillessehne über der Ferse und die Einbuchtung über dem Fußknöchel: Nicht nur während einer erotischen Massage ein Kickstarter, sondern auch während des Sex!
- Innenseiten der Oberschenkel sind der einzige Ort, an dem Knutschflecke nicht peinlich, sondern geil sind. Vor allem während sie entstehen.

Was Sie mit zehn nackten Männerfingern anstellen können:
- eine Zungenmassage schenken – vor allem die Zwischenräume seiner Finger reagieren hocherogen auf Wärme, Feuchte, Atem, Lust …
- seinen linken Daumenballen im selben Takt wie seine Erektion massieren – hier liegt nach den taoistischen Liebeslehren die nervliche Verbindung zu seinem Unterleib
- Ihren feuchten, heißen Schoß an seinen Handflächen reiben, während er auf einem Stuhl mit Armlehnen sitzt
- jeden Finger in Honig, Champagner oder flüssige Orangenschokolade tauchen und einzeln und betörend langsam ablecken.
- seine Finger ablecken und ihm dann zeigen, wie er Sie mit der gekonnten Rotation seines kleinen Fingers auf der Schwelle der Vagina oder auf der Klitoris zum Kommen bringt

➼ anstatt Handschellen: Halten Sie ihm beide Daumen fest, oder fesseln Sie sie mit einem halterlosen Strumpf hinter dem Rücken – er wird sich nicht befreien können. Bondage-Könner legen flugs einen Kabelbinder um die Daumen oder haben sogar spezielle Daumenhandschellen zur Hand.

Der variable Unterschied

Er kann nicht reden, aber bestimmt die meisten Handlungen eines Mannes. Die meisten hätten ihn gern größer, dicker, länger, kontrollierbarer. Er kann Babys (mit)machen oder zumindest die Vorlagen dafür hervorhusten (ein Mann kommt in seinem Leben auf 28 bis 47 Liter Spermaabgabe), er kann sich mitteilen, ohne ein Wort zu reden, er verursacht gleichermaßen viel Spaß und Scham. Er ist sicherlich eines der faulsten Organe eines Mannes – während die anderen ständig im Einsatz sind, das Herz, Magen, Leber und so weiter, steht er nur bisweilen mal auf, um in Aktion zu treten, den Rest der Zeit kuschelt er sich dösend in die Hose. Die alten Griechen dekorierten mit Vorliebe ihr Frühstücksgeschirr mit ihm, in Japan werden 400-Kilo-Monster im März durch die Gegend getragen, um für gute Ernten zu beten, und wenn man einen Ring durch ihn zieht, heißt er dann »Prinz Albert«. Dürfen wir vorstellen: der Penis.

Es gibt ihn in allen Farben und Formen – in frühlingshaftem Rosé, in verruchtem Aubergine, in elegantem Alabaster oder ebenholzartigem Mokka, glanzvollem Karamell oder Ferrarirot; die Eichel kann von purpurfarben bis schneeweiß mit Tüpfelchen reichen. Es können Leberflecke auf ihm sein oder Äderchen hervortreten, Sommersprossen das Frenulum umkränzen … Das Ganze gibt es in Bananenform, in Möhre, Aubergine, Zucchino, Gurke, Cornichon, Partywürstchen, Knoblauchfleischwurst, Knirps-Regenschirm, Däumling, gerade, gebogen, mit Beule; mit und ohne Vorhaut, mit verengter Vorhaut; zweifarbig, dreifarbig, vorne dick und hinten schmal, vorne dünn und hinten breit, gleichmäßig dünn, gleichmäßig bullig ... es gibt ihn in schüchtern, in provokant, in neugierig, in trotzig, und manche werden bei der einen Frau noch größer als bei der anderen. Das Erstaunliche an dem Ding ist, dass es fast immer eine andere Farbe und Form als der übrige Körper des Besitzers hat und schon gar nicht mit der Nase, dem Ringfinger, der Schuhgröße oder der Oberlippe eines Mannes in Verbindung zu bringen ist. Meist hilft Nachschauen, aber wie lässt sich das schon ohne Konsequenzen machen? »Entschuldigung, darf ich kurz mal Ihre Erektion sehen, bevor wir uns auf ein Rendezvous treffen? Nicht dass ich mich ganz umsonst auffrische, und nachher gefällt mir Ihr Penis nicht!«

Mein Mann hat übrigens die Theorie, dass eine Frau den Schwanz ihres Gefährten mögen und schön finden muss, um ihr Leben mit dem Kerl verbringen zu wollen; wenn sie ihn allerdings nur mit spitzen Fingern anfasst, ihn weder gern küssen noch riechen mag – dann, sagt mein Mann, geht die Sache nicht gut aus.

Ich schließe mich dieser These an.

De bello Phallico

So ziemlich jeder Mann hat einen, auch wenn es so aussieht, als ob die Herren ständig nachgucken müssen, ob er noch da ist; der Griff in den Schritt dient zur Neuordnung der Hoden nebst Stand-by-Penis, die bei der ständigen Sitzerei und Lauferei eine etwas ungemütliche Lage haben und gelegentlich sortiert werden wollen.

Des Mannes Schmach- und Spaßfaktor ist mit etwa 17 Jahren ausgewachsen, misst im bundesdeutschen Durchschnitt 9,4 Zentimeter (Stand-by-Haltung) und 12,7 im erigierten Zustand; sein Durchmesser beträgt im Mittel 3,2 Zentimeter, der Umfang dementsprechend 11,5. Nur circa 10 000 Männer von geschätzten 40 Millionen können sich über eine 20-plus-Zentimeter-Latte freuen – dabei weiß jede Frau, wie unpraktisch so ein Pornoformat ist. Stößt ständig irgendwo an, schwankt in seiner Härte, weil das Blut sich in so einer Riesentüte nicht immer stabil hält, und gescheit blasen oder Analverkehr haben kann man mit dem Ding auch nicht. Egal: Am liebsten hätten die meisten Männer trotzdem gern einen größeren (Motto: »Auf die dritte Faust kommt es an« – das ist das Maß seiner Dinge, drei Fäuste lang), vermeiden, so oft es geht, dass sogar die Liebste »ihn« in schlaffem Zustand sieht – und können sich partout nicht mit der begütigenden Aussage anfreunden, auf die Größe käme es nicht an. Fakt ist: Alles über 15 Zentimeter (eineinhalb Fäuste) ist so was von egal, und alles unter einer Handbreit ... nun ja ... ist schwierig, in der Muschi zu behalten, großartiges Reinraus geht nicht, aber rundrund geht immer.

Ein bisschen kommt es sehr wohl auf die Größe an oder, um genauer zu sein: a) auf die Dicke und b) auf das Zueinanderpassen. Und, das aber nur nebenbei: auf den Bauch, der darüber ist – je größer der Bauch, desto schwieriger wird es, den Penis ganz da hineinzuschieben, wo er sich am wohlsten fühlt – ein Wanst ist da doch sehr im Weg, und wenn der Penis dann länger wäre – ja, wäre der Bauch nicht relevant.

Genauso wie es unterschiedliche Brüste und Hintern und Penisse gibt, so haben auch Frauen unterschiedliche Formate ihrer Vagina. Die einen eng wie ein Strohhalm, die nächsten geräumig wie ein Brillenetui, die übernächsten vorne schmal und hinten weit, andere andersherum; die einen samtig feucht, die nächsten glitschig cremig, die übernächsten schlaff. Und wem der eine Penis nicht passt (zu klein, zu dünn, zu sperrig, zu krumm), da freut sich die Nächste über ein perfektes Schlüssel-Schloss-Paar.

Trotzdem. Trotzdem will Mann ständig einen größeren (vor allem im schlaffen Zustand – was sollen denn sonst die Typen im WC von ihm denken?!) oder einen dickeren – weil die mit den breiten Eicheln und dem kräftigen Stamm genau da Spaß machen, wo es wohltut: an den ersten zwei Zentimetern der Vagina, wo so viele Nervenenden auf freudige Ereignisse warten. Im hinteren Bereich des Freudenpalastes, kurz vor der Gebärmutter, ist dagegen nicht viel los – die Nerven sind spärlich verteilt, sonst müssten wir beim Kinderkriegen zehnmal so schlimme Schmerzen aushalten wie jetzt schon. So kommt es, dass es der Frau nichts nützt, gleichmäßig tief und hart dicht vor Uterusverklemmung gevögelt zu werden – doch auch das glauben Männer nicht und beharren weiterhin darauf, den Langpeniskollegen neidvoll an der Urinalrinne nachzustarren und auf ihren Begleiter zu plinsen, der dagegen wie in Eiswasser getunkt aussieht.

☞ Kleiner ist fitter. Schöne Grüße an Ihren Mann von meinem Urologen: Je »mickriger« der Penis im schlaffen Zustand aussieht (erst recht im Vergleich zu seiner Erektionsgröße), desto besser. Denn das zeigt, dass die Schwellkörper prima in Schuss sind wie auch die Muskelfasern, die verhindern, dass Blut in die Gefäße strömt – diese Muskeln sind nämlich im schlaffen Zustand angespannt, im erigierten schlaff! Wessen Blutgefäße so flexibel sind, dass sie sich ganz winzig machen können, und wessen Muskelfasern sich so sehr spannen können, dass der

Penis ganz baumelig klein wird, kann sich über einen absolut gesunden Schwanz freuen.

Wie groß ein Penis werden kann, zeigt erst die Erektion. Manch ein Unauffälliger ist ein »Blut-Penis«, er bläht sich zwei- bis dreimal so groß auf wie im dösenden Zustand (so eine Erektion erfordert generell zehnmal mehr Blut als ein Stand-by-Schniepel). Und andere, die schlafend schon so aussehen, als seien sie erigiert (»Fleisch-Penis«), werden nicht viel länger oder dicker, sondern nur praller und richten sich zu einem koituskompatiblen Winkel von mehr als 42 Grad auf. Deswegen messen Männer am liebsten die Erektion; die Länge berechnet sich dann von der Bauchseite bis zur Spitze (ab Hoden gilt nicht, oder wie sollen die, bitte sehr, in die Vagina gepfriemelt werden?!).

☞ Penisneid? Freund Freud bildete sich doch glatt ein, Frauen hätten einen Penisneid: Nachdem sie einmal das Genital eines Mannes erblickt hätten, wären Mädels davon überzeugt, ihre garstigen Mütter hätten ihnen dieses wunderschöne Schmuckstück abgeschnitten; fortan würden Frauen Trost in den heilen Schwänzen der Männer finden, aber ihn am liebsten selber wiederhaben. Dazu nur eins: Es reicht, ihn sich ab und an auszuleihen. Den wahren Penisneid haben Männer. Und wie sähe das überhaupt aus, so ein Teil unter einem engen Rock?!

Die Physiologie des Penis

Mit ungefähr 13 Jahren macht es im Kopf eines Jungen das erste Mal »pling«. Das Evolutionsprogramm wirft die Triebmaschine an, die Hoden beginnen, Testosteron zu produzieren, und formen aus dem kindlichen Körper in den folgenden Jahren einen männlichen. Bartwuchs, Körpergröße, Stimmbänder, Gehirngröße und -inhalt – und den Penis. In pubertären Hochphasen plagen sich Jungen mit etwa hundertmal mehr Testosteron in Kopf und Körper ab als eine Frau; dauernd steht das Ding da, ergießt sich des Nachts ein- oder mehrfach. Nach und nach lassen zwar die nächtlichen, unfreiwilligen Ejakulationen nach – dennoch steht der Penis eines Mannes im Verlauf seines weiteren Leben etwa alle hundert Minuten des Nachts für ein paar Minuten bis zu einer Dreiviertelstunde auf und erigiert; die Morgenlatte ist die letzte der nächtlichen Stehaufmännchen. Und sie entsteht *nicht*, weil die Blase voll ist – volle Blase und Erektionsfähigkeit schließen sich aus.

Nein, das heißt nicht, dass der Herr dauernd wild und heiß träumt – es gehört zum Serviceprogramm des Männerkörpers, den Penis regelmäßig mit frischem Blut zu fluten und damit für eine Sauerstoffdurchlüftung zu sorgen. Das hält den Guten auf Jahre gesund und einsatzfähig (wie auch im Übrigen regelmäßige Onanie). Übrigens passiert es Frauen, dass auch die Vulvalippen nachts durchblutet und feucht werden – nur ist das nicht so bekannt, weil keine sichtbaren Bojen das Bettlaken anheben …

☞ *Beschnitten oder unbeschnitten?* Ob es nun für die Anhänger des um die Vorhaut erleichterten Penis ein gutes Argument ist, dass Prince Charles auch »ohne« geht?
Pro beschnitten: Die Gefahr, durch mangelnde Hygiene Entzündungen oder Peniskrebs zu bekommen, verringert sich bei unbeschnittenen Männern. Dass sie länger können, ist ein Gerücht. Wenn sich der freigelegte Kopf, der sonst von der Vorhaut vor erregenden oder schmerzhaf-

ten Reibungen geschützt ist, an die Frischluft gewöhnt hat, kommt er genauso schnell oder langsam wie ein beschnittener. Kommt mehr auf den Träger an, weniger auf seine Helmfreiheit.

Pro unbeschnitten: Es gibt, solange ein Mann es beherrscht, sich täglich beim Duschen unter der Vorhaut zu waschen und dieses weiße Zeugs namens Smegma, ein Überbleibsel der körpereigenen Pflegelotion für die Eichelhaut, zu entfernen, keinen medizinischen Grund, die Vorhaut zu opfern. Außerdem besitzt sie den geilen Gleiteffekt um seine Eichel herum sowie zahlreiche erotische Nerven, und die zu kappen kommt einer Klitorisbeschneidung schon recht nah. Und nur aus ästhetischen Gründen – das ist genauso selbstverscheißernd wie die fixe Idee, ein Vaginalifting würde irgendwas an der sexuellen inneren Freiheit oder Orgasmusfähigkeit ändern. Unnötiger Schönheitswahn.

Übrigens: Abgeschnittene Vorhäute werden zur Züchtung von Hautlappen eingesetzt, um Brandopfern Haut zu transplantieren oder neue Harnröhren zu bilden.

Und mal unter uns: Eine Vorhaut hilft, ihn geiler zu reiben; nichts – kein Gleitmittel, kein ausgefuchster Sextoy-Muschinachbau – eignet sich so gut, um die Eichel zu wichsen, wie die schwanzeigene Vorhaut.

Das Blut schießt in drei Vorrichtungen: einmal in die beiden Penisschwellkörper an den Seiten und der (wenn er steht) oberen, bauchzugewandten Seite – das macht ihn drall, prall, die Haut zieht sich glatt. Ebenso füllt sich der Harnröhrenschwellkörper an der Unterseite mit Blut, aber das verhärtet den Schwanz nicht, sondern sorgt dafür, dass er biegsam und beweglich bleibt. Wäre das Teil rundherum angeschwollen, würde er so starr wie ein Holzdildo sein und könnte sich nicht den sanften Kurven der Vagina anpassen, und gewisse Stellungen würden ihn ohne diese Harnschwamm-Flexibilität platzen und brechen lassen wie eine heiß gegarte Knackwurst.

Frohgemut richtet sich der Penis auf, streift (wenn er hat) die Vorhaut zurück und enthüllt das männliche Gegenstück zur Klitoris: die Eichel, ebenfalls mit einem eigenen Schwellkörper ausgestattet. Allerdings besitzt sie im Gegensatz zur Klitoris »nur« 4000 statt 8000 Nervenenden (und das auf größerem Raum)!

Sie gilt als die empfindsamste Stelle, und das stetige Rutschen der Vorhaut über sie macht sie ganz rappelig vor Vergnügen. Eine zweite aufregende Stelle jedoch, an der die Vorhaut am Schaft beschäftigt ist, ist der etwas rauhere, verwachsenere Teil, das sogenannte Frenulum, an dem eine flatternde Zungenspitze oder ein sehr nasser, feuchter, kreisend reibender Finger erstaunliche Ergebnisse produzieren kann.

Unter der Eichel ist eine Art Rinne, die Schaft und Spitze voneinander optisch und fühlbar trennt. Diesem Kranz sollten Sie Ihre besondere Aufmerksamkeit widmen: Denn über dem Kranz macht konstanter Reibedruck auf die Eichel (durch einen Ring aus Daumen und Fingern oder einer Vaginapforte) Männern am meisten Freude. Doch manche mögen es auch, wenn ihnen nur die Spitze massiert wird, zwischen Daumen und Zeigefingerspitze, und haben genau dort ihren Orgasmusschalter.

Rein »technisch« werden die Erektion und der Orgasmus vom Hypothalamus gesteuert, einem Teil des Zwischenhirns, das sämtliche Nervensysteme reguliert und damit die gesamte Funktionsfähigkeit aller Organe. Es steuert Hunger, Körpertemperatur, Sex, Schlaf, Angst, Angriffsverhalten …

Gibt der Hypothalamus das Zeichen für Erregungsfähigkeit – eine Kombination aus entweder mechanischer Berührung oder auch mentaler Erregung durch Phantasien, Bilder, Sehnsüchte –, wird der Parasympathikus angeworfen. Er ist eines von drei Nervennetzen des Körpers und der Teil des vegetativen Nervensystems, das für Regeneration zuständig ist. Im unteren Kreuz eines Mannes liegen die Beckennerven, »Nervus Pelvinus«; schaltet der Parasympathikus auf Geheiß des Hypothalamus in diesem Abschnitt auf Ruhe, Erholung und Entspannung, funkt Pelvinus zum Penis: »Gefäßerweiterung«. Sind alle Türen offen, fließt das Blut in den Penis und lässt ihn zum Schwanz anschwellen. Das ist unter anderem ein Grund, warum Männer in Stresssituationen, in Zeiten der Angst (Geldnot, Platznot, Zeitnot, sonstige liebe Nöte) oder in Augenblicken, wo sie alles andere als entspannt sind, nicht erigieren können: Das Gehirn verbietet, sich zu entspannen, und ohne innere wie äußere Entspannung sieht es aus physischen Gründen schlecht aus mit einer Erektionsfähigkeit. Auch deshalb machen emotionale wie körperliche »Vor-Spiele« Sinn – um den Hypothalamus davon zu überzeugen, Stress abzubauen und Entspannung zuzulassen!

☞ Das Geheimnis der Erektion ist nicht Anspannung, sondern Entspannung. Je relaxter Körper, Geist und Seele eines Mannes sind, desto eher lässt auch sein Hypothalamus zu, dass er einen hochkriegt.

Weiter in Sachen Verkehrstechnik: Eichel, Anus und das Sexzentrum im Zwischenhirn sind in ständiger Korrespondenz. Auf den Hauspost-Leitungen der Nerven werden Depeschen an die verschiedenen Abteilungen des Hypothalamus gesendet, so etwas wie: »Hm, angenehm, ach ja, kitzlig, hui, das ist aber geil.« Wenn ihnen keine Stresshormone den Kommunikationsweg versperren, bleibt die Erektion da. Werden die Adrenaline und Noradrenaline zu zahlreich, erschlafft er wieder – die Mistkerle fangen sozusagen die Briefpost ab, die Kommunikation zwischen oben und unten ist gestört; ab und an so sehr, dass das Gehirn den bösen PDE-5 losschickt. Frei nach dem Motto: Also, wenn ich jetzt nix mehr von dir höre, du Eichel, dann ist unsere Brieffreundschaft hiermit beendet. Als Trennungsgruß wird der Enzym-Geselle PDE-5 ins System geschleust, der den Schwellkörpern befiehlt, das Blut wieder sausen zu lassen, die Erektion geht flöten. (Hier setzt übrigens Viagra ein und hält PDE-5 ab, diesen Befehl untenrum loszuwerden.)

Gibt der Hypothalamus das Signal zum Orgasmus, wird der parasympathische Nerventeil abgestellt, der Sympathikus übernimmt.

Der Nervus Hypogastricus, ein Nervenstrang im Rückenmark in Höhe des Lendenwirbelbereichs des Mannes, setzt eine Kettenreaktion von Reflexen in Gang: Er vermeldet den Muskeln der Harnblase: schließen (denn das Sperma wird denselben Weg nehmen wie der Urin), es entsteht eine Art Druckkammer, und der Barkeeper in der Prostata fängt an, den Ejakulationscocktail zusammenzurühren. Man nehme 5 Prozent Spermien aus den Nebenhoden, 10 bis 30 Prozent Trägerflüssigkeit, die in der Prostata gebildet werden, und den Rest Plasmamasse aus Bläschendrüsen, die aus Fruchtzucker, Gewebshormonen und Bindeflüssigkeit besteht. Falls Mann in letzter Zeit abstinent war, wird eine Prise Flavin hinzugemixt; gelbliche Pigmente unter anderem aus Vitamin B, die das Sperma aussehen lassen wie den Rest eines gelben Zitronenfalters.

Innerhalb weniger Sekunden ziehen sich Penis, Harnröhre, Samenleiter, Bläschendrüsen, Prostata und After mehrmals zusammen, vor allem die Muskeln um die Peniswurzel herum. Dabei entsteht in der Prostata ein noch höherer Druck, nahezu wie in einem Autoreifen (1,5 bis 1,7 bar). Das ist der point of no return: Der Orgasmus kann nun nicht mehr abgebrochen werden. Das Sperma wird aus der Prostata herausgepresst und saust in einem Tempo von 40 bis 50 Stundenkilometern dem Licht des Tages entgegen. Je nachdem, wie dünn oder weit die Harnröhre ist, kommt am Ende, das Sie sehen können, entweder ein langsamer Quell heraus oder, wenn der Halm einem Nadelöhr ähnelt, schießt der Samen kräftig und weit hervor. Wie weit das Sperma spritzt, hat nichts mit der Qualität des Orgasmus zu tun, sondern mit den körperbaulichen Formaten seiner Harnröhre.

Die Intensität eines Orgasmus richtet sich auch nach der Prostata: Ist diese flexibel, geschmeidig und trainiert, wird auch das orgasmische Gefühl, wenn sie anfängt, den Samen herauszupressen, stärker empfunden. Ein Beckenbodentraining zum Beispiel hilft Mann, seine Prostata aufzubauen – indem er täglich jene Muskeln bewusst und mehrmals (sprich: 5-mal je 20-mal) zusammenzieht, mit denen er sonst den Harndrang unterdrückt. Ähnelt ein bisschen der Kegelübung für Frauen. Was außerdem hilft und wie nebenbei auch noch die ganze Abteilung Hoden und Anhang pflegt: Onanie. Die trainiert die Prostata genauso, die sich übrigens mit einer geringeren Anfälligkeit für Krebs bedankt, je häufiger sie in Aktion tritt.

Was da vorne rauskommt, ist (bei einem gesunden Mann) milchig trüb, glitzert etwas, besitzt einen pH-Wert zwischen 7 und 7,8 und ist mit glasigen Klebfäden durchsetzt, die dafür gedacht sind, sich in der Vagina aufwärts gen Gebärmutter bewegen zu können und an der Wand des Uterus festzupappen, damit die Spermien eine Chance haben, das Ei besuchen zu können.

Das im Samenerguss befindliche Spermin – eine an die DNA gekoppelte duftende Säure – verleiht dem weißen Gold seinen je nach Mann charakteristischen Geruch und Geschmack, etwa wie weißer Moschus oder Kastanienblüten (diese Duftnoten schlägt zumindest Wikipedia vor ...). Geruch und Geschmack können jedoch durch bestimmte aromareiche Nahrungsmittel oder Getränke verändert werden (Curry, Früchte, Bier, Rotwein, dunkles Fleisch ...).

Manchen Frauen stockt der Atem bei der Vorstellung, Millionen von Spermien wuseln auf ihrer Zunge herum, bevor es abwärts in den Magen geht; aber sie werden es weder spüren noch schmecken, dass sie gerade Generationen von potentiellen Nachkommen im Mund haben, sondern nur dieses basische Gefühl haben, etwas ölig, etwas ähnlich wie Spucke. Wie es Ihnen schmeckt, ist Geschmackssache; es gibt Sperma, das schmeckt und riecht nach Nuss, nach Brie, nach süßer Limonade, nach Spargel; es gibt solches, das findet die eine Frau zu bitter, und die andere gerade richtig.

Während des Höhepunkts, der im statistischen Mittel um die 12,2 Sekunden dauert (bei Frauen: bis zu 120), schalten sich Teile des Gehirns eines Mannes ab, es gibt einige seltsame Kurzschlüsse, das Angst- und Schmerzempfinden setzt völlig aus (weswegen manche Schmerz in dem Moment als lustvoll empfinden – eine Ohrfeige, ein Brustwarzenziepen).

Nach dem Orgasmus haben einige Männer das Bedürfnis zu schlafen – das liegt einerseits an der vierfachen Dosis des Hormons Prolaktin, das zur Muskelerschlaffung führt, andererseits an dem Gladiatoreneffekt. Wie eben erwähnt, löst das sympathische Nervensystem den Orgasmusreflex aus. Doch dieser Teil des Nervensystems ist auch jener, der

Krieger in höchste Kampfbereitschaft versetzt, er bietet so viel Power auf wie ein Düsenjet beim Start. Ist der Alarm vorüber, schaltet der Körper auf das um, was nach dem Augenblick höchster Konzentration eben angesagt ist: Ruhe.

Frauen funktionieren da anders; in ihnen sind nicht dieselben vegetativen Wechselwirkungen für einen Höhepunkt vonnöten, und sie plagen sich nach dem Gipfelsturm nicht damit rum, gegen natürliche Müdigkeit anzukämpfen.

Die Psyche des Penis

In letzter Zeit ist es recht angesagt, Männern einzureden, wenn der Penis nicht will, wie Mann es sich wünscht, dann sei da was mit »der Psyche« oder irgendwas »Unbewusstem« nicht in Ordnung.

Als ob das den Herren mehr Erleichterung bringt: Wenn es nicht in der Hose funktioniert, liegt's am Brett vor dem Kopf? Na toll, als ob ein Krampf im Hirn eine sonderlich gute Alternative wäre. Gegen körperliche Missstände könnte Mann ja was tun, doch die Psyche – wieder so ein unberechenbares Ding.

Fakt ist, dass der Penis natürlich eng mit der Identität eines Mannes verwoben ist und auf alles reagiert, was Mann denkt, handelt, fühlt, lässt. Doch auf der anderen Seite ist die Erregungsfähigkeit eines Penis nicht allein auf die Zustände in seinem Kopf zu reduzieren; es ist eine Kombination aus Körper, Stimmung, Situation, Mitspieler, Phantasien, Erziehung, Selbstbewusstsein, Fitness, erotischen Vorlieben und Abneigungen. Nur zu trennen in Ursachen von »organisch/physisch« und »psychisch« wäre zu einseitig und degradiert im Zweifelsfall Männer mit renitentem Penis zu psychisch labileren Mitmenschen. Es gibt eben solche und andere –

manche Männer können auch im tiefsten Gefühlstief (Trauer, Geldnot, Arbeitslosigkeit ...) Sex haben, weil sie die Nähe und Zärtlichkeit genießen und die negativen Emotionen nicht auf den Schwanz schlagen. Andere lassen sich schon davon in ihrer Sinnlichkeit irritieren, dass sie ein miserables Meeting hatten. Und die übernächsten sind Männer, die zu viel saufen und keinen hochkriegen, die anderen Sportexzessler, die im Gegensatz zu den Säufern topfit sind, aber ihre Lusthormone mit Marathonadrenalin zerstört haben.

Bevor der Schwanz steht und die hydraulischen Funktionen in Gang gesetzt werden, steht erst mal das Verlangen, die Libido, die Erregung. Die entsteht einerseits im Kopf, und der Kopf gibt die gute Nachricht an den Körper weiter. Der Anblick eines Dekolletés, ein versautes Bild, Phantasien, Wünsche, das Gehirn vermeldet ordentlich Traffic mit anzüglichem Inhalt, die Abteilung Sexzentrum reagiert mit den ersten Nervenimpulsen gen Unterleib. Sexualpsychologen sprechen dann von einer *psychogenen* Reaktion, die auf Schlüsselreizen beruht, die nicht direkt am Körper stattfinden.

Dann wäre da noch die Reflex-Erektion, die auf körperliche Eindrücke folgt. Manch einer erspürt den körperlichen Auslöser wie eine ihn im Bus streifende weibliche Hand am Schritt, der andere das Streicheln der Finger an seinem Nacken, der Nächste nimmt einen Duft wahr, der Übernächste hat Sport gemacht und spürt sich selbst und seinen eigenen Körper so gut und sinnlich, dass der Körper dem Gehirn flüstert: Sag du auch mal was dazu, und manch einer erigiert, wenn die Sonne ihn im Schritt küsst.

Und die dritte Sorte Erektion ist eine unbewusste, etwa die nächtliche Erektion, das Durchlüften des Penis samt Beckenregion, oder die »versehentliche« Erektion des männlichen Teenagers. Da funkt der Penis himself zum Gehirn: Ich steh hier so rum, was gedenkst du, sollten wir tun? Da folgt sozusagen auf die bestehende körperliche Erregung erst das mentale Verlangen: Och, wenn er da so steht ... könnte ich doch auch Lust auf Sex haben.

Die ersten beiden Erregungsauslöser – psychogen, sprich: Schlüsselreize, die im Kopf verarbeitet werden und erotische Phantasien zur Folge haben, die wiederum die Erregung in Gang setzen – wie auch die körperlich bedingten Auslöser spielen im besten Fall ihr Spiel zusammen. Vor oder während der erotisierenden Berührungen am Männerkörper geht im Kopf die Post ab – er stellt sich vor, was er alles mit Ihnen machen wird, während er Sie ansieht, er fühlt sich begehrt, weil Sie ihm mit Blicken und Worten genau das vermittelt haben, oder ihn törnt zusätzlich ein Rollenspiel an, weil er sich vorstellt, Ihr Sexsklave zu sein, oder weil er nicht weiß, was als Nächstes kommt, und diese Vorfreude und Ungeduld ihn zusätzlich anheizen. Sexfutter fürs Gehirn, das ist alles, was Sie ohne Berührungen miteinander erleben: flirten, sich schmutzige Geschichten erzählen, pornografische Bilder gucken, ihm Ihren Körper präsentieren in Bewegungen oder Kleidung, die seinen psychogenen Reizhunger befriedigen, eine besonders aufpeitschende Stimmung wie allein in einem Zweimannzelt sein, auf dem Dachboden, und Sie ziehen sich langsam im Gegenlicht aus, ein Streit oder ein gemeinsamer Einkauf, bei dem Sie ihm diverse Varianten von engen kleinen Schwarzen vorführen ...

☞ Im Vergleich zu Frauen reagieren Männer mehr auf körperliche Erregungs- und Erektionsauslöser als auf psychogene. Während für Frauen die Umgebung, Stimmung, sein Begehren, wilde Worte oder ihre eigenen Sehnsüchte Voraussetzung sind, um in Stimmung zu kommen und sich erregen zu lassen, ist bei Männern die physische Aktion die Basis, immer mehr Verlangen aufzubauen. Doch bei beiden Geschlechtern geht auf Dauer das eine nicht ohne das andere: Während Frauen sich im Laufe von Beziehungen beklagen, dass er sie immer seltener anfasst oder nicht so, wie sie es für ihre Lust bräuchten, so beklagen Männer nach Jahren die fehlende erotische Kreativität, *wie* sie zum Sex verführt werden – dass Frauen nur noch mechanische Handgriffe ausführen würden, zwar sehr liebevoll, aber so vorhersehbar, anstatt sich um Stimmung, Phantasie zu kümmern und auf seine »Kopf-Lust« einzugehen. Manchmal würde schon ein anderer Ort helfen oder Sex kurz vor dem terminierten Abendessen, um seinen psychogenen Reizhunger zu stillen.

Der häufigste »Fehler« (obgleich es nur aus Unwissenheit, Unsicherheit oder Nervosität ist), den Frauen begehen, besteht darin, sich nur für eine Sorte Erektionsauslöser zu entscheiden. Entweder sie legen viel Wert darauf, eine Stimmung herzustellen, in denen psychogene Schlüsselreize stattfinden: Sie ziehen sich schön an, sie sorgen für charmante Beleuchtung, tolles Essen, Schmusemusik oder flüstern aufreizende Worte. Oft denken sie: Damit ist doch alles klar, nun ist er dran. Doch dann fehlt der körperliche Aspekt, das schlichte Zugreifen. Und Mann versteht nicht, dass all die nichtphysischen Vorkehrungen eine Verführung darstellen; das versteht er erst, wenn die Frau handgreiflich wird und ihre Hände unmissverständlich klarmachen, worum es geht. Erstaunlich viele Frauen haben eine gewisse Scheu, den Penis oder umliegende erogene Zonen anzufassen – vielleicht weil sie sich wünschen, er möge »von selber« stehen und auf sie als Frau reagieren, ohne dass es so etwas »Mechanisches« wie

Schwanzspitze kraulen sein muss? Das ist eine romantische Vorstellung, aber auch ein gewaltiger Druck: Denn steht der Schwanz nicht, bezieht Frau das gleich als Ablehnung ihrer gesamten Person! Das ist unnötig. Fassen Sie doch einfach mal an.

Auf der anderen Seite: Die meisten Sextipps konzentrieren sich darauf, nur eine körperliche Reaktion hervorzurufen, und ignorieren die Sehnsucht beider Geschlechter nach nichtkörperlichen Stimuli. Noch 'ne Stellung, noch 'ne Massage, noch ein Lutschratschlag – manchmal hilft es eben nicht, sich nur um die Hoseninhalte zu kümmern, wenn nichts geboten wird, um Kopf und Unterteil miteinander kurzzuschließen. Wenn es keine »Story« gibt, kann manchmal auch das ausgefeilteste Schwanzschwurbeln nichts bringen – und sei es nur ein Schlüsselreiz wie die Angstlust, entdeckt zu werden. Wie bei der Fellatio im Parkhaus, bei dem Flirt mit zweideutigen Worten im offiziellen Rahmen (Theaterbesuch, Geburtstagsfeier).

Was geht, wenn nix mehr geht?

Am Anfang einer Liebe sind psychogene Reize nicht sonderlich raffiniert oder kreativ – sie sind ja eh ständig da, eben weil alles noch so furchtbar neu und aufregend ist. Das Gehirn ist ein ständiges Tollhaus, weil sich alle beide zu und zu gerne vorstellen, wie sie den anderen verführen können, verrückt machen, was er oder sie wohl mit einem anstellen mag und ob mit dieser Person all die herrlichen Sehnsüchte erfüllt werden, die man sich so in der Sexualität vorstellt. Man denkt ständig an das eigene Vergnügen als auch an das, das man dem neuen Partner bereiten kann. Der Kopf ist voll von Sexphantasien.

Irgendwann ändert sich das. Es ist eben nicht alles neu. Man denkt nicht mehr an die eigene Lust und was alles möglich wäre, sondern hat sich damit arrangiert, was möglich ist. Die meisten Paare haben dann einen partnerbezogenen Sex, wie es mein Kollege Ulrich Clement in einem *Stern*-Artikel beschrieb, anstatt einen, der ihren Bedürfnissen folgt – sinngemäß: Es wird mehr darauf geachtet, was der Partner angeblich gut findet und will und vor allem: nicht ablehnt. Auf die eigenen Bedürfnisse wird verzichtet, um den anderen nicht zu verschrecken, wegzuscheuchen oder zu verletzen. Dass beide logischerweise damit immer weniger Sehnsüchte, Phantasien und psychogene Spielchen zulassen, ist klar. Man hat sich auf den kleinsten gemeinsamen körperlichen Nenner geeinigt.

Für diese psychogenen Reize gibt es allerlei Übersetzungen – die einen nennen es erotische Paarstimmung, die zum Beispiel beinhaltet, sich gegenseitig Komplimente zu machen, miteinander zu flirten trotz langjähriger Beziehung, in allen Lebenssituationen aufeinander einzugehen, Händchen zu halten, zu kuscheln, zu massieren – ohne zur sexuellen Aktion voranzuschreiten. Es bedeutet, dem Eros im gemeinsamen Leben einen Platz einzuräumen. Auf einer Fete im Bad herumzuknutschen, im Kino zu fummeln, im Aufzug nach seinem Schwanz zu fassen – aber all das, *ohne* auf Sex zuzusteuern oder gar voneinander zu verlangen, dass es in Sex mündet. Es hält nur den Eros aufrecht, der dann seine Pfeile im Ernstfall des Koitus auch gern verschießt.

Andere nennen es »Phantasien erfüllen« – wie seine gehütete Phantasie, dass Sie es machen, kurz bevor Gäste kommen. Oder seine Idee, Sie würden sich schlafend stellen.

Es erfordert Interesse, Angstfreiheit und, ja, auch den Willen, für die gemeinsame Sexualität Verantwortung zu übernehmen, um es auch mal wieder im Kopf knallen zu lassen.

Herauszufinden, was die Phantasien im Kopf des anderen in Gang bringen. Was ihn sonst noch anmacht. Ob es eine bestimmte Art Kleidung ist. Ein paar Orte, die er mit Sex assoziiert und wo er ihn gern mal hätte – Waschkeller, Strand, Treppenhaus, Büro seines Chefs. Ob es Situationen gibt, die seine Lust beflügeln – zum Beispiel Überraschungssex. Spontansex ohne Wenn und Aber. Oder sich ausliefern. Oder einen »verbotenen« Ort entweihen wie seine Arbeitsstätte, ein Museum, das Bett seiner Schwiegereltern.

☞ Wenn Männer von psychogenen Reizen schwärmen (ohne das Wort zu kennen, allerdings), dann benutzen sie oft Ausdrücke wie heiß, wild, verboten, unvorhersehbar, gefährlich, provokant, gierig, verführerisch, sinnlich, politisch inkorrekt, schamlos. Das eingependelte Liebesleben einer Beziehung steht all dem diametral gegenüber: immer möglich, zärtlich, liebevoll, respektvoll, erlaubt, harmonisch – und vorhersehbar. Und genau da liegt Ihre Chance: unvorhersehbar zu werden. Er hat sich daran gewöhnt, dass Sie morgens nie wollen? Nehmen Sie ihn sich morgens vor. Er hat sich daran gewöhnt, dass es Samstagabend zur Sache geht? Verbringen Sie eine Mittagspause zusammen im Auto auf einem Waldweg. Sie sind meistens sehr liebevoll im Bett? Schubsen Sie ihn, rangeln, beißen, geben Widerworte. All das natürlich nur, wenn Ihnen danach ist – aber ich wette, Sie haben noch unzählige erotische Vorhaben in sich gespeichert, wann also setzen Sie sie um, wenn nicht in diesem Leben?

Und das ist wahrscheinlich die größte Herausforderung: sich gegenseitig so aufeinander einzulassen, dass man ohne Scheu zeigen darf, auf was man mit Erregung reagiert (ohne Anfassen). Übrigens ist es bei den meisten Männern das Gefühl, gewollt zu werden. Begehren Sie ihn. Begehren Sie ihn offen. Und sei es mit Worten wie »Ich bin verrückt nach dir«. Den meisten Menschen fehlt es, begehrt zu werden – sie werden immer nur damit konfrontiert, zum Begehren *aufgefordert* zu werden. Geben Sie ihm das, was Sie auch wollen!

Hoden, Damm, Prostata

Des Mannes Unterleib ist eine Zone, in der jenseits des Penis Kontrolle herrscht: Er hat Angst um seine Hoden, die jemand quetschen könnte, er hat Angst um seinen Hintern, den jemand befummeln könnte, und er dann entdeckt, schwul zu sein. Und er fühlt sich unwohl, wenn die Stelle, die er am wenigsten sehen kann, nämlich der Damm, mit in die ganze Liebelei einbezogen wird. All das sind No-go-Areas, die er als gefährdet empfindet und nicht als erogene Zonen der Sinnlichkeit. Sogar wenn er »nur« an der Innenseite der Schenkel gestreichelt wird, ziehen sich die Hoden reflexartig nach innen in den Körper, um sich zu schützen.

Wenn Sie sich also (erstmals) mit etwas anderem als seinem Penisschaft oder seiner Eichel beschäftigen, kann es durchaus passieren, dass Ihr Geliebter sich irritiert, aber kontrolliert zurückzieht, seine Erektion sogar dahinschwindet, weil sich die Angst in sein Hormonsystem schleicht: die Angst um Hoden, Arsch und Damm.

Dass es sich um hocherogene Stellen handelt, ist ihm meist selbst gar nicht bewusst: Wie geil es ist, den Hodensack mit einem feuchten Finger gerieben zu bekommen (die Stelle, an der er mittig in den Damm übergeht) oder an dessen Seiten geleckt zu werden. Dass ein sanfter Zug der Kugeln nach unten sogar den Druck auf die Peniswurzel so erregend erhöhen kann, dass der Orgasmus noch intensiver wird. Auch weiß er vielleicht nicht, dass auch der heterosexuelle Anus sehr wohl ein Platz sexueller Freuden ist – hier laufen Nerven des Beckens zusammen, die seine Erektionskraft verstärken, die mitbeteiligt sind an dem Orgasmus-Muskelspiel und die direkt auf die Prostata wirken und sie anregen. Zum Beispiel wenn sein Hintern gerüttelt wird, geklapst, wenn Sie die Backen zusammendrücken oder leicht und rhythmisch auseinanderziehen. Und der Bereich dazwischen, unter dem – nach den chinesischen Lehren des Tao – sich der Sitz des Wurzelchakras und die Quelle seiner stabilen Persönlichkeit befinden – um Himmels willen! Nein, kein Zutritt zum Perineum! Wenn man es psychologisch sehen wollte, verbietet der Mann damit sich und Ihnen den Zugang zu seinem Ich. Es ist einfach zu intim, dort berührt zu werden. Oder wenn es ihm gefällt, so ist die innere Qual gleichermaßen groß. Ein bisschen wie bei der Fellatio: Geil fühlt es sich an, aber was ist, wenn sie ihn gleich abbeißt?! Hilfe!

Ach ja und des Mannes Missverständnis, den hinteren Bereich mit schwul gleichzusetzen, lässt ihn unbehaglich auf After-Work reagieren.

Fazit: Wenn Sie sich diesem sinnlichen, aber oft »verbotenen« Gebiet nähern, haben Sie Geduld mit ihm. Er muss erstens Ihnen vertrauen, dass Sie ihm wirklich nichts tun, zweitens sich selbst zutrauen, dass er so intim werden kann, und drittens muss er erst mal genug positive Erfahrung sammeln, um sich nach und nach auf immer mehr Liebkosung einzulassen. Fangen Sie vielleicht nicht gleich mit der kombinierten inneren Prostatamassage nebst Hodensaugen an (bei der inneren Prostatamassage schieben Sie einen Finger in seinen Anus, bis Sie nach circa zwei bis sieben Zentimetern den Knubbel der Prostata Richtung Damm ertasten; beim

Hodensaugen nehmen Sie beide oder einen Hoden sacht in den Mund und ziehen die Wangen rhythmisch zusammen). Vielleicht kraulen Sie erst mal die Seiten seiner Hoden in Richtung Bein. Oder massieren den Hintern des Süßen. Oder brausen in der Badewanne den warmen, gefahrlosen Wasserstrahl an seinem Damm entlang. Kitzeln den gesamten Bereich mit einer harmlosen Feder. Tropfen »versehentlich« schönes Öl auf die Hodensäckchen.

Und akzeptieren im Zweifelsfall, dass seine Kontrolle, seine Scheu, sein Unbehagen größer sind als die Erregung, die Sie mit Berührungen hervorzaubern.

☞ Die wenigsten Männer wissen, dass sie neben dem Penis eine weitere erogene Zone in sich tragen. Seine Prostata, der kirschkerngroße Knubbel, der sich unter der Haut seines Damms in Richtung Anus befindet, steuert die Intensität seines Orgasmus wie auch seine Erektionsfähigkeit – ist die Prostata gesund, steckt sie mit ihrer sexuellen Freude auch die umliegenden Beckenbereiche an. Kitzeln Sie sein Potential hervor, wenn Sie mit der Spitze eines Vibrators seine Damm- und Rosettenzone betören, während Sie mit der anderen Hand und dem Mund seine Eichel umspielen. Dafür darf Ihr Geliebter später ausprobieren, wie sich folgende Kombination bei Ihnen anfühlt: ein diamantförmiger, weicher Analvibrator zusätzlich zu seiner schmeichelnden, spielenden Zunge an Ihrer Klitoris – und seinem Zeigefinger, den er in einer »Kommher«-Krümmung innen gegen Ihre Vagina presst, dort, wo das Gewebe etwas rauher ist.

Doch wie gehabt: keine Eile. Mit Ihnen an der Seite wird er vielleicht erst nach und nach feststellen, dass nicht nur sein

Penis sexuell empfindet, sondern dass der gesamte Beckenbereich mitmacht. Dass es aufregender ist, wenn der Po entspannt ist, anstatt wie bei den meisten Männern angespannt zu sein (auch ein Syndrom des Helden – der zusammengekniffene Po, in ständiger Habachtstellung). Dass Erektionen leichter fallen, wenn der Beckenboden gelöst ist (durch tiefe Atmung, durch Wärme nach dem Duschen oder Sport, durch das Wohlfühlen durch schöne, sinnliche Freuden). Dass ein knallhartes Sixpack oder ein eingezogener Bauch Lust ebenso verhindern wie ein voluminöser Bierbauch – alle drei drücken auf den Lendenbereich und verhindern den Blutdurchfluss Richtung Schwellkörper!

Kurz: Lassen Sie sich nicht vom Penis in die Irre führen, sondern betrachten den gesamten Beckenbereich eines Mannes als sexuelle Hochofenzone, dem vor allem eins für die Lust guttut: Entspannung. Wohlfühlen.

Ein Liebesdienst ist da sehr erfolgreich: Fellatio. Ihn richtig schön anblasen.

Schöner blasen

Nach dem Verständnis gewisser amerikanischer Ex-Präsidenten ist Fellatio (fellare: saugen) kein Sex, sondern so was wie der Anforderungskatalog von Praktikantinnen im Oral ... pardon, Oval Office. Für Kamele ist es übrigens das gegenseitige Ablecken des Fells und auch kein Sex.

Natürlich grandioser Quatsch, dass Fellatio für Menschen kein Sex ist. Sie ist eindeutig Sex und was für einer!

Allerdings ist die Fellatio genauso mit Vorurteilen belegt wie das meiste in der Sexualität – so heißt es unter anderem, dass jeder Mann es will oder mindestens 90 Prozent; doch die kleinen Wahrheiten dahinter wie: Kastrationsangst,

Angst, ausgeliefert zu sein, Unbehagen, nicht selber beteiligt zu sein, sich nicht hingeben zu können, Furcht vor Kontrollverlust, nicht genug Nähe und Vertrauen, um im Mund der Dame zu kommen. Und außerdem: Der Mund einer Frau ist so intim, so nah an ihrer Seele und der Persönlichkeit, dass sich so mancher Mann fragt, ob er das mit Lust, mit Sperma, mit Geilheit »entweihen« dürfe? Alles das verschweigt der Mann normalerweise dezent. Er will der Immerkönner sein. Pustekuchen!

Keine Sorge, ich werde Ihnen das »Blasen« jetzt nicht als Problemfaktor verkaufen – ich möchte nur ein wenig Ihre Sicht dafür schärfen, dass Ihr Geliebter vielleicht anders tickt als das bekannte Klischee.

Fellatio wird auch Blasen genannt, obgleich man alles andere als das tut. Sondern küssen, lecken, saugen, mit dem zu einem O geformten Mund an Eichel und Schaft auf und ab fahren, dabei mit den Fingern oder der Faust nachhelfen; die Zungenspitze in die Penisöffnung stecken, an den Hoden spielen, einen Finger in seinen Hintern schieben; mit den über die Zähne nach innen gewölbten Lippen an ihm knabbern, mal die gespannte, mal die weiche Zunge einsetzen …

Ein weiteres Gerücht besagt, dass Frauen sich davor scheuen oder es augenrollend gewähren: »Na gut, Schatz, wenn du unbedingt willst …« Auch das halte ich für ein Klischee; eines, das Frauen sogar erst dazu bringt, Fellatio abzuwehren, obgleich sie von Natur aus wenig dagegen haben. Warum auch? Es handelt sich schließlich um ein Körperteil des von ihnen in den meisten Fällen geliebten Menschen. Was könnte sie davor ekeln? Und wenn es sie ekelt: Was sagt das über die Beziehung zu diesem Mann aus?

Okay, warum könnte Frau es vermeiden, den Schwanz ihres Liebsten in den Mund zu nehmen? Angst vor ungewaschenem Schniepel? Unbehagen, sich dann wie »eine Nutte« aufzuführen? Trotz, dass »nur er was davon hat«? Keine Revanche zu bekommen? In irgendeiner Form »gedemütigt« zu werden – die devote Haltung, er liegt da wie ein Pascha, pflanzt einem möglicherweise noch die Hand ins Genick und dirigiert Tempo und Tiefe, als sei sie eine Lutschmaschine? Würgeangst? Angst, dass er sie danach irgendwie »verachtet« …?

Und was sind die Gründe, dass Frauen ihn andererseits ebenso gern in den Mund nehmen? Das Gefühl im Mund ist herrlich. Das Ding riecht gut. Die Bestätigung, eine gute Liebhaberin zu sein, die ihn mit Zunge und Lippen rasend vor Geilheit macht. Der Wunsch, es ihm gutgehen zu lassen, ihm zu gönnen, nichts zu tun. Die Lust, sein sensibelstes Stück zu dominieren – ein Biss und die Sache wäre erledigt. Die Macht, auf der Klaviatur seiner Erregung zu spielen – mit Anmachen, Hinhalten, Rauszögern … die Lust, ihn richtig schön hart zu machen, um sich dann auf ihn zu setzen. Das Lächeln zu sehen, mit dem er einen dabei bedenkt. Der Wunsch, dass er sich ganz und gar hingibt und ihr vertraut, dass er ihr das Kostbarste offenbart, was er hat.

Es ist oft eine Gesamteinstellung zur Sexualität und die Vorstellung einer untergeordneten Rolle der Frau beim Sex, die eine Frau davon abhalten, den Penis ihres Mannes mit dem Mund zu liebkosen. Die Idee, es könnte nuttig oder devot sein, oder der Trotz, dass er nichts bekommen soll, wenn sie nicht auch etwas bekommt, sind beides Einstellungen, die einer sinnlichen, selbstzufriedenen Sexualität entgegenwirken. Solange irgendeine Sexpraktik noch mit der Vorstellung von Political Correctness belegt wird (Schlampe, Unterworfene), kann Sex nicht wirklich frei sein, und so lange wird ein Paar stets von fremden Einflüssen geprägte Sexualität praktizieren, nie seine ganz eigene, individuelle. Und solange die Frage »Was tut ihm gut, was kann ich ihm geben?« immer gleich verbunden wird mit der Überlegung »Was kriege ich dafür?«, so lange ist auch eine Frau selten die gute Liebhaberin, die sie gern sein möchte.

☞ *Schlucken oder nicht schlucken?* Der Grund, warum viele Männer es bevorzugen, ihren Samen im Gaumen der Dame zu ergießen, besteht darin, dass es keine Berührungsunterbrechung kurz vor dem Orgasmus gibt. Oft hören Frauen auf – mit der Hand wie auch dem Mund –, wenn es auf seinen Höhepunkt zugeht. Dabei halten sie ihm das Beste vor – denn hören Berührungen während des Beginns eines Orgasmus auf, wird er schnell schal. Nutzen Sie die höchste aller Erregungsphasen und machen entweder mündlich oder fingerlich, aber stets konsequent und ohne Änderung von Tempo, Druck oder Berührungsart weiter, bis wirklich der letzte Tropfen herausquillt. Ja, das ist ein »Liebesdienst«! Denn wie fänden Sie es, wenn Sie kurz davor sind und er aufhört, weil er nichts weiter damit zu tun haben möchte, was bei Ihnen da so abgeht?
Ach so, ob Sie es schlucken – Ihre Sache. Es kommt nicht darauf an, ob eine Frau schluckt oder nicht, um eine gute Liebhaberin zu sein, sondern wichtig ist Ihre Einstellung zu seinem Orgasmus. Freuen Sie sich, dass er kommt, und helfen Sie ihm dabei, ohne aber sich zu etwas zu zwingen, von dem Sie nicht viel halten. Vielleicht machen Sie lieber mit der Hand weiter und probieren dann erst mal von dem Samen, der auf seinem Bauch ist. Manche Männer mögen den Geschmack ihres eigenen Spermas, andere würden eher für immer aufs Geblasenwerden

verzichten, als einen »Snowball« zu bekommen (dabei spuckt frau seine Ladung in seinen Mund); andere lieben es, wenn sie ein paar Tropfen aus dem Mundwinkel laufen sehen.

Ich würde gern einen Mann zu Wort kommen lassen, um das Faszinosum ein wenig zu erklären. Mein Mann sagt, Oralverkehr sei ein Lackmustest:

»Oralsex macht glücklich, wenn er funktioniert. Näher als mit Zunge, Nase und Auge kann man dem Zentrum der Lust und den Emotionen des anderen kaum sein. Oralsex ist der ultimative Lackmustest – und eine Art Lügendetektor. Beim Cunnilingus merkt jeder Mann, wie eine Frau zu ihrem Körper steht, ob sie sich auf Nähe einlassen möchte und ob ihre Gelüste echt sind oder nur aus Unsicherheit etwas übertrieben hervorgejauchzt. Und in diesem Moment weiß man(n), ob man sie ›riechen‹ kann oder nicht: Und das ist mitentscheidend für den Verlauf einer Beziehung.
Manchmal ist Oralverkehr auch eine Waffe; es ist eine asymmetrische Form der Sexualität. Es gibt einen Macher und einen Nehmenden. Die Gefahr dieser Asymmetrie besteht darin, dass der Macher Macht über den anderen verspürt. Mein Glück ist, wenn die Frau sich gehenlassen kann, denn dann weiß ich, dass sie mir vertraut. Andersherum kann ich nur der Beglückte sein, wenn ich sicher bin, dass sie ihre Macht nicht gegen mich benutzt und ein Blowjob nicht zum Beziehungspolitikum mutiert. Oder ich spüre, sie bringt nur mir zuliebe ein Opfer, das ich im Alltag auszugleichen hätte. Dann lieber ganz und mit Lust – oder gar nicht. Fazit: Oralsex kann dich in

den Himmel katapultieren. Er kann aber auch ein Schritt in die Hölle sein.«

Also dann – wählen wir im Zweifel lieber den Himmel oder lassen es ganz. Wenn Sie es nicht lassen wollen – tun Sie es aus vollem Herzen, und erfreuen Sie sich an der Hingabe und Lust Ihres Geliebten.

Technik, die begeistert
- Der Kolibri: Ihre rasch flatternde Zungenspitze an seinem Frenulum – das Häutchen, das die Vorhaut mit dem Schaft verbindet.
- Die Katzenzunge: eine wie ein Kätzchen leckende Zungenspitze, die zart und schnell von seinen Hoden bis zur Eichel leckt, als ob sie Milch schlürft.
- Der Original French Kiss: Ihre entspannte, weiche, feuchtwarme Zunge, die sich seiner Eichel wie einem köstlichen Waffeleis widmet und rundherum genießerisch ableckt. Trick: viel Atem verwenden – für den Heiß-Kühl-Effekt.
- Die Schlange: Ihre mal angespannte, mal weiche Zunge, die unter seine Vorhaut schlüpft und sich rings um seine Eichel ringelt. Halten Sie das Häutchen eventuell leicht mit der Faust an Ort und Stelle.
- Das Juwelen-Zungenbad: Ihre weiche Zunge, die seine Hoden rundherum ableckt und in eine feuchte, warme Atemhülle kleidet. Pusten Sie über die feuchten Stellen und beobachten, wie sich die Hoden unter der Haut bewegen.
- Sexy Surprise: Erst fühlt er nur den warmen, festen Ring Ihrer Lippen um seine Eichel. Und dann, vier, fünf Herzschläge später, schnellt Ihre Zunge hervor und touchiert

seine Spitze. Nur einmal. Erneut folgt das süße, qualvolle Warten – bis Ihre Zunge erneut wie eine Minipeitsche hervorzuckt. Oh, wie wird er geil und ungeduldig – gut so.

- Einen Schluck warmen Tee im Mund behalten.
- Eine kühle Eispraline auf der Zunge.
- Ein Schluck Champagner, Wodka oder Whisky – der Alkohol erweitert die Poren und prickelt länger, als Mann denkt.
- Eine Prise Brausepulver.
- Ein Pfefferminzbonbon – die ätherischen Öle wirken erst kühlend, dann erhitzend. Nur Obacht vor Verminzungen!
- Manche Männer finden es sehr aufregend, wenn er in Ihrem Mund erst wächst: Nehmen Sie den weichen, dösenden Penis ganz auf, und vollführen Sie dann in der Kehle Schluckbewegungen. Das Vakuum reizt seine Eichel.
- Sehr angenehm: wenn Ihre weiche, warme Zunge unter die Vorhaut gleitet und Kreise um die Eichel fährt. Halten Sie dafür die Vorhaut sacht oben fest, so dass von der Eichel nur ein Teil des Häubchens aus dem Rolli guckt.

☞ Ihr Kiefer wird zu schnell müde oder verkrampft sich? Sammeln Sie Speichel im hinteren Gaumenraum, indem Sie die Zungenspitze an die Stelle hinter Ihren oberen Schneidezähnen drücken. Lassen Sie die Zunge dabei locker. Ganz locker und weich. Wackeln Sie mit dem Kinn hin und her und schieben den Kiefer nach links und rechts. Schon bildet sich wieder Feuchtigkeit, und mit weicher Zunge können Sie eh besser manövrieren.

- Ein unausgesprochener Traum der Männer: von einem Blowjob geweckt zu werden. Nicht unbedingt bis zum

Ende – es ist bereits höchst erotisch für ihn zu spüren, wie er in Ihrem warmen Mund hart und härter wird.

- ... und wann genau haben Sie zuletzt ein Präservativ mit dem Mund aufgerollt? Ein unbeschichtetes mundet absolut neutral. Reservoir zwischen die gespitzten Lippen nehmen, an der Eichel ansetzen und in zwei, drei Abwärtsbewegungen abrollen, das letzte Stück mit der Hand nachhelfen.
- Schenken Sie ihm den Ausblick auf sein erigiertes Profil im Spiegel, während Sie vor ihm knien und sich seinem Penis mit dem Mund widmen. Je langsamer, feuchter und mit bisweilen hörbaren Genussgeräuschen Ihrerseits, desto mehr lässt er sich (ge)fallen.
- Ein völlig anderes herrliches Gefühl für seinen Penis ist der wunderbar weiche Spalt zwischen Ihren Brüsten, die Sie so zusammenhalten, dass er zwischen ihnen aufgehoben ist wie zwischen zwei Händen (geht, wenn er sitzt und Sie beispielsweise vor ihm zwischen seinen Schenkeln knien). Manche Liebhaberinnen saugen währenddessen an seiner Spitze (sofern sie drankommen).
- Manche Männer schätzen es sehr, wenn Sie währenddessen leicht mit den Nägeln an ihrem Hodensäckchen kratzen oder an der Stelle, an der Hoden und Beine aufeinandertreffen, mit den Fingerspitzen entlangfahren.

☞ Autsch: Männer fürchten sich davor, dass ihnen bei der Fellatio die Vorhaut zu ruckartig von der Eichel gestreift wird (genauso wie bei der Muschi ist Trockenheit am Anfang einer Liebkosung normal, aber dadurch werden zu intensive Reibungsbewegungen schmerzhaft), dass zu fest gesaugt wird, die Zähne ihn berühren oder der Schaft dabei zu roh und fest gepackt wird.

- Andere wissen das abgewandelte, tantrische »Lingam«-Ritual zu schätzen: Dabei liebkosen, massieren und streicheln Sie den Penis und vor allem die Umgebung bis zum Nabel und den Lenden. Ob er dabei eine Erektion bekommt oder nicht, ist egal, widmen Sie sich dem Teil eine halbe Stunde, zupfen Sie an den Haaren, waschen seine Eichel, massieren seine Nabelgegend, küssen seine Lenden, beißen sacht in seine Innenschenkel, saugen ab und an leicht an der Penisspitze, massieren den Schaft, als ob Sie einen verspannten Muskel lockern wollen …, aber ignorieren die typischen Runterhol- oder Blas-Berührungen. Die intensive Beschäftigung mit seinem Genital hat für einen Mann oft eine immense innere Erlösung zur Folge: Schau, sie mag ihn, sie mag *mich!*, auch wenn ich nichts Sexuelles leiste, sie schenkt mir Aufmerksamkeit, Zeit, Hingabe. Das könnte ihn in Tiefen berühren, die er selbst nicht geahnt hat.
- Knien Sie sich zwischen seine Beine und spreizen ihm beim Blowjob im letzten Moment die Schenkel auseinander – indem Sie etwa seine Knöchel oder die Oberschenkel umfassen und auseinanderdrücken. So erhöht sich die Spannung auf seinen Damm, seinen Anus und seine Prostata, er wird das Gefühl haben, seinen Samen aus seinem ganzen Becken heraus zu verströmen.

☞ Das Gegenteil von Fellatio ist nicht Cunnilingus, sondern: *Irrumatio!* Bei dieser Technik haben nicht Sie die Kontrolle über die Bewegung Mund-stülpt-sich-über-Schwanz, sondern Ihr Liebster bewegt seine Erektion in Ihrem Mund, Sie halten quasi nur hin. Eine für beide angenehme, aufregende Variante: Hocken Sie sich vor ihn in Mundhöhe zur Eichel mit dem Rücken an eine

Wand, er steht vor Ihnen und stützt sich mit beiden Händen an der Wand ab. Lassen Sie seinen Penis zwischen Ihren Lippen vor und zurück gleiten, wenn er seine Hüften nach seinen Wünschen bewegt. Wenn Sie vermeiden wollen, dass er Ihnen das Gaumenzäpfchen poliert, legen Sie eine Faust um seinen Schaft oder die Hände an sein Becken, damit er nicht zu tief vordringt. Eine weitere Variante ist, wenn Sie unter ihm liegen, den Nacken auf einem stabilen Kissen, während er in halbe Liegestützposition geht und seinen Schwanz in Ihren Mund dringen lässt. Das erfordert Koordination und Achtsamkeit von ihm wie auch Ihr Vertrauen. Wenn Sie es erst mal testen wollen: Anstatt einzudringen, reibt sein Schwanz über Ihre ausgestreckte Zunge.

Und was mache ich, wenn er mich leckt?

- *Schmecken Sie gut* – essen Sie viel frische Ananas, die »versüßt« Ihr natürliches Aroma, oder drücken Sie täglich frische Zitrone (ein bis zwei) in Wasser aus.
- *Oder nehmen Sie einmal die Woche* eine »Döderlein«-Kapsel (unter demselben Namen in der Apotheke erhältlich); die Dinger enthalten jene Lactobazillen, die auch die Vagina bildet, um sich frisch und gesund zu halten. Bitte nicht benutzen: Intimwaschlotion, Intimspray oder Seife zum Waschen; klares Wasser reicht, alles andere zerstört die natürliche saure Vaginalflora, und es fängt an zu muffeln.
- *Kombinieren Sie* seinen Cunnilingus mit Ihren Fingern – während er beispielsweise seine Zunge an Ihren Schamlippen kost, streicheln Sie Ihre Klitoris.
- *Lassen Sie sich im Stehen* von ihm lecken, während er

zwischen Ihren Beinen kniet und mehr von unten als von vorne kommt. Der veränderte Winkel ist berauschend!

- *Wechseln Sie sich in der 69 ab*: Während der eine leckt, massiert der andere den Schaft oder die Vulva. So können Sie sich abwechselnd intensiver auf die erregenden Gefühle konzentrieren.
- *Ziehen Sie Ihre Jeans* nur bis zur Hälfte der Oberschenkel hinab und drücken die Oberschenkel, so weit es geht, auseinander. Der Gegendruck lässt Ihre Klitoris weiter hervortreten, um so viele der Empfindungen wie möglich aufzusaugen.

Eine gesunde Muschi schmeckt wie ein angenehm süßsaures Gericht oder ein fruchtiger, spritziger Cocktail, ein bisschen süß, eine Idee frisch-säuerlich. Wie Buttermilchzitroneneis. Toast Hawaii mit einem Hauch Tabasco. Oder Curry Chicken mit Banane. Wie ein herbweicher Akazienhonig. Eine richtig gute Caipirinha. Riesling aus der Pfalz. Gewürzspekulatius. Frische Kirsche, süßsauersaftig. Rotweincreme. Joghurt. Geräucherte Gänsebrust mit Himbeergelee. Oder … wie schmecken Sie? Und vor allem: an den verschiedenen Tagen Ihres Zyklus'?

Erfahrene Liebhaber lieben den abendlichen Muschiduft einer Geliebten, die morgens geduscht hat. Das ist eine unbezahlbare, natürliche, potenzsteigernde Droge – und auf die wollen sie nicht verzichten. Bitte, tun Sie es nicht und rasen vor dem Äußersten unter die Dusche, um den ganzen Duft, der sich über den Tag entfaltet hat, mit einem Wasserstrahl zu roden. Wasser trocknet außerdem das Ökosystem der Vagina aus; die Dusche vorher ist also kontraproduktiv, wenn Sie baldigst feucht werden wollen.

☞ Honig, Schokolade, süße Sahne und Sekt, vier der häufigsten kulinarischen Accessoires, eignen sich nicht für intime Küsse auf die oder gar in der Vagina! Der darin enthaltene Zucker zerstört die pH-Schutzzone: Ausfluss, juckjuck, Müffelodeur.

Ansonsten riecht jede Frau zwischen den Beinen einzigartig: nach Dschungelblume, nach gebadeter Wildkatze, nach Wein, nach Kaffee, nach Jasmin, nach Maiglöckchen (ein befruchtungsreifes, pralles Ei riecht übrigens exakt wie diese Blume – und die Spermien finden diesen Eiduft so reizvoll, dass sie wie verrückt auf das Maiglöckchenei zuschlängeln), nach Medizinschrank (vor allem wenn Sie A/B/D-Vitaminpillen oder schwere Medikamente einnehmen, etwa gegen Pilze aller Art, oder wenn Sie Pillen schlucken, von denen man glaubt, sie würden die Haut schneller bräunen), nach Kupfer, sofern Sie Ihre Periode haben oder kurz davor sind ...

❥ Gleichzeitiges Oralvergnügen in der 69 sieht hübsch im Film aus, in der Realität verliert meist einer die Konzentration. Viel entspannter: wenn beide sich beim Einsatz von Mund und Zunge abwechseln und in ihren oralen Pausen die Finger spielen lassen. Legen Sie sich dazu beide auf die Seite, anstatt sich über- und untereinander zu plazieren. Stellen Sie beide jeweils das obere Bein auf. So haben Sie auch nicht mit seinen Hoden zu kämpfen, die Ihnen die Nase platt drücken.

🔥 *Aufs Gesicht setzen:* Im Film *Die Venusfalle* lässt sich Sonja Kirchberger derart anmutig über dem Antlitz ihres Liebhabers nieder, dass die Zahl der Männer und Frauen, die dies auch zu tun wünschten, nach Ausstrahlung des

Films sprunghaft anstieg. Madame Kirchberger wählte die Variante der hockenden Göttin des Cunnilingus. Die Hocke hat den Vorteil, dass er, unten liegend, nicht gefährdet ist, dass ihm der Atem genommen wird. Würden Sie sich im Knien über ihn setzen, würden Sie ihm dabei Ihren Venushügel unter die Nase schieben und das Atmen verhindern. Der Nachteil der Hockstellung ist, dass die meisten Frauen nicht so gut trainiert sind, um sie lange durchzuhalten. So ist das Gelecktwerden in der Kirchberger-Haltung meist nur ein Zwischenspiel. Aber er kann ja weitermachen, wenn Sie sich aufrichten und leicht gespreizt dastehen.

Küssen »danach« verboten? Manche Frauen mögen es nicht, wenn er sie nach vollbrachter Lecktat auf den Mund küssen will. Hmm ... wieso? Offenbar schämen sie sich ihres Eigengeschmacks. Schade. Leider ist es so, dass manche Frauen ihren eigenen Muschisaft im Gesicht ihres Geliebten beängstigend finden. Wenn es Ihnen so ergeht, sollten Sie versuchen zu ergründen, warum Sie so empfinden. Ist das »da unten« so weit weg von Ihrer Persönlichkeit? Ist dieser abgerungene Kuss für Sie ein wenig wie der Applaus, der eingezwungen wird? Oder bewerten Sie Küsse auf den Mund als Liebe, aber Küsse auf die Scheide als Sex, für den Sie sich schämen?

Was immer auch passiert ist – es wird Zeit, Frieden mit sich zu schließen und etwas so Elementares und Verletzliches wie den eigenen Geilheitssaft, kennen und lieben zu lernen.

🚫 *Periodisch geschlossen!* Viel mehr Männer, als Frauen ahnen, haben keine Berührungsängste, wenn Sie Ihre Tage haben oder da ein kleines blaues Bändchen aus dem Liebespalast guckt. Sie lecken trotzdem. Gehen Sie davon aus, dass es ihm gefällt, und gucken mal, ob es Ihnen nicht auch gefällt.

Handarbeitsklasse – ihm richtig schön einen runterholen

Je besser es gleitet, desto schöner für alle – für Sie, weil es weniger anstrengend ist und Ihnen nicht gleich die Hand abfällt, für ihn, weil … weil es besser gleitet.

Die Gleithelfer:
- Spucke. Lecken Sie zwischendurch immer wieder mal kurz an seiner Eichel oder lassen den Speichel darauf tropfen.
- Öl. Je erotischer es duftet (Ylang-Ylang, Jasmin, Frangipani, Kokos …), desto anregender.
- Ihre Vaginafeuchte. Ziehen Sie Ihre Finger immer mal wieder durch Ihre Vulva.
- Silikonhaltiges Gleitmittel – das trocknet im Gegensatz zu wasserhaltigem nicht aus, schlüpft aber auch nicht ganz so schön. Tragen Sie es mit den Händen, Ihren Brüsten, Ihrem Bauch auf.
- Für Genusssüchtige: die samtig-geschmeidige Feuchte von Früchten wie Papayas, Honigmelonen.
- Und unter der Dusche? Hair-Conditioner!
- Seide!
- Spaß! Nehmen Sie mal die linke Hand statt der rechten (wenn Sie sonst Rechtshänderin sind), diese Handseite ist die »emotionalere« und erfüllt, was der Schwanz von ihr erbittet.

☞ Druck und Tempo – zwei Regeln: Je leichter der Druck Ihrer Faust oder des Daumen-Finger-Rings an Eichel und ihrem Übergang, desto mehr Gas können Sie geben und eventuell dabei nur im oberen Drittel Eichel-Bändchen bis erstes Schaftdrittel bleiben. Je fester der Druck, desto langsamer können Sie sein und schön von oben nach unten gleiten. Insgesamt ist die schönste Handarbeit jene, bei der Sie genau die Kombination zwischen Zufassdruck und Tempo finden. Bei Bedarf mag er mal seine Hand um Ihre legen und Sie anleiten. Wenn Sie eine Hand frei haben, legen Sie sie gerne um die Peniswurzel unten am Schaft und halten den Guten aufrecht oder biegen ihn mal gen Hoden (das erhöht den Druck auf die Wurzel so schön) oder halten ihn stramm fest. Wenn er dabei sein sollte zu kommen, erhöhen Sie den Druck, bleiben im Tempo konsequent oder werden ein Hauch schneller. Aber lassen Sie weder im Takt noch im Druck nach!

Einer, zwei oder fünf Finger – eine Handvoll Techniken:

- Ein-Finger-Technik: Fahren Sie mit einem geölten oder angefeuchteten Finger zarte Achten auf der Spitze seiner Eichel, gleiten unter die Vorhaut.
- Zwei Finger: Als ob Sie einen Schraubverschluss aufdrehen, spielen Sie an dem (Vorhaut-)Übergang von Eichel zu Schaft.
- Drei Finger – beziehungsweise zwei Finger und ein Daumen: Halten Sie sie zusammen, als ob Sie zum Beispiel ein Seidentaschentuch vom Boden aufheben wollen, und streichen mit diesem spitzen Pinzetten-Fingergriff immer wieder von unten nach oben an seinem Schaft. Halten Sie seine Eichel in dieser »Finger-Daumen-Pinzette« und

drehen sie hin und her, als ob Sie eine Prise Zucker ausstreuen.

- Vier Finger: Betten Sie seine Hoden sanft in Ihre Handinnenfläche, als ob Sie eine Rosenknospe umfassen. Ihre vier Finger (Kleiner, Ring-, Mittel-, Zeigefinger) landen so automatisch auf seinem »One Million Dollar«-Punkt, seinem Damm, hinter dem sich die Prostata (eine Art männliche Klitoris, nur *im* Körper, die sich zusammenzieht und schwingt, wenn er kommt) befindet. Kraulen Sie mit den Fingern leicht an ihm.
- Alle fünf: Umfassen Sie seine Erektion mit der (eingeölten, angefeuchteten) Faust. Doch statt auf und ab zu gleiten oder aus dem Handgelenk zu rotieren, massieren Sie seinen Schaft, ohne die Faust zu bewegen, sondern üben mit den Fingern nacheinander unterschiedlich Druck aus.
- Alle zehn! Nehmen Sie beide Hände und bewegen die Fäuste gegenläufig an seinem Schaft auf und ab.
- Oder wringen Sie mit beiden Fäusten seine Erektion, als ob Sie ein feuchtes Handtuch ausdrücken (leicht!).
- Halten Sie einen Vibrator gegen Ihren Handrücken. Die Schwingungen übertragen sich so auf Ihre Faust, dass er sich wie von einem Massagehandschuh umschlungen fühlt.

☞ Die männliche Eichel ist ähnlich wie die Klitoris hoch empfindsam und reagiert rasch mit Überreizung, wenn sie von Anfang an zu beherzt massiert wird. Dagegen steigert sich ihre Empfindsamkeit noch, wenn Sie unendlich zart zur Sache gehen – indem Sie mit angefeuchteten oder eingeölten Spitzen von Daumen und Zeigefinger an seiner Eichelkuppe zupfen. Lassen Sie sich Zeit, lassen Sie ihn fast schon darum flehen, dass Sie ihn von der Spannung erlösen mögen, bis Sie überraschend fest zufassen, einmal reiben – und dann wieder nur zart zupfen.

Acht andere Orte, an denen Handgreiflichkeiten Spaß machen:

- In der Dusche, wenn Sie hinter ihm stehen, er Ihre Brüste, Ihre Lenden am Rücken und Po spürt und sich mit den Händen an die Kacheln stützt. Reichlich Hair-Conditioner oder ph-neutrale Seife (oder Waschöl, zum Beispiel Sebamed) benutzen.
- In der Oper, während er ganz still sitzen muss und Sie Ihre Stola diskret über seinen Schoß gelegt haben.
- In der Waschstraße mit allen Extrawachs-und-Spezialwaschgängen (dauert länger!).
- Im Fahrstuhl eines Hotels, während Sie hinter ihm stehen und in die linke Hosentasche gleiten, in die Sie daheim mit der Nagelschere ein Schlupfloch geschnitten haben.
- In der Dampfsauna, die nicht zu warm für Erektionen ist, aber dafür zu neblig, um entdeckt zu werden.
- In der Umkleidekabine von H & M.
- Unter dem Tisch, versteckt von der schweren weißen Tischdecke bei einer Silberhochzeit. Sie tragen selbstverständlich beide keine Unterwäsche!
- Bei der nächtlichen Stadtrundfahrt mit dem Taxi, nachdem Sie den Fahrer gebeten haben, die Musik etwas lauter zu stellen und einen Umweg zu fahren.

☞ Jeder Mann hat seinen eigenen Rhythmus, auf den sein Schwanz am erregtesten reagiert. Lassen Sie sich seinen Takt zeigen, indem Sie Ihre Hand über seine legen, während er sich selbst liebkost. Vielleicht erfahren Sie, wie er sich zu Beginn erst zart obenrum krault, dann seine Hoden umspielt, ob er eher lange oder eher kurze Striche macht und an welchem Stück seines Penis er am Schluss besonders viel Druck ausübt; wie schnell oder langsam er kurz davor wird …

Aus den Kopfkissenbüchern der königlichen Mätressen:
- *»Pattes d'araignée«* *(»Spinnenbeine«)*: Eine Streichelpraktik, bei der nur die Fingerspitzen eingesetzt werden und die Rückseiten der Nägel. Wie Spinnenbeine huschen sie über erogene Zonen, mal kratzend, mal kosend, immer überraschend – oft verbanden die Damen ihren Herren dabei die Augen oder ließen die »Fingerbeine« an seinem Po spielen, kurz bevor er kam.
- *»Comme les filles de la veuve Poignet«* *(wie die Töchter der Witwe Handgelenk)*: eine Liebkosung, bei der Sie langsam Ihre eingeölte Faust aus dem Handgelenk heraus um seine Spitze kreisen lassen. Durch ein lockeres Handgelenk können Sie ein Tempo erreichen, das ihn bis ziemlich kurz vors Überschäumen bringt (und darüber hinaus, wenn Sie damit weitermachen).

☞ Studien beweisen, dass Männer mehr Testosteron produzieren, wenn sie ihren Penis nicht selbst, sondern eine Frau ihn berührt. Übrigens: Die erste Berührung seines Penis entscheidet oft über den Fortgang der Geschehnisse; ein zärtliches Streichen signalisiert ihm beispielsweise ohne ein Wort, ob Ihnen der Sinn mehr nach weichem Sex steht oder, wenn Sie etwas dominanter zupacken, dass auch die rustikalere Variante gefragt ist.

Strafe muss sein

Gewisse Spiele mögen manche Männer nicht sehr gern – etwa Fütterungsspiele, die zwischen sexuelle Liebkosungen geschoben werden; er hat dann das Gefühl, von allem zu wenig zu bekommen: Er hat Angst zu verhungern, wenn es nur Obstsalat gibt, und Angst, nicht rechtzeitig zum Zug zu kommen, bevor die Erektion es sich wieder anders überlegt.

Andere Männer mögen sie dagegen gern. Fangen, verstecken, rangeln und kleine Spiele, bei denen eine lustvolle Strafe folgt, wenn sie sich schlecht benehmen. Das Spiel von Dominanz und Unterwerfung lebt von der anregenden Befehlsgewalt.

Verlangen Sie zum Beispiel, dass er keinen Laut von sich gibt, egal wie heftig Sie ihn saugen oder beißen. Tut er es doch, »bestrafen« Sie ihn. Mit einer Maßnahme, die seine Ungeduld und seine Erregung noch weiter steigert: Hören Sie auf. Klapsen Sie ihn. Zwirbeln Sie an seinen Brustwarzen. Zwingen Sie ihn, aus Ihrem Mund Champagner zu schlürfen. Setzen Sie sich auf seine Brust und berühren sich selbst. Sagen Sie ihm, dass er mit seinem Sträuben leider riskiert hat, dass Sie ihn nur bis kurz vor den Höhepunkt treiben werden, aber nicht darüber hinaus. Ihr Liebster wird es lieben, sich Ihnen auszuliefern und die aufregenden »Strafmaßnahmen« zu genießen, die seine Begierde unendlich wachsen lassen.

Eine spannende Straf-Spiel-Sache ist: fesseln.
1. *Die Grundregel*: Lassen Sie sich Zeit mit dem Fesseln. Ob Sie ihn mit Seilen, Ledermanschetten, Krawatten, Strümpfen oder anderem bewegungsunfähig machen, tun Sie es langsam, ohne Hast.
2. Es geht nicht um einen Koitus in Fesseln, sondern dar-

um, ihn geduldig, aber gnadenlos verrückt zu machen. Also: erst mal Hände weg von seinem Penis.
3. Fesseln Sie ihn so, dass Sie überall rankommen. In X-Haltung auf dem Bett, Hand- und Fußgelenke an den Bettpfosten. Oder nackt gefesselt auf einen Stuhl.
4. Machen Sie ihn heiß und zögern den Moment, bis Sie sich auf seine Erektion gleiten lassen, unendlich hinaus! Vielleicht lesen Sie ihm eine pornografische Geschichte vor. Erkunden Sie seine speziellen Zonen mit dem Mund, mit Öl, mit Seidentüchern, die Sie über seine Haut ziehen. Wandern Sie mit einem Vibrator über seinen Körper, aber immer knapp an seiner schwelenden Erektion vorbei.

Zehn Dinge, die Sie mit einem gefesselten Mann machen können

1. Fesseln Sie ihn sehr sanft und nicht zu fest mit schwarzen Seidentüchern. Verbinden Sie ihm mit einem Seidentuch die Augen (zwei Sinne – sehen und bewegen – abzuschalten bringt zweifachen Fühlgenuss). Und ziehen Sie dann unendlich langsam diverse Seidentücher (oder Federn, Pinsel, Perlenketten …) immer wieder über seinen Körper – und werden dabei schneller, überraschender, lecken ihn in einer Sekunde an der Achselhöhle, in der nächsten an seinen Hoden, bis Sie Laute aus seinem Mund hören, die Sie nie zuvor vernahmen.
2. Geben Sie dem Gefesselten eine Massage – mit Ihrer Vulva. Überall. Zum Schluss drücken Sie Ihre Liebeslippen zart auf seinen Mund. Widmen Sie sich danach sehr langsam und genussvoll-qualvoll seiner Erektion. Diese französische Kurtisanentechnik des Vulvaküssens

auf seinen Körper nennt sich übrigens: *Coup de Cassoulets* – wörtlich: einen Mundvoll des Schmorbratens abgeben, aber gemeint ist: den Stempel aufdrücken. Ach, diese Franzosen!

3. Besorgen Sie ein Rückenmassagegerät mit den vielfältigsten Aufsätzen, die Sie im Elektromarkt finden können. Massieren Sie zunächst Rücken, Po und Beine. Wechseln Sie die Aufsätze. Und spielen Sie zum Schluss sanft an seinen Hoden, dann an seiner Eichelspitze.

4. Fesseln Sie ihn auf einen Stuhl und lassen ihn zusehen, wie Sie sich selbst berühren. Vielleicht mit einem Dildo (der kleiner ist als sein Schwanz – Sie wissen schon, des Mannes Vergleichsmanie …). Kurz bevor Sie kommen, setzen Sie sich auf seine Erektion und kommen da.

5. Verbinden Sie ihm die Augen. Träufeln Sie abwechselnd Honig, Whisky, Eiscreme – oder nach was immer Ihnen ist oder worauf Sie wirklich Appetit haben – auf seine Erektion, seine Innenschenkel und seine Hoden, und lecken Sie es langsam und sorgsam ab. Errät er, was es ist, machen Sie weiter. Liegt er falsch, hören Sie auf und beginnen wieder von vorne.

6. Setzen Sie sich auf ihn und haben Sex ganz nach Ihren Wünschen.

7. Lassen Sie einen Porno im Nebenzimmer laufen – laut.

8. Wenn Sie ihn in X-Form auf das Bett gefesselt haben: Legen Sie ihm ein Kissen unters Kreuz. So wölbt sich sein Schambein Ihrer Klitoris besser entgegen.

9. Reiben Sie ihn von oben bis unten mit aphrodisierendem (oder essbarem) Körperöl ein (etwa von Shunga) und reiben sich an allem, was Ihnen und Ihrer Klitoris guttut – seinen Oberschenkeln, Unterarm, Bauch, Kinn, Knie …, bis er Sie anfleht, Sie mögen ihn endlich nehmen.

☞ Wofür seine Krawatte herhalten kann: Augen verbinden; durch die Scham ziehen; ein bisschen damit hauen; Handgelenke verbinden; um seinen Schwanz binden und als Leine benutzen.

Dieses Kapitel könnte eigentlich nahtlos in das nächste übergehen. Denn die Nächte, die ein Mann nicht vergisst, sind erstens selten ganze acht Stunden lange Nächte voller sexueller Erlebnisse (das hält ja kein Mensch aus), noch darf man das, was vor dem Reinstecken passiert, einfach von der »Nacht« abkoppeln. Sie sind bereits dabei, miteinander Sex zu haben, auch wenn der Penis noch nicht einen Weg in die Vagina gefunden hat.

Doch wegen der Lesefreundlichkeit haben wir die Trennung aufrechterhalten – jetzt folgt all das, was unter dem eigentlichen Liebesakt zu verstehen ist. Stimmungen, Stellungen, Spiele, Sensationen.

PS: Das Haltbarste und Erfüllendste, was Sie Ihrem Liebhaber schenken können, sind und bleiben: Ihr Interesse an ihm, Ihr Begehren, das Sie ihm offen zeigen, und Ihre deutlichen Reaktionen auf das, was er mit Ihnen tut. Plus natürlich: Dass Sie keine Angst haben, ihm zu zeigen, was Sie alles Schönes von ihm wollen! Das ist die Basis für alles, was Sie miteinander veranstalten.

Absolut Sex: ein genitaler Reise(ver)führer

Der Augenblick ist da. Sie öffnen Ihre Schenkel (oder beugen sich vor), Sie spüren die Wärme, die von dem Geschlecht Ihres Liebhabers ausgeht, an Ihren Vulvalippen. Dort hinein will er, den Mund teilen und hineingleiten, tauchen, dringen, gesaugt werden, in die Vagina, den Ort, den die meisten Penisse für den schönsten der Welt halten.

Und es *ist* der schönste Ort der Welt. Oder warum bitte sonst wollen Männer so viel lieber dorthin als beispielsweise zu den Pyramiden oder in den Louvre?

Gehen Sie davon aus, dass Sie und Ihr Liebster dabei sind, einer absolut urgewaltigen, mystischen, phantastischen Beschäftigung nachzugehen, die so viel in unserem Leben beeinflusst, ohne dass wir es selber merken: Wir Frauen halten uns jung und straff, färben das Haar und kaufen Lippenstift, um sexuell attraktiv zu sein, Männer kaufen schnelle Autos und streben nach Status und Eckbüro oder zünftigem Trizeps und gegeltem Haar (damit der Kopf ein wenig phallischer aussieht …), um bessere Chancen für die Reise ins Niederland südlich von Mons Veneris zu haben. Millionen von Büchern enthalten Geschichten darüber, wie Mann und Frau versuchen, auf- und zueinander zuzustreben, um sich in der

Mitte zu treffen. Immer wieder ist es Sex, ist es Liebe, ist es Sehnsucht nach dem anderen Teil. Money makes the world go round? Schnickschnack – es ist die Vagina, die die Welt am Laufen hält.

Doch anstatt sich zu freuen, machen die Beteiligten sich meistens erst mal Sorgen. Und wir Frauen ganz besonders.

Mythen, die den Spaß verderben
- Wie sehe ich bloß aus?
- Kommen wir auch ja gemeinsam zum Höhepunkt? Ich darf nur durch Sex kommen, sonst ist das kein »richtiger« Orgasmus.
- Hoffentlich findet er mich gut, hoffentlich komme ich rechtzeitig, nicht, dass es für ihn zu anstrengend ist.
- Und wie sehe ich denn immer noch aus?
- Und was ist, wenn er nicht stehen will oder bleibt, bin ich schuld oder er?
- … und ist Sex nicht erst dann gut, wenn er zum Orgasmus führt?

Nehmen wir uns den letzten Mythos zuerst vor. Das, was Sie im Folgenden lesen, steht so auch in dem Buch *Sex für Könner*, dem Band für den Herrn, in dem es darum geht, wie er Sie so richtig schön anmacht: Das *Ziel* von Geschlechtsverkehr auf Höhepunkte zu beschränken hieße, dafür gleich einen Vibrator und die eigene Hand nehmen zu können und sich die Anstrengung des Gerangels zu ersparen.

☞ Geschlechtsverkehr wurde nicht für den Orgasmus erfunden, sondern für die guten Gefühle, die vorher, dabei und danach entstehen. Auch beim Liebesakt gilt: Der Weg ist das Ziel. Das verklärte Ziel, der Gipfel, ersetzt nicht die Emotionen von Geilheit, Lust, Liebe, Entspannung, sich begehrt fühlen oder Intimität.

Wenn zwei Menschen miteinander schlafen, dann besteht der »gute Sex« nicht aus dem Orgasmus, sondern aus den Gefühlen der Körper, von Geist und Seele, die während des Akts entstehen. Das kann Liebe sein, Rausch, Lust, Auslieferung, Macht, Spaß an den Bewegungen und Empfindungen, Zärtlichkeit, Erniedrigung, Tabubruch, Versöhnung, der Kick, etwas Schmutziges zu tun, oder ein Weg, sich lebendiger, weiblicher (oder männlicher) zu fühlen.

Wie gut ein Mann eine Nacht mit Ihnen findet, ist *nicht* davon abhängig, ob Sie gekommen sind oder nicht oder ob er gekommen ist oder nicht. Sondern welche Emotionen und Genüsse Sie beide dabei hatten, wie leicht und natürlich alles war, wie angstfrei, wie anregend oder entspannend.

Aber es heißt doch immer: Eine Frau ist gut im Bett, wenn sie ... Initiative zeigt, zum Beispiel.

Mein Mann sagt, es gehe um mehr als aktiv oder passiv:

»Natürlich ist gegen eine aktive Frau nichts einzuwenden. Außer vielleicht, dass sie faule Männer einlädt, noch fauler zu sein. Wenn sie Pech hat, kann sie sich abrackern, während er daliegt und auch noch denkt, dass er ihr einen Gefallen tut.

Andererseits kann ein Dauerfeuer schnell über-betont wirken. Es ist ja nun nicht so, dass auf der Bettkante Schiedsrichter sitzen, um nach der letzten Pirouette Kärtchen mit Punktzahlen hochzuhalten. Für wen wird also diese Aktivität betrieben? Für mich? Oder doch, um sich selbst etwas zu beweisen? Sexy sind diese Zweifel nicht. ›Gut im Bett‹ ist keine Frage von aktiv oder passiv, sondern der Chemie: Manche vergessen, dass Sex eine Sache mit zwei Beteiligten ist und nicht einer allein für alles zuständig. Gut im Bett zu sein heißt, sich auf den anderen einzustimmen, Bewegungen wahrzunehmen, zu beantworten und einen gemeinsamen Rhythmus zu finden – wie beim Tanzen. Wäre einer aktionistischer, würden beide stolpern. Welche Gangart bevorzugt wird? Jeden Tag eine andere. Da kann der leichte, weiche Blues ebenso viel Zauber haben wie der harte, machohafte Tango Latino. Nur eines sollte Sex nicht sein: ein bühnenfähiger Solotanz, wo man zum Schluss Applaus für seine technische Kompetenz erwartet.«

Okay, my love, also entspannen wir uns und versuchen, den Aktionismus abzuschütteln und unter »aktiv« zu verstehen: unsere Bedürfnisse klarmachen und stillen.

Was geht bei Ihnen noch im Kopf ab –
vielleicht noch einer von den Störern:
🌶 Wie sehe ich bloß aus?
Unperfekt, natürlich. Die Brüste fallen leicht zu den Seiten, sobald frau auf dem Rücken liegt, es sei denn, sie stehen dank Silikon stramm nach oben wie Atomsprengköpfe. Der Bauch, hurra, ist endlich flach – aber dafür liegen die Oberschenkel auf wie breitgetretene Leberwürste. Also Knie aufstellen, Schenkel öffnen. Hui, jetzt kann er die Muschi sehen. Sind da nicht noch Rasierpickelchen? Und ist die eine Schamlippe nicht länger als die andere? Kann er aus der Perspektive etwa auch das Popoloch sehen? Mach ma einer das Licht aus! Und die Druckstreifen vom Slip? Druckstreifen am Bauch von der Bauchweg-Pohebe-Strumpfhose? Und da, abgeblätterter Nagellack auf den Zehennägeln, Härchen auf den Zehen. Und

das Haar, oje, plumpst in sich zusammen, der Lippenstift ist abgekaut, der Hintern weiß wie Maden, der hat eben lange Zeit die Sonne nicht gesehen ... und die Kilos ... und die Cellulite ... und nachher, wenn sich das alles erst bewegt, Himmel! Und, ach ja: Bin ich feucht genug? Zu feucht? Zu wenig? Zu weit? Stöhne ich zu laut, sollte ich ihn mit mehr Stöhnen anmachen, auch wenn mir nicht danach ist?

Himmel, wie schön, denkt der Mann, der die Frau vor sich hat. Alles für mich. Alles meins. Diese Brüste, alles so springlebendig, mal gucken, was passiert, wenn ich gleich dran sauge oder sie streichele. Hmm, hier hat sie ganz weiche Haut und da? Oh, wie schön diese vollen Hüften, an denen ich mich festhalten kann. Herrlich, dieser weiche Bauch, auf den ich mich legen kann, so warm und weiblich. Ach, wie sie mich anguckt. Und ihre Hände, die so zärtlich meinen Kopf streicheln ... diese Finger, die, ach, meinen Penis fassen ... ui, er hat gezuckt, er mag sie! Aaah, und da ist sie ... die Möse! Ist die schön. Da will ich rein. Nur für mich. Hey, mach ma einer das Licht wieder an!

Die permanente Selbstbeobachtung (Spectatoring) haben jedoch nicht nur Frauen drauf; während sie sich um Problemzonen sorgen, die wie ein optisches Verhütungsmittel auf seine Erektion wirken könnten, oder sich fragen, mit welcher Pose, welchem Stöhnen, welchem Move sie ihn noch mehr erregen könnten – plagen sich Männer bisweilen mit den üblichen Fragen herum: Kriege ich ihn hoch, gefällt er ihr, bleibt er hart, kriege ich sie zum Orgasmus, ist mein Bauch zu dick? Doch wenn einer (oder noch schlimmer: beide) ständig um sich selber kreist, während sie versuchen, sich zu vereinigen, ist das wie der Versuch, zwei Leute, die nur in ihr eigenes Gesicht sehen, dazu zu bringen, das Gesicht des anderen zu beschreiben.

Kündigen Sie Ihrer inneren Zensorin, die Sie so genau beobachtet; denn vor den Blicken Ihrer schärfsten Kritikerin werden Sie immer versucht sein zu posieren, um ihr (und sich selbst) zu gefallen. Doch wem nützt die Pose? Niemandem! Ich habe von keinem Mann je gehört, dass er einen Pornostar haben will, um sich sexuell erfüllt zu fühlen.

Und nebenbei: Der Körper jeder Frau ist schön. Er ist eine märchenhafte, phantastische Konstruktion, er kann fühlen, er kann geben, er kann sich der Lust ausliefern bis zum Anschlag. Er kann Liebe ausdrücken und Geilheit, Vertrautheit und Geborgenheit.

◆ Kommen wir auch ja gemeinsam zum Höhepunkt?

Den gemeinsamen (sprich: simultanen) Höhepunkt als wertvollstes Ergebnis des Akts anzustreben kann einem echt alles versauen. Jeder, der es schon öfter als einmal probiert hat, sich auf einen synchronen Orgasmus zu reiten, weiß, wie sehr es vom Genießen abhält. Doch warum muten sich Paare diesen Leistungsk(r)ampf zu? Vielleicht, weil sie den gleichzeitigen Kontrollverlust, das gleichzeitige Feuerwerk im Kopf, das Schweben in anderen Sphären als die ultimative Verschmelzung verstehen? Gemeinsam springen, gemeinsam fallen, mehr wir und mehr gegenseitiges Einfühlungsvermögen sind nicht möglich. Ein anderer Grund könnte sein, dass das gleichzeitige Kommen verhindert, beim Orgasmus und damit Kontrollverlust beobachtet zu werden. Der andere hat ja auch grad mit sich genug zu tun.

Erstaunlich viele Frauen beispielsweise scheuen diesen Moment, weil sie dem Mann an ihrer Seite und in ihrer Vagina nicht zur Gänze vertrauen. Sie wollen in seiner Gegenwart nicht kopflos sein, sie wollen sich nicht von ihm in diesen hilflosen, bis zu zwei Minuten andauernden Zustand bringen lassen, und vor allem soll er dabei weder sehen, wie sich ihr Gesicht verzieht, noch, wie sie sich völlig gehenlässt.

Frauen sind im Alltag eine hoch selbstkontrollierte Zone. Das müssen sie, das verlangt die Welt von ihnen: Sie müssen sich beherrschen als Mutter, als Kollegin; Frauen sind begabt darin, sich selbst zu kontrollieren – bei der Diät, beim Sport, in der Disziplin der Hausarbeit, in der Pingeligkeit ihres Jobs. Sie rasten nicht aus, sie kontrollieren sich. Oft auch als sexuelles Wesen: Wie in den ersten Kapiteln (etwas polemisch) beschrieben, ist eine sexuell selbstbewusste Frau mehr Anfeindungen ausgesetzt und hat sich über die Jahre angewöhnt, ihre Sinnlichkeit zu deckeln, will sie nicht ständig mit ihrem Ruf hadern oder sich mit blöden Kommentaren ihrer Mitschwestern rumplagen.

Plötzlich aber ist im Bett ihre sexuelle Seite gefordert. Die Fähigkeit, es laufen zu lassen. Sich auszuliefern. Zu vertrauen. Alles von sich zu zeigen. Von einem Schwanz dazu gebracht werden, ihre lebenslang aufgebaute Mauer zu durchbrechen.

Und das auch noch pünktlich zu seinem Orgasmus.

Wieso nur tun wir uns das an?

Fakt ist: Je mehr ein Paar danach strebt, gemeinsam zu fallen, desto mehr weicht die gesamte Orgasmusfähigkeit zurück. Jegliche Sorte mentaler Anspannung blockiert das Lustempfinden. Und dieses ständige Lauschen – wie weit ist er, wie weit bin ich? Komm schon, halt noch ein bisschen durch … oooh … meine guten Gefühle lassen nach … ojeoje – ist Anspannung pur. Und da stöhnt Mann auch noch: »Komm, komm, Baby, jetzt …« – und frau ist wieder zu spät. Oder er zu früh. Beides sind bescheuerte Urteile. Warum nur hat die Menschheit angefangen, in der Sexualität die Dinge zu bewerten, indem sie ein »zu spät« oder »zu früh« vor so etwas Wundervollem wie einen Orgasmus gesetzt hat?! (Unter anderem deshalb, weil wir angefangen haben zu glauben, Orgasmen sollten nur durch Geschlechtsverkehr ausgelöst werden, dann seien es »richtige«. Auch so ein Mythos. Dazu gleich.)

Und folglich wird umso mehr der Orgasmus des Mannes, der meist vor dem weiblichen erfolgt, als »störend«, als »Spielverderber« betrachtet. Wie ungerecht für den männlichen Orgasmus! Stellen Sie sich mal vor, der weibliche hätte so ein mieses Image wie der männliche; würde Ihnen da nicht auch erst mal die Lust vergehen? Und die Unsicherheit von Mal zu Mal größer werden, das schlechte Gewissen auch, das Gefühl, ständig zu versagen, wenn man sich der Lust hingibt ...

... und genauso fühlen sich Männer häufig. Meistens. Scheußlich. Was für ein Absturz nach dem Höhenflug. Könnten wir aufhören, es Männern übelzunehmen, dass sie kommen?

Und die Herren könnten vielleicht mal den Irrglauben lassen, dass es nur ihr Schwanz sein darf, der zu den offiziellen Höhepunkten einer Frau führen dürfte:

- Ich darf nur durch Sex kommen, sonst ist das kein »richtiger« Orgasmus.

Gut, *so* sagt das keine Frau – aber fühlt und denkt es bisweilen. Sowohl Männer als auch Frauen haben sich angewöhnt, durch Penetration einen Höhepunkt erringen zu wollen. Beide haben dem Schwanz die Aufgabe erteilt, dies zu bewerkstelligen; als sei das nur fair, schließlich kümmere sich ja auch die Vagina um den Penis und gebe ihm eine behagliche Reib- und Gleithöhle, in der er seine geilen Reize abhole. Und, hey, es gibt Frauen, die trainieren sogar extra dafür ihr Schambein-

Steißbein-Ringmuskelpaket, um es ihm auch ja hübsch eng zu machen! Da sollte er doch wohl mal ...

Ja, kann er denn, muss er denn, geht es denn nicht auch anders?

Es geht natürlich anders. Durch lecken. Durch selber Hand anlegen während des Sex. Oder hinterher, da kann er mit Dildo, Händen, Zunge, seinem Oberschenkel, sogar seiner schlaffen Eichel an der Klitoris spielen, und sie kommt.

Ist das wirklich weniger wert? Bestimmt nicht. Wir sollten dringend was gegen die Statistik tun, nach der das Gros der Frauen nur jedes dritte, vierte Mal zum Orgasmus während des Sex kommt (und Männer zu 91 Prozent *jedes Mal!*). Sex ist alles, nicht nur der Akt. Wenn man die Grenzen von Sex ausweiten würde, was spräche dagegen, vor dem Reinstecken zu kommen oder danach?

Dennoch kann ich verstehen, wenn sich Frauen danach sehnen zu kommen, während der Penis des Mannes in ihnen ist. Es fühlt sich zwar nicht »richtiger« an – aber intimer, als wenn er es mit Hand oder Zunge tut. Es ist herrlich, unter oder auf ihm zu kommen, keine Frage.

Und ich verstehe auch, warum Männer tief im Herzen den Wunsch haben, dass Sie durch seinen Penis höchste Lust empfinden. Es ist eine Mischung aus dem altruistischen Wunsch, Sie mögen genauso viel Freude an dem Reinraus haben wie er, und dem egoistischen Drang, es mit seinem Schwanz zu bringen, der für ihn der wichtigste Fortsatz seiner männlichsten Fähigkeiten ist.

Dass ein Mann das fest verinnerlicht hat, »verdanken« wir auch Erfindungen wie Viagra und Co.: Ihre Werbebotschaften wie auch die Wirkung zentrieren das sexuelle Glück auf den Phallus. Sie reduzieren Sexualität auf den Härtegrad eines Schwanzes und implizieren, dass es nur auf seine Standfestigkeit ankäme, um Sex zu haben. Der Subtext, der dabei mitschwingt, trifft auch die Frauen recht hart: Nur während er steht, ist das Zeitfenster offen für den weiblichen Orgasmus. Mit unserer Pille wird dieses Zeitfenster größer, und Sie können länger zustoßen. Falls Sie sich manchmal fragten, warum Männer so seltsam ticken und sich hauptsächlich darauf konzentrieren, dass der Schwanz steht – es könnte daran liegen:

☞ Männer erleben die Vagina als das Paradies für ihren Schwanz. Da geht nix drüber, keine Hand, kein Mund, rein gar nichts. Je jünger, unerfahrener oder unaufgeklärter sie sind, desto fragloser nehmen sie an, dass eine Frau dieselben himmlischen Gefühle hat, wenn sich sein Penis in ihr bewegt – er schließt von sich auf sie. Das ist völlig normal, führt aber natürlich zu Problemen, wenn ihm niemand den Hinweis gibt, dass die Vagina eben nicht ein auf links gedrehter Penis ist. Sondern dass sie in etwa so viel (oder so wenig) bei dem Reinraus empfindet wie seine eigene Handinnenfläche, wenn er sich einen runterholt.
Einen Mann davon in Kenntnis zu setzen, dass für Frauen die Musik außen an der Klitoris spielt, ist für ihn oft so weltbilderschütternd, als ob man einem tiefgläubigen Christen mitteilen würde, Jesus sei erstens eine Frau, zweitens literarische Fiktion gewesen und drittens das Neue Testament eine Fälschung. Die Reaktionen können sein: Fassungslosigkeit (»Sie hat nicht so viel Spaß dabei wie ich?!«), Ärger oder Aggression (»Das kann nicht sein! Die anderen haben sich nie beschwert!«), Ignoranz (»Jetzt habe ich gerade das Ficken gelernt und soll nun völlig neu anfangen zu üben? Nö.«), Unsicherheit

(»Und wo geht's hier zur Klitoris? Da? Nein? Da? Auch nicht?! Und was meint sie zum Teufel mit In-Stimmung-bringen?«), Schuldgefühle (»Ich hab immer nur an mich gedacht, das war so schön – aber falsch. Verflucht!«), Scham (»Und alle bisherigen Frauen halten mich für einen schlechten Liebhaber. Hätte sie mir das bloß nicht gesagt, dann würde ich mich jetzt besser fühlen!«) – oder auch Erleichterung: na, endlich! Das unbekannte Wesen Frau wird sichtbar. Glücklich können sich diejenigen unter uns Frauen preisen, die einen Mann haben, der bereit ist, das Land der Erotik jenseits seiner Erektion zu betreten und die Vagina als einen nicht auf links gedrehten Penis zu betrachten.

Doch wenn Sie vielleicht in der Situation sind, dass Sie bisher nie beim Sex (und ich meine damit: vorher, nachher und das Dazwischen, was den heiligen Ernst angeht) gekommen sind, wäre es entlastend für Sie wie auch für Ihren Geliebten, wenn Sie als Erstes andere Wege als die Penetration versuchten, um Sie zum erlösenden Loslassen zu bringen. Lassen Sie sich lecken, legen Sie gemeinsam Hand an, benutzen Spielzeug (wenn Sie das mögen), oder machen Sie es sich selbst auf der Klitoris, während er beispielsweise einen oder zwei Finger in Ihnen bewegt oder Sie im Arm hält oder mit Ihrem Busen spielt, Ihnen eine pornografische Geschichte erzählt ... und einfach bei Ihnen ist.

Erstens, damit Ihr Süßer aufhört zu glauben, sein Schwanz sei an allem schuld und völlig unzulänglich. Zweitens, damit Ihr Süßer kapiert, dass er Sex nicht nur im Penis, sondern im ganzen Körper hat und dass er mit allem, was er ist und was er hat, sinnliches Vergnügen bereiten kann. Drittens: Dass Sie beide in den Genuss kommen, beieinander zu sein, während Sie kommen. Es geht also auch, während er im selben Raum mit Ihnen ist! Viertens: Durch all diese positiven Erfahrungen wissen Sie: Es ist möglich, miteinander auf verschiedenste Arten Sex zu haben und Vergnügen zu finden. Fünftens: Schauen Sie bitte ein paar Seiten weiter in Sachen Stellungen, welche Tricks es gibt, damit sich sein Becken beim Koitus so an Ihrer Klitoris reiben kann, dass Sie richtig geile Gefühle kriegen. Denn manchmal ist es nur eine schlichte Korrektur der Position, die Sie brauchen – ein bisschen mehr Klitoriskontakt, um genau zu sein.

Und bitte – glauben Sie nie wieder, er sei zu früh oder Sie »zu spät« dran mit dem Höhepunkt:

- Hoffentlich findet er mich gut, hoffentlich komme ich rechtzeitig, nicht, dass es für ihn zu anstrengend ist.

Die meisten Frauen haben sogar im Bett noch Angst vor der sexuellen Fähigkeit anderer Frauen.

Ja, das ist etwas gewagt, aber ich habe mir die oben genannte Frage – ob ich »rechtzeitig« komme, ob es nicht »zu anstrengend« für ihn sein könnte, ob er mich gut findet? – oft gestellt, bis ich mir die Frage stellte, wieso, verflucht, ich auf solche Befürchtungen käme!

Vergleichsangst. Bei mir zumindest. Zuerst dachte ich, ich hätte eine über-soziale Ader, wäre nicht fähig, die Liebkosung von Männern anzunehmen, ohne gleich darüber nachzudenken, wie ich sie ihm »zurückzahlen« könnte – nämlich mit einem zügigen Höhepunkt, damit er sich als guter Liebhaber fühlte. Und außerdem dabei noch geil aussehen. Und Sachen machen, von denen er noch seinen Urenkeln in höchsten Tönen vorschwärmen würde.

Nebbich. Ich dachte an mich, wie ich im Vergleich zu anderen Frauen dastünde, die doch bestimmt aufregender, reaktionsschneller und hemmungsloser seien. Und die, logisch, ihm ein besseres Gefühl vermitteln als ich, die so um die zweiundzwanzig Minuten braucht und fürs Kamasutra einfach zu ungelenkig ist.

Das Blöde ist: Manche Männer waren Sauhunde und haben mir das Gefühl vermittelt, ich sei tatsächlich »zu langsam«. Unter anderem aber überdeckten sie damit, dass sie zu faul waren, sich nach ihrem Höhepunkt noch um mich zu kümmern, falls ich es in den fünf Minütchen nicht schaffte, mit ihnen gleichzuziehen. Solche Kerle kannste abhaken.

Ansonsten gilt die Regel: Es gibt keine Regeln für die weibliche Orgasmusfähigkeit. Jede von uns hat ihren eigenen Rhythmus, von Tag zu Tag (oder sogar von Mann zu Mann). Vergessen Sie es, an den Höhepunkt zu denken und ob er sich alsbald einstellt; konzentrieren Sie sich auf die Gefühle. Nehmen Sie alles wahr. Wie es reibt, wie es stößt, die Wärme des Körpers an Ihrem, leiten Sie Ihre Gedanken dorthin, wo sich was gut anfühlt.

Entheben Sie sich selbst wie auch Ihren Liebhaber der verqueren Pflicht, beim Liebesakt wäre der Orgasmus das Ziel, um schönen Sex miteinander gehabt zu haben. Das Ziel ist, sich wohlzufühlen, es einander schön zu machen; sich entspannt zu fühlen, geil zu sein. Legen Sie sich zurück, lassen sich reiten; oder steigen Sie auf ihn und reiten ihn. Reiten Sie sich ein, wie Sie es mögen, machen Sie es so, wie es sich für Ihre Vulva schön anfühlt. Ob Sie beim Geschlechtsakt kommen oder nicht – wer will darüber urteilen, ob das richtig ist oder nicht? Kommen Sie doch, wann Sie wollen! Und sei es im Aufzug, weil er Ihnen diskret mit der Hand hilft und Sie erst zehn Minuten später ins Bett finden, wo es weitergeht!

Wenn wir erst mal Orgasmus von Geschlechtsverkehr trennen, erledigen sich sowohl »Komme ich rechtzeitig genug?« als auch »Komme ich zu früh?«. Und vielleicht geschieht das kleine Wunder, dass Sie genau dann kommen, wenn es Sie nicht mehr interessiert, ob Sie überhaupt kommen. Weil Sie erst mit freiem Kopf mehr fühlen ...

❧ Und wie sehe ich denn immer noch aus?
Wunderschön, natürlich! Ziehen Sie niemals den Bauch ein, das blockiert das Becken und die Orgasmusfähigkeit. Drücken Sie nicht den Rücken durch, um eine möglichst ansprechende Vorderpartie zu präsentieren oder einen straff gewölbten Hintern, während er hinter Ihnen kniet; Sie sind doch keine Schauspielerin. Vergessen Sie jede Pose, jeden gelesenen Schminktipp. (Es gab mal einen riesenlangen Artikel in der inzwischen eingestellten Zeitschrift *Amica*, wie frau im Bett auch dann gut aussieht, wenn's zur Sache geht. Als ob Lipgloss, goldenes Körperpuder oder schwitzfeste Wimperntusche in dem Augenblick noch sein müssten. Hm, na gut, für eine Filmproduktion vielleicht, da schminkt der Visagist sogar die Damen untenrum noch mal nach, damit sich bloß kein, o Graus!, rotes Rasierpüstelchen zeigt. Tja, das Leben ist schon eine einzige Vortäuschung ...) Und vergessen Sie, ob Sie rasierte oder unrasierte Beine haben.

Und warum? Weil Männer das zu diesem Zeitpunkt alles nicht interessiert. Er will fühlen, riechen, er will spüren und sehen, wie Sie auf ihn reagieren. Authentisch und echt. Lassen Sie sich nicht beirren von den Bildern kopulierender Paare, die Sie irgendwann irgendwo gesehen haben; die sind so wenig der Maßstab der Dinge, wie es romantische Filme für die Liebe sind.

👠 Und was ist, wenn er nicht stehen will oder bleibt, bin ich schuld oder er?

Wie in dem vorhergehenden Kapitel beschrieben, ist der chemische und vegetative Prozess, der im Körper und Hirn eines Mannes abläuft, bis die Erektion dasteht, recht kompliziert. Entspannung – mentale wie physische – ist nötig, Vertrauen und eine Kombination aus Erregung für den Körper als auch den Geist.

Die wenigsten Männer wissen, ob ihr Körper fit genug zum Vögeln ist oder nicht. Sie nehmen fatalerweise an, der Schwanz, der seit seiner Jugend ein Eigenleben zu haben scheint, müsse unabhängig von allem anderen funktionieren, solange er nur erotische Signale bekommt. Sie vergessen, wie sehr Körper und Seele auf den Schwanz und den Trieb wirken – Sportmuffel haben beispielsweise weniger Libido als Männer, die a bisserl Sport treiben (Sportskanonen wiederum sind ebenfalls Lustmuffel, die powern sich an anderer Stelle aus). Gestresste Männer haben keinen Sex, Männer, die sich zu müde, zu dick, emotional zu schlapp, zu unzufrieden mit sich selbst fühlen, werden auch eher einen Hänger bekommen. Müde Männer mit schlechtem Schlaf genauso, Männer, die zu wenig Vitamine in der Ernährung haben, auch.

Und Frauen? Wir sehen selten den Stressaspekt eines Hängers, sondern beziehen das sofort auf uns: Er steht nicht auf mich.

Stimmt nicht. Ein Penis ist ein Sensibelchen, im Vergleich zur, sagen wir mal: Leber. Doch genauso wie die irgendwann überfordert wird, wenn die Lebensweise miserabel ist, so wird auch der Penis reagieren, wenn die Lebensweise nicht stimmt.

Stress schlägt ihm auf die Hydraulik, Sorgen, Angst, Alkohol, Testosteronmangel, Diabetes, Antidepressiva, Müdigkeit, Gedankenwirrwarr – »der gelbe Sack muss noch raus … die Werkstatt anrufen wegen dem Vergaser … der Rasen muss vertikutiert werden … dieser neue Kollege ist aber auch ein Idiot … ich hab schon wieder vergessen, Mutti zurückzurufen …« –, Schlafmangel, zu viel Sport, zwanghafte Selbstbeobachtung (»Steht er, steht er, steht er … er steht nicht! Ich bin ein unmännlicher Versager!«). Dazu kommt die Angst, einer Frau weh zu tun, Unruhe, ihre erogenen Zonen nicht richtig zu bespielen, kalte Füße (im wahrsten Sinne des Wortes), Beckenblockaden, Rückenschmerzen, Blutdruckmedikamente … Und dann fragt die Frau mit leiser, weher Stimme: »Liegt es an mir?«

Die schlechte Nachricht zuerst: Ja, kann sein. Der Penis ist ein emotionaler Wegweiser des Mannes. Im schlimmsten Fall »sagt« er: »Nö, ich mach hier jetzt nicht mit, die Frau ist nichts für uns. Komm weg hier.«

Im weniger schlimmen Fall verweigert er ebenfalls seine Reaktion, weil er damit zum Beispiel sagen will: »Das geht mir hier zu schnell. Ich habe kein Vertrauen. Ich bin furchtbar aufgeregt, ich weiß gar nicht, wie ich mit der Frau umgehen soll. Außerdem fühlst du dich gerade nur verpflichtet, aber gar nicht erregt.

Wir beide wissen genau, dass sie jetzt nur mit uns schlafen will, um uns hinterher Vorwürfe zu machen; sie wird daliegen wie ein Opfer. Und wie sie schon guckt, als ob sie was erwartet, Feuerwerke und Liebe und wer weiß, was noch. Und wer weiß, vielleicht kommen gleich die Kinder rein? Und hattest du vergessen, dass du sie liebst, wie kannst du jetzt nur Analverkehr verlangen? Schwein! Könnten wir was anderes mit ihr machen, 'ne Radtour vielleicht?«

Die gute Nachricht: Solche »Die-Frau-ist-nichts-für-uns-Hänger«, bei denen der Auslöser die mangelnde Chemie zwischen Mann und Frau ist, passieren selten – denn die meisten Männer merken, *bevor* sie sich ausziehen, dass da nichts geht.

In den meisten Fällen haben weder Mann noch Frau »Schuld« daran, dass der Penis nicht reagiert. Im Gegenteil: Ein Penis mit Launen ist ein völlig normaler Penis.

Nur hat sich das noch nicht rumgesprochen. Sie wissen schon, das Leistungsideal, das Symbol der Männlichkeit durch einen erigierten Phallus, die verquere Idee, ein Ständer sei der Normalzustand eines Mannes, der ja eh nur auf Sex aus ist, und natürlich auch die Projizierung der Frauen, die einen Steifen für einen Ausdruck, begehrt und eventuell geliebt zu werden, halten, ihn als Anzeiger für die partnerschaftliche Sehnsucht nach Nähe missverstehen und so weiter und so fort. Kein Wunder, dass uns ein Sitzenbleiber nervös macht, es hängen so viele wichtige Dinge an ihm, und das für beide Beteiligten.

Doch anstatt das Modell anzuzweifeln (Ständer = Männlichkeit und Befriedigungsinstrument, Ständer = er begehrt mich, er weist mich nicht ab, ich gefalle ihm), zweifeln wir lieber an uns.

☞ Es herrscht nicht immer eitel Harmonie zwischen unserem Körper und dem Kopf: Wir können wahnsinnig Lust haben oder erregt sein – nur untenrum kommt es nicht an, die Vagina bleibt trocken und verschlossen, der Penis kräuselt sich schläfrig. Nur keine Ungeduld – die Schlüsselreize, die im Sexzentrum sehr wohl verstanden wurden (ein sexy Geruch, eine anregende Stimme, ein wildes Wort, ein heißer Film, ein tiefer Blick …), brauchen ihre Zeit, bis der Körper sie an alle anderen Organe weitergeleitet hat. Und das geht nicht so rasch wie hier gelesen: Das Blut muss schneller fließen, die Gefäße müssen sich erweitern, die Hormonmaschine muss angeworfen, die Nervenreize entschlüsselt werden ... Sie können Ihren Körper unterstützen, indem Sie sich gegenseitig ganz langsam, ganz zart (so etwa 30 Prozent von dem Druck, den Sie sonst verwenden) streicheln, damit die psychogenen Reize von reflexorischen übernommen werden.

Ich habe mir mal vorzustellen versucht, wie es wäre, wenn ich für ein paar Tage lang einen Penis besäße. Ich würde ihn mir von einem x-beliebigen Mann ausleihen, der nicht mit ihm zufrieden ist, um endlich mal nachzuvollziehen, was die Herren immer so mit ihrem Gemächt machen. Als Erstes würde ich ein Einstellungsgespräch führen. Aus diesem Gedankenexperiment kam eine Art Korrespondenz heraus; wenn der Penis »spricht«, habe ich seine Kommentare aus männlichen Leserbriefen, Unterhaltungen mit Männern und auch Kommentaren aus Internetforen neu zusammengemixt:

»Armer, lieber Schwanz. Dein Besitzer nötigt dir mehr auf als beispielsweise einem Auto (und das pflegt er hingebungsvoller und würde ihm beispielsweise nie vorwerfen, warum das dumme Ding ohne Öl oder Benzin nicht fährt) und macht allerlei Sachen im Leben, denen du nur mit hängendem Kopf begegnen kannst. Säuft, überarbeitet sich, ignoriert seine Stimmungen, will sogar, wenn er selber gereizt, müde, abgespannt, wütend oder unsicher ist, dass du in Stellung gehst; und schreit dich böse an, wenn du trotzt.«

»Nett, dass du das so sagst«, schreibt der Penis zurück. »Und wo wir gerade über mich reden, würde ich auch ganz gern mal sagen, was ich wirklich will.«

»Na, was wohl, 'ne enge nasse Muschi, oder?«
»Sehr witzig. Ich bin kein Hefewürfel, der nur deshalb aufgeht, weil's so schön feucht ist. Ich spreche zwar hier nicht für alle Penisse, aber für verdammt viele. Also. Ich brauche einen Mann, der mein Kumpel ist, nicht mein Feind. Der nett zu mir ist und einsieht, dass ich nicht für seine Persönlichkeit verantwortlich bin, sondern genau andersherum. Ein Kerl, der sich in seinem Körper wohlfühlt und was dagegen tut, wenn er sich nicht wohlfühlt. Und eine Frau, die mich schön findet, wäre auch prima. Die mich gern anfasst. Die mich mag.«
»Und das wäre alles?«
»Pff! Aber nein! Denkst du, nur ihr Frauen hättet eine sensible Sexualität? Ihr werdet ja auch nicht feucht, nur weil ihr gekrault werdet! Meine weiteren Bedingungen: Angstfreiheit. Wenn ich mal abgewiesen werde, ist das kein Beinbruch, solange ich weiß, sie steht grundsätzlich auf mich. Vertrauen. Ich möchte die Frau kennen, in die ich reingleite, und ich muss wissen, ob sie auch den Rest von mir mag, den Charakter meines Besitzers, seinen Körper. Und ob es für sie okay ist, wenn ich mal Pause mache und er sie mit der Hand oder dem Mund anmacht. Ich hätte gern, dass mein Besitzer sich seiner Männlichkeit bewusst ist und sich nicht in die Hose macht, wenn er eine Spülschürze umbindet. Alles, was wir tun, ist männlich, eben weil wir es tun. Und ich wünschte, der Kerl da oben würde ein bisschen was dafür tun, damit es mir hier unten gefällt.«
»Was denn? Und könnten nicht auch wir Frauen was dafür tun?«
»Ja und nein. Erst mal sollte der Typ zusehen, dass er sein Leben gebacken kriegt. Du glaubst gar nicht, was

ein bisschen Lebensfreude anrichten kann – der ganze Körper wacht auf. Kannst du dem Mann nicht mal sagen, er sollte wenigstens einmal die Woche was tun, was außer Spaß nichts weiter bringt? Lesen, in den Zoo gehen, Wolken zählen, Sauna, sonst was? Der Typ braucht eindeutig mehr Glückshormone, damit sein Stress nachlässt. Gegen den kann ich echt nur schwer anackern. Bisschen Bewegung wäre nicht schlecht, frische Luft. Und Schlaf.«

»Klar, mache ich. Und sonst?«

»Er soll aufhören, mich zu beschimpfen, und er soll auch mal nett zu mir sein, wenn er mich grad nicht zum Bumsen braucht. Überhaupt, vielleicht will ich gar nicht immer bumsen, sondern auch mal nur gestreichelt werden, einfach weil es so entspannend ist? Hier, an den Seiten der Schenkel, an den Hoden vorbei, die Lenden hoch …«

»Hm, hm.«

»Ach ja, und schöne Grüße: Wenn er netterweise aufhören würde, Frauen nachzusteigen, die ihm nichts bedeuten, und ich muss es ausbügeln, wenn ihm mittendrin einfällt, was zum Teufel er hier gerade tut – das wäre auch gut.«

»Ach?«

»Ja! Manchmal bringt sich mein Besitzer in die absurdesten sexuellen Situationen! Er säuft sich einen an, um sich zu trauen, die Superfrau anzusprechen. Und dann soll ich ran. Toll. Mit all dem Alk im Blut. Oder er vögelt nach nullachtfuffzehn, weil er zu feige ist, seiner Kleinen zu sagen: Duhuu … können wir mal das Licht ausmachen? Könntest du mal meine Eier anfassen? Könntest du mich mal fesseln? Und ich muss dann so tun, als sei alles völlig ausreichend, und ihn auch noch dabei unterstützen, seine kleinen Wünsche zu verheimlichen! Nee, nee, nee. Oder er denkt an irgendwas Bescheuertes, damit er nicht kommt. Aber wenn er nicht an Sex denkt, wie soll ich ihm dann die Stange halten?«

»Und ... wo kommen wir Frauen ins Spiel?«

»Ihr wisst doch so viel! Ihr hört eurem Körper zu, und ihr kämt nie auf die Idee, eure sexuelle Leistungsfähigkeit auf die Klitoris zu beschränken, oder? Und ihr macht auch mehr für euch. Könnt ihr dem Mann das beibringen oder vorleben oder ihm mal 'nen Tipp geben? Dass er von Kopf bis Fuß sinnlich ist? Mir wär's ganz recht, wenn ihr beide mich mal 'ne Zeitlang in Ruhe lasst und euch nicht weiter drum schert, ob ich schlaff oder prall bin. Gibt doch genug anderes zu tun: zueinander zärtlich sein oder massieren oder flirten, oder meinetwegen spielst du die Lehrerin und er den Schüler – völlig egal, ich werde mich schon melden, wenn ich mitmachen will. Und sag ihm mal, dass auch er so was wie ›Voraussetzungen‹ haben muss, damit wir als Team auftreten können – Lust kriegen, erregt sein, steif werden, beim Sex Spaß haben. Was weiß ich, jeder Mann braucht ein gewisses Drumherum, in dem es total leichtfällt, Sex zu genießen – wie Frauen doch auch! Er soll sich gefälligst mal Gedanken machen, wie er am liebsten Sex hätte. Mein Gott, diese Pornos, die Männer gucken, sind echt 'ne Katastrophe; nachher glaubt er noch den Unsinn, der da vermittelt wird. Sex geht immer mit Gefühlen einher! Braucht er Sicherheit? Braucht er Liebe? Braucht er bestimmte Liebkosungen? Und wie sieht es aus mit der Verhütung – fürchtet er vielleicht zu schwängern? Braucht er es, genau zu wissen, wie sich die Geliebte fühlt? Braucht er eine deutliche Einladung der Frau, ihn zu wollen? Braucht er einen vollen oder leeren Magen? Braucht er Spontaneität? Wie gesagt – wenn er erst mal weiß, was alles gut für ihn ist – dann soll er zusehen, dass er den Mund aufsperrt und sich darum kümmert, dass es ihm gutgeht. Und ich werde ihm der beste Freund sein, egal in welcher Größe.«

gez.: Penis (nach Diktat wieder eingedöst)

Als mein Mann das las, sagte er, dass nur eine Frau darauf käme, sich so lange mit einem Penis zu unterhalten. Warum nicht? Wer weiß, was der Schwanz Ihres Liebhabers Ihnen gern mal sagen möchte, zum Beispiel, was er toll an Ihnen findet oder was ihm so durch den »Kopf« geht, wenn er nicht steht?

☞ Keine Frau hat bisher einen Mann allein aus dem Grund verlassen, weil sie seinen Penis zu kurz oder zu dünn fand. Wenn, dann liegt es an Dingen, die wenig mit dem Format seines Geschlechts zu tun haben – Desinteresse, Ungeduld, Selbstmitleid, die Unfähigkeit, über seine Schwanzspitze hinaus zu sehen und auf die Bedürfnisse seiner Liebsten einzugehen ...

Einen Hänger nicht persönlich zu nehmen ist schwer, es passiert Ihnen beiden ja persönlich. Dennoch ist das kein Drama, sondern der Anfang einer hervorragenden Entwicklung – mit ein bisschen Mut kommen Sie beide darüber ins Gespräch, was Sie für eine gute Zeit im Bett alles brauchen, welche Zweifel Sie beide haben und was es für Möglichkeiten gibt, miteinander zu spielen. Oder Sie wenden den im vorherigen Kapitel beschriebenen Trick der Schwanzflüsterin an: und ignorieren den Ständer, bespielen ihn, flüstern versaute Sachen und fummeln derweil genüsslich seufzend an sich herum. Da bekommt Mann echt alles auf einmal: Bilder, Berührung, eine erregte Frau. Steht dann immer noch nix, sollte der Herr mal dringend ausschlafen.

Stellungen, Spiele, Sensationen

Sex lässt sich nicht ganz neu erfinden; die Variationen, in denen sich zwei Körper miteinander verbiegen können, sind nach einiger Zeit wiederholbar. Jedes Paar wird für sich eine Routine finden; die meisten verbleiben bei drei Positionen, die sich bewährt haben.

Einer Umfrage von durex zufolge seien es hauptsächlich Männer, die sich einen aktiveren Stellungswechsel wünschten. Schaut man genauer in die Studie, wird klar: Das sind jene Herren, die seit Jahren mit ihrer Liebsten immer in derselben Stellung lieben, da ist die Sehnsucht nach einer Variation verständlich. Aber das heißt nicht, dass generell in einem Liebesakt alles passieren muss, damit alle glücklich sind: Missionar, Wiener Auster, von hinten, sie oben, im Stehen, von der Seite ...

Ich habe den Männern in dem Vorgängerband *Sex für Könner* vorgeschlagen, den Geschlechtsakt gedanklich in zwei Teile zu trennen: Erlebnissex und Orgasmussex; im ersten und dritten Kapitel in diesem Buch kam bereits die Trennung von Erlebnissex und Orgasmussex zur Sprache; als Spielsex wurde das Vorspiel bezeichnet. Unter Erlebnissex habe ich Stellungen beschrieben, mit denen sich Spaß haben lässt, die aber nicht zwingend zum Orgasmus (der Frau) führen – eben weil beispielsweise ihre Klitoris weit weg vom Geschehen ist. Oder weil beim Spielsex allerlei Stoßtechniken ausprobiert werden, um sich gegenseitig noch geiler zu machen – mal langsam und tief, mal schnell und nur vorne an, mal rasch rein, dann langsam wieder raus ... doch, man kann jede Menge Spaß mit dem Penis haben, sobald sein Besitzer weiß, dass es mehr als eine Taktform gibt.

Wenn es allerdings um den weiblichen Höhepunkt per Koitus geht, dürfen zwei Dinge konstant bleiben: *erstens* das Tempo und *zweitens* der Klitoriskontakt.

Und deswegen bekommen Sie hier nicht den chinesischen Staatszirkus, sondern nur jene Stellungen, die Ihnen den Chiropraktiker vom Leib halten; es gibt genug Stellungsfibeln, die mehr bieten, aber ich bin davon überzeugt, dass zwei Menschen sehr wohl fähig sind, sich instinktiv so miteinander zu bewegen, dass sie im Zelt, im Schlafsack, auf dem Balkon oder im Treppenhaus zueinander finden werden.

Im Übrigen halte ich die Stellung an sich für *über*schätzt, und die Wahl des Ortes für *unter*schätzt. Den wirklichen Kick im Kopf bekommt man nicht nur durch das Wie, sondern das Wo. Also: im Bett, neben dem Bett, vor dem Bett, auf dem Boden; im Wasser, am Wasser, im Auto vorne, im Auto hinten, in einem Auto, das einem nicht gehört; im Flur, Treppenhaus, Speisekammer, auf dem Tisch, unterm Tisch ... pardon, ich schweife ab.

Herausgehoben habe ich jene Positionen, die dafür sorgen, dass sein Schambein, seine Bauchmuskeln oder entweder Ihre oder seine Hände an Ihre Klitoris kommen.

Missionare und andere Priester der Lust

Die Missionarsstellung ist die Lieblingsstellung der Welt – sie nimmt die Scheu, etwas falsch zu machen, denn jeder bekommt sie unfallfrei hin. Sie bietet Raum für Zärtlichkeiten und Abwechslung: Man kann sich dabei küssen oder in den Hals beißen, Sie können Ihre Waden über die Schultern oder die Oberarme werfen, Ihre Füße in die Hände nehmen und die Schenkel spreizen. Diese vertraute Stellung der Liebenden hat nur einen klitzekleinen Nachteil:

☞ Im klassischen Missionar ist der Orgasmusschalter Klitoris anatomisch weit weg vom Geschehen. Nur etwa jedes fünfte Paar hat eine Technik gefunden, um sie dennoch in der Mann-oben-Position zu stimulieren.

Es ist die Kunst, dass sich beide Beteiligten darin üben, sich auf- und ineinander so zu bewegen, dass sein Unterbauch/Schambereich über Ihre Klitoris reibt. Auch die Stoßtechnik entscheidet darüber, ob es Klitoriskontakt gibt: Manche Männer reiben mit ihrem Schambereich auf dem Venushügel der Frau von links nach rechts, manche schieben sich mehr von oben über den Venusberg in eine Frau hinein und hinaus, wieder andere lassen ihr Becken dicht an dem der Frau kreisen, ohne den Schwanz dabei sonderlich vor und zurück zu bewegen. Andere wählen beim schlichten Zustoßen die Beihilfe von (ihren oder seinen) Fingern oder Aufliegevibratoren.

Falls Sie es ausprobieren wollen, bitten Sie Ihren Geliebten, nicht gleich volle Kanne Reibung zu geben, sondern die Erregung der Klitoris langsam aufzubauen. Wenn er kann, möge er sie so reiben, als würde er eine Rosenblüte streicheln – aber nicht rubbeln, sonst zerbröselt sie.

Der Vorteil der anfänglichen Zurückhaltung: Die 8000 Nervenenden in und um die Klitoris herum beginnen sich auszuweiten. Ein zu frühes, zu heftiges Schubbern würde dazu führen, dass sie sich zusammenziehen, und die Stelle wird nahezu taub. Also: erst mal federleicht wie eine Saite zart anstupsen.

- *Mehr Intensität durch geschlossene Beine.* Anstatt seine Beine innen zu lagern, dringt er erst ein, dann schließen Sie die Beine. Nun sind Ihre innen, seine außen. Lassen Sie ihn ein wenig mit dem Becken höher rutschen. So muss er mehr von oben stoßen, meist dringt dabei nur die Eichel ein, der Rest wird von Ihren zusammengepressten Oberschenkeln stimuliert. Vorteil: Sie fühlen am Scheideneingang, der empfindsamsten Vaginastelle, mehr; außerdem hat die Stoßbewegung von oben eine reizende Wirkung auf die Klitoris.
- *Rundrund.* Anstatt sich rein und raus zu bewegen, könnte er auch kreisende Bewegungen mit dem Unterleib machen, ohne den Hautkontakt zu den Schamlippen und Schenkeln zu verlieren. Das funktioniert, wenn Sie Ihre Beine leicht anziehen. Er lässt seine nicht lang ausgestreckt, sondern macht »Froschschenkel« – wie beim Brustschwimmen. So kann er die Hüfte und das Becken kreisen lassen und seinen Schamhaarbereich an Ihrer Klitoris entlangbewegen.

☞ Manche Männer ziehen ihre Vorhaut zurück, wenn sie ihren Schwanz in Ihre Mitte dirigieren – *obwohl* es ihnen weh tut! Der Grund: Diese Geste haben sie in Pornos gesehen. Muss doch gar nicht sein. Seine Vorhaut ist das Gleitmittel der Lust und bleibt hübsch an Ort und Stelle.

- *Schiebender Klitoriskontakt.* Die CAT-Position (Coital Alignment Technique) sorgt für konzentrierte Hydraulik in den Betten – seit sich ein mathematisch begabter Sexualwissenschaftler der Kunst von Winkel, Reibung und Bewegungstakt angenommen hat. CAT geht so: Er dringt ein, aber rückt mit dem Körper eine Handbreit höher, bis sein Becken auf Ihrem liegt. Obacht, der Penis wird dabei nach unten gebogen – aber das gibt einen schönen Druck auf die Wurzel. Beide liegen ganz flach aufeinander, Sie halten sich an seinem Hintern fest. Vollführt er nun eine Aufwärtsbewegung, machen Sie eine Abwärtsbewegung; gehen Sie rauf, schiebt er sich runter. Die Magie entfaltet sich beim stimmigen Rhythmus. Im Betttest stellte sich raus: CAT ist für den Anfang eines Liebesakts zu heftig (autsch! Die Reibung! Stelle wird taub!!), heben Sie es sich auf, wenn Sie beide genug gespielt haben, Sie richtig glitschig nass sind und probieren möchten, ob sich da nicht ein Höhepunkt hinter Ihrer Klitoris versteckt. Nehmen Sie eventuell Gleitmittel. Richtig viel, damit die Reibungshitze nicht ins Gegenteil umschlägt, nämlich Unlust.

- *Der halbwilde Missionar.* Legen Sie Ihr linkes Bein auf seiner Schulter ab. Das rechte einfach auf die Seite fallen lassen. So kann einer von Ihnen mit den Fingern (oder einem Minivibrator) die Klitoris liebkosen. Oder lecken Sie seinen Daumen schön nass, dann kann er sich dem Nädelchen widmen. Nicht so fest, sachte, sachte ...

☞ Willkommen, Schatz: Halten Sie ihm Ihre inneren Lippen mit beiden Händen auseinander, wenn er zu Ihnen möchte. Das können Sie, während Sie auf dem Rücken liegen oder wenn Sie vor ihm knien, die Oberschenkel weit gespreizt, den Kopf auf ein Kissen gelegt. Sehen Sie sich in die Augen (äh, von hinten dann mit Spiegel ...), flüstern Sie ihm was, etwa »Fick mich, steck ihn rein, komm, ich will dich ...« oder nach was immer Ihnen ist.

- *Heavy Rotation.* Variieren Sie die klassische Missionarsbeinstellung zur *Flanquette*: Sie strecken beide Beine aus, er positioniert ein Bein zwischen Ihren Schenkeln, das andere außen. Wenn er sich nun mit den Füßen einen Widerstand (Wand, Bettkante) sucht, kann er umso besser mit dem Becken auf Ihrer Klit und dem Schambein kreisen. Der Unterschied zur Rundrund-Methode oben ist, dass er in der Haltung mehr auf dem Venushügel rotiert und nicht weiter unten bei Schamlippen und Innenschenkeln. Vor allem wenn Sie einen indirekten Klitoriskontakt der direkten Reibung vorziehen, könnte das Ihre neue Lieblingsstellung sein.

- *Füße und Knie anders sortieren.* Stemmen Sie die Füße gegen seine Brust oder Ihre Knie gegen seinen Oberbauch. Er kann sich auch mal auf den Hinterseiten Ihrer Oberschenkel abstützen, wenn Sie die Knie weit anziehen (ja, genau, Richtung Ohren). Diese Abwechslung hilft, dass sich Ihre eventuell überreizte Klitoris erholen kann.

☞ Probieren Sie ein bisschen rum – wie fühlt es sich für Sie als auch für ihn an, wenn Sie mit der Hand nach unten fassen und Ihren Venushügel leicht nach oben Richtung Bauchnabel ziehen, während sein Schwanz sich in Ihnen bewegt? Mit zwei Fingern die äußeren Vulvalippen spreizen oder zusammendrücken? Oder mit Zeige- und Mittelfinger ein V-Zeichen bilden, das Sie an die Vulva legen und fest zusammendrücken, so dass sein Schaft zwischen diesem Finger-V entlang in Ihre Vulva gleitet?

- *Zum Abendmahl.* Die missionarische Von-vorne-Stellung lässt sich natürlich auch im Sitzen genießen, wenn Sie auf einem Tisch oder einem Barhocker sitzen. Achten Sie nur darauf, dass Sie mit dem Po dicht an der Kante hocken – damit seine Hoden nicht gegen die Tischkante baumeln. Wenn er nun nicht nur von vorne reinraus stößt, sondern sich von unten hineinschiebt und die Bewegung nach oben verlängert, streift sein Schambeingehege womöglich über Ihre Klitoris. Manche Frau kann im Sitzen übrigens *nicht* kommen, weil sie ihren Po und die Beine nicht anspannen kann. Da hilft es, wenn Sie nur halb auf der Tischkante sitzen, aber mit den Zehenspitzen den Boden erreichen; mit dem Widerstand können Sie alle Muskeln anspannen, die Sie brauchen.

☞ Tipp für alle Gelegenheiten: Wenn Sie kommen (im Liegen – ob beim Akt, durchs Lecken oder seine Hand), lassen Sie mal bewusst alle Muskeln locker, sobald die erste Welle rollt. Durch die Entspannung werden Sie die Kontraktionen des Orgasmus im Becken intensiver spüren. Und nebenbei lernt Ihr sinnliches Gedächtnis etwas sehr, sehr Wertvolles: dass es okay ist, beim Orgasmus tatsächlich die Kontrolle sausen zu lassen, auch über die Muskeln. Oh, und als kleinen Gruß an Ihren Liebsten: Er möge auch während Ihres Orgasmus nicht damit aufhören, was er macht. Es sei denn, Sie wollen dann gar nicht mehr berührt werden – aber die meisten Männer haben den Hang, ihre Geliebte zwar an den Rand zu führen, aber nicht darüber hinaus, und hören auf, wenn sie kommt. Weitermachen, Schatz!

•• *Wechselbäder.* Tiefer! Mehr! Alles! Zwischendurch genießen wir natürlich sehr das Gefühl, heftiger genommen zu werden. Völlig schnuppe, ob Klitoris was davon hat oder nicht: Fick mich, Süßer! Zu sehen, wie er sich bewegt, das süße Gleiten über den Vaginavorhof, das

Knallen der Leiber Haut auf Haut ... Lassen Sie sich nehmen, bedeuten Sie Ihrem Geliebten, dass er Sie an den Fußknöcheln umfassen soll und Ihre Beine nach seinem Wunsch spreizen oder mehr Richtung Ihres Kopfes drücken darf (»Wiener Auster«). Riskieren Sie einen Blick, wie geil das aussieht, wenn der Schwanz feucht glänzend hinein- und hinausgleitet.

☞ Schöner kommen – für ihn. Genauso wie Frauen kennen auch Männer verschiedene Orgasmusqualitäten. Es gibt jene Orgasmen, die nur an der Eichel ausgelöst werden, durch Reibung am Übergang von Schaft zu Spitze. Und jene, die sich mehr vom Schaft, den Hoden und der Prostata aus entwickeln – wie beim Akt, wo die Reibung an seiner Spitze weniger intensiv ist, als wenn Sie Ihre Finger um ihn schlingen, denn die Vagina wird nach innen hin weiter. Am meisten Reibung spürt seine Eichelspitze an Ihrer Pforte. Die intensivsten Höhepunkte erlebt er, wenn er beides hat – Druck und Reibung. Spannen Sie Ihren Beckenboden an oder drücken die Beine fest zusammen: So fühlt er sich wie von einem engen Handschuh umschlungen. Wenn er dagegen hinter Ihnen kniet, bitten Sie ihn, sich stattdessen zu hocken – so wird sein Schaft leicht nach unten gebogen, der intensive Druck auf seine Peniswurzel erhöht sich.

Er unten, Sie oben

Sie on top bestimmen, wo es langgeht: wie tief, wie schnell und wie wild. Sie können sich so richtig schön einreiten – liegend, kniend, hockend, sitzend oder kauernd, sich vor- oder zurückbeugen, die Klitoris an seinen Bauchmuskeln reiben

(Spucke! Reibungshitze!), sich mehr auf seinem Schambein hin und her schieben, als auf und ab auf dem Schwanz zu wippen, mit dem Becken kreisen oder nach links und rechts rubbeln ... Für viele Frauen ist die Reiterin die orgasmusfreudigste Position, doch nehmen nicht allzu viele sie gern ein, weil sie sich dann beobachteter fühlen. Männer genießen das Gefühl, nichts tun zu müssen – das nimmt den Leistungsdruck.

Ausnahme: Männer, die denken, ihr Penis könnte irgendwie in der Haltung »brechen«. Kann er nicht, er ist ja flexibel dank des Harnröhrenschwamms. Aber vielleicht hilft es ihm, wenn Sie seinen Schwanz nicht zu sehr aus der Vulva rausgleiten lassen (denn beim erneuten Reintauchen kann es schon mal passieren, dass er aus seiner Stoßlinie glitscht und unglücklich von Ihrer Nach-unten-Bewegung gefaltet wird), sondern sich eher schiebend vor und zurück bewegen.

Ausnahme 2: Und einige Männer kriegen Platzangst. Nein, das liegt nicht an Ihrer Konfektionsgröße – sie fühlen sich so dominiert, festgenagelt, nutzlos, hilflos. Ich hatte da mal so einen ..., den verließ jedes Mal die Erektion, wenn ich obenauf kletterte und ihn bat, vor allem sein Becken ruhig zu halten und kein Rodeo mit mir zu spielen. Ein Sonderfall Mann, der sich auch sonst im Leben mir unangenehm unterlegen fühlte – am liebsten wäre ihm eine andere Frau als ich gewesen, eine mit weniger Mumm womöglich, da half auch kein guter Stellungsrat mehr.

Falls es bei Ihnen nicht gleich so existentiell ist: Sich zurückzubeugen auf ihm kann helfen oder ihn zu bitten, aktiv mitzumachen, indem er Ihre Hüfte umfasst und Sie fest an sich heranzieht, während Sie sich an ihm bewegen.

◆▸ *Cowgirl-Hocke.* Diese Stellung ist ein bisschen Erlebnissex, weil sie vor allem geil aussieht und sich für seinen Schwanz gut anfühlt – aber Ihre Klitoris hat nicht so richtig was davon. Anstatt kniend, lassen Sie sich in der Hockstellung auf ihm nieder. Die Position geht nach einiger Zeit auf die Oberschenkel, also möge er helfen, indem er seine Hände unter Ihre Pobacken stemmt. Der Scheidenkanal wird enger, der Ausblick ist grandios. Wenn er sich mit dem Oberkörper aufrecht hinsetzt (Sofa, Kopfende des Bettes), dann reibt sich Ihre Klitoris an seinem Bauch. Geben Sie ein wenig Spucke auf die Stelle, wo Sie sich reiben.

- *Aufgebockt.* Legen Sie ihm ein Kissen unters Kreuz, so dass sein Becken und Bauch sich zu Ihnen wie ein Sattelknauf entgegenrecken. Könner legen dabei den Daumen an Ihre Lenden, die Handfläche auf die Hüfte und drücken Sie dicht an sich. So ist es zwar weniger ein Auf und Ab und Rein und Raus, aber dafür ein köstliches Hin- und-her-Schieben der Klitoris auf seinem Schambein.

☞ Schrei, wenn du kannst ... Halten Sie ihm mit der hohlen Hand leicht den Mund zu, wenn er kommt – so kann er nur durch die Nase atmen, der Herzschlag erhöht sich, Endorphine rasen wie verrückt durch seinen Körper und drehen sämtliche Sicherungen raus.

- *Zwei Kerzen*: Das Ganze geht auch auf dem Stuhl mit hoher Lehne und ohne Armauflagen. Er sitzt ganz aufrecht, während Sie kniend/halb stehend auf seinen festen Mitarbeiter gleiten. So dringt er tief ein, die Klitoris hat gleichzeitig Vollkontakt mit seinem Schambereich.
- *Wie die Götter.* Die buddhistische Götterpaar-Vereinigung Yab-Yum: Er sitzt aufrecht, Knie leicht angezogen,

Beine leicht gespreizt. Sie sitzen auf ihm, Ihre Fußknöchel hinter seinem Po verhakt. Sie legen beide eine Hand auf die Herzgegend des anderen. Manche neigen dabei ihre Stirn aneinander oder sehen sich in die Augen und atmen synchron. Eine sehr liebevolle Stellung.

→ *Bedeuten Sie ihm, dass er Sie machen lassen soll.* Wenn er sich ständig mitbewegt, geht uns die Konzentration für das Drum-Solo flöten. Vielleicht beschäftigt er sich mit Ihren Brüsten, reibt Sie mit Öl ein, steckt Ihnen den Daumen in den Mund zum Lutschen; knetet Ihren Hintern, steckt Ihnen vorsichtig den kleinen Finger in den Po …

☞ Je öfter Sie den Namen Ihres Geliebten im Bett aussprechen, stöhnen, hauchen, raunen, desto eher wird passieren, was Sex magisch macht: Hingabe auf körperlicher und emotionaler Ebene.

Schön von hinten

Coitus a Tergo (tergum: Rücken) ist für die meisten Herren mit animalischer Leidenschaft verbunden, ob sie nun vaginal oder anal vorgehen oder auch nur zwischen Ihren Innenschenkeln gleiten (beispielsweise unter der Dusche, »Scheinfick« genannt). Ob auf allen vieren, stehend oder liegend, hintereinander aufrecht kniend … das angenehme Gefühl für uns entsteht, weil der Schwanz aus der Richtung gegen die vordere Scheideninnenwand stößt; dort verlaufen die inneren beiden Rückseiten der Klitorisbeinchen. Jedoch ist es Fakt, dass es in der Stellung eher zufällig zu einem Orgasmus kommt – denn weiter weg vom Geschehen kann die Klitoris kaum sein. Aber als Erlebnissex-Einlage sehr geil, schön von hinten vögeln.

Der Doggystyle symbolisiert Sex pur. Manche Frauen haben damit Schwierigkeiten, weil sie sich als »Objekt« fühlen – andere lieben den Kick, sich nehmen zu lassen, ohne dass er ihr Gesicht sehen kann.

- *Selbstversorgerin.* Sie könnten sich an einem Kissen rubbeln, das Sie aufrecht zwischen die fast geschlossenen Beine stellen. Sie können so selbst Hand anlegen oder zwischen Ihre Schenkel hindurch nach hinten greifen, um seinen Hodensack mit der angespannten, flachen Hand ganz sacht zu reiben, mit den Fingerspitzen zu kraulen, zart wie einen Blütenkelch zu umfassen und leicht nach unten zu ziehen oder sanft zuzudrücken (möge er mitteilen, was ihm zusagt).
- *Geil für ihn:* Sie knien auf allen vieren, er schlüpft von hinten in Ihre Muschi. Jetzt schließen Sie Ihre Beine fest und legen den Kopf auf das Laken oder auf die verschränkten Arme, während Ihr Po auf diese Weise hoch in die Luft ragt. Bitten Sie ihn, nun in die Hocke zu gehen, er kann sich an Ihrem Po, Ihrer Taille festhalten oder, wenn Sie beiden mögen, sich leicht nach vorne beugen und sich an Ihren Schultern abstützen, die er sonst fest nach unten drückt. Okay, Sie können sich jetzt nicht mehr wirklich rühren. Durch die Spannung verengt sich der Scheideneingang, und seine Eichel erreicht Tiefen, für die die Wissenschaft noch Bezeichnungen sucht. Er wird die Position nicht sehr lang halten können (Oberschenkel-Alarm!), aber dafür eine wahre Erregungsdetonation seiner Eichel erleben.
- *Guten Morgen!* Sie liegen flach auf dem Bauch, Beine geschlossen. Er möge sich nicht aufstützen, sondern sich dicht und flach an Sie schmiegen, seine Beine ebenso ausgestreckt. Kreuzen Sie nun die Knöchel Ihrer Fußgelen-

ke, das klemmt seinen Schwanz fester ein. Und nun ... bewegen Sie Ihr Becken vor und zurück, stellen Sie sich vor, wie Ihre Muschi an ihm lutscht und saugt. Wenn Sie haben, setzen Sie dabei Ihren PC-Muskel ein (tauchte hier auch schon als Schambein-Steißbeinmuskel auf; jener schmetterlingsförmige Ringmuskel, den Sie sonst spüren, wenn Sie Pipi verkneifen). Romantisch heißt diese Spielart des Von-hinten-mit-geschlossenen-Beinen: »Croupade«. Eine »Cuissade« dagegen wäre es, wenn er ein Bein zwischen Ihren Beinen parkt, das andere außen. Für Sex am Morgen hinreißend – beide brauchen sich nicht sorgen, den anderen mit Schlafatem anzupusten.

☞ Manche Frauen wissen im Doggystyle die archaische Geste, seinen Griff in ihrem Nacken, um sie nach unten ins Laken zu drücken, sehr zu schätzen. Sie auch? Bestimmt tut er Ihnen den Gefallen ...

◆ *A Tergo stehend*. Funktioniert besser als von vorne im Stehen. Sie müssen sich aber beileibe nicht so weit zum Boden bücken, als höben Sie etwas auf – sondern nur den Oberkörper in die Horizontale bringen und sich beispielsweise auf einem Tisch abstützen, über eine Motorhaube beugen oder sich an etwas festhalten. Die Beine bleiben geschlossen, um zu verhindern, dass seine Erektion rausrutscht, was in diesem Winkel passieren kann. Machen Sie bitte kein Hohlkreuz, weil es vielleicht schärfer aussieht – Verspannungen dieser Art blockieren die guten Gefühle im Unterleib. Wenn Sie die Beine fest geschlossen halten, können Sie sich sogar aufrechter hinstellen, während er sich an Ihrer Hüfte festhält und nur flache Stöße aus dem Becken heraus macht. Und wer reibt nun die Klitoris …? Apropos »flache« Stöße: Das bedeutet, dass er »nur vornean« eintaucht, also die Eichel eindringen lässt, aber kaum weiter vordringt; so kann er vor allem schöne schnelle Bewegungen machen.

- *Von hinten im Stehen 2*: Schöne Grüße an Ihren Liebhaber – er möge seine Zehen einsetzen! Er kann die Beine weit auseinander stellen, in die Knie gehen – aber auf jeden Fall mal flach auf den Sohlen, mal hoch auf den Zehen stehen. So variiert er den Winkel, und vielleicht törnt Sie ja ein bestimmter Von-unten-Stoß mehr an als einer seitlich von oben? Orgasmusfähig: Hm, geht so. Aber für Erlebnissex klasse.
- *Von hinten woanders*. Sie können ihm natürlich auch kniend auf dem Sofa den Rücken zuwenden, halb stehend, halb kniend auf einem Stuhl den Po, zusammengekauert auf einem Klavierhocker, kniend auf dem Rücksitz des Wagens, während er draußen steht, ein Bein aufgestellt; im Treppenhaus, wenn Sie auf den Stufen knien und er zwei darunter steht … Ach, von hinten geht immer. Er möge nur bitte dafür sorgen, dass Sie schön feucht sind, sonst tut Ihnen beiden das etwas weh.

☞ Spiegelsex?! Legen Sie einen schmalen Spiegel auf den Boden, knien sich hintereinander darüber und genießen die ungeahnten Einblicke. Und wenn es lieber vor einem Spiegel sein soll: Kerzen an, ein bisschen Gaze vor den Spiegel hängen, sonst sehen Sie bestimmt nur wieder Ihre Problemzonen an.

Stehende Ovationen

Sex im Stehen hat etwas herrlich Dringliches an sich, etwas

Verruchtes, es macht den Zauber von Quickies und Spontansex an ungewöhnlichen Orten aus. Am besten funktioniert der vertikale Favorit von hinten. Wollen Sie es von vorne, müssen Sie sich in der Geometrie auskennen.

•► *Winkeladvokaten.* Vektorgeometrie sieht in der Praxis so aus: Sie muss ihr Becken nach vorne strecken, und er muss seinen Erektionswinkel gen Bauchnabel ausrichten, die Eichel sollte also mehr gen Himmel schauen, damit die Geschlechter unfallfrei zueinanderfinden. Das Beckenstrecken funktioniert so: Halten Sie den Oberkörper nicht aufrecht, sondern lehnen den Oberkörper weiter zurück als die Füße. Das geht, wenn Sie einen Fuß zum Beispiel auf einer Fußbank abstellen, sich nur mit den Schultern gegen eine Wand lehnen und das Becken vorschieben. So guckt auch Ihre Vulva nicht mehr so nach unten, sondern ein Tick mehr nach vorne beziehungsweise oben. Irgendwie muss er in den Schlitz ja rein (Feuchte hilft auch hier). Er geht in die Knie und hilft seiner Erektion mit der Hand nach, nach oben zu gucken, und erreicht so den Eintrittswinkel von 42 Grad.

•► *Tragen Sie für die Nummer hohe Schuhe.* Nun stützen Sie sich nur mit den Schultern gegen die Wand, rücken mit den Füßen vor, bis Sie sehr schräg an der Wand lehnen. Wenn Sie auf die Weise auf den Zehenspitzen stehen, den Po anspannen und das Becken lang machen oder nach vorne schieben, dürfte die Nummer hinhauen. Drücken Sie die Knie leicht nach außen, sind auch nicht die Oberschenkel im Weg. Hält er sich, sobald er es hinein geschafft hat, an Ihrem Popo fest, kann's losgehen.

☞ Wie immer auch Sie sich lieben – halten Sie immer mal wieder Augenkontakt. So finden Sie sich selbst im größten

Positionsgerangel immer wieder, und einander die Lust oder Liebe von den Blicken abzulesen erfüllt Sie beide noch tiefer als nur dort, wo Sie sich gerade vereinigen.

❧ *Für starke Männer.* Er kann Sie natürlich (wenn er kann) auch hochheben, Sie schlingen wie ein Klammeräffchen die Arme um seinen Nacken, die Beine um Hüfte oder Taille. Er hat Ihren Hintern gut im Griff und drückt Sie mit dem Rücken gegen etwas Stabiles (Wand, Baum, Sockel eines Denkmals auf dem Friedhof), um mehr Stoßfreiheit für seine Hüfte zu haben. Erlebnissex – denn so kommt keiner wirklich an die Klitoris. Na, egal, nachher geht's ja auch!

Löffel, Schere, Schlittenfahrten

Literarisch wird die chinesische Schlittenfahrt unter anderem bei Johannes Mario Simmel erwähnt; allerdings ist sie nur eine Form der Missionarsstellung: Dabei legt er sich so zwischen Ihre Schenkel, bis Ihre Oberschenkel gespreizt auf den seinen liegen. Jetzt kann er mit Ihnen »Schlitten fahren« – sich mal nach links, mal nach rechts beugen ...

Wenn Sie es ruhiger haben wollen, werden Sie zum Löffel in der Schublade und schmiegen sich, auf der Seite liegend, hintereinander aneinander. Seine Lenden an Ihrem Po. Egal ob Sie morgens vom Kuscheln zum Äußersten übergehen oder sich in einem Schlafsack arrangieren; warm und geborgen ruhen Sie wie Löffel in der Schublade – zum Spoony finden Langzeitpaare wie selbstverständlich. Lieben Sie sich im Löffelchen, hat Ihr Herz ein Zuhause gefunden.

❧ *Mehr Körperspannung.* Die klassische Löffelchenstellung wird intensiver, wenn Sie beide (jeweils Ihre eigenen) Fußknöchel verhaken. Die Oberschenkelspannung sorgt dafür, dass der Penis fest umschlossen wird und die erregbarsten ersten drei Zentimeter der Vagina jubeln.

◆▶ *Das gedrehte Löffelchen.* Drehen Sie beide sich nach dem Eindringen vorsichtig auf den Rücken, ohne den Kontakt von Schwanz und Spalte zu verlieren. Ihr Oberkörper ruht weniger auf seinem, sondern neben seinem; Ihr Po wird auf seinem Bauch zu liegen kommen. Wenn Sie nun die Knie anziehen und die Füße aufs Laken stellen, geben Sie seinem Becken Bewegungsfreiheit. Legen Sie seine kreisende Hand auf Ihre Klitoris.

◆▶ *Swing it.* Beginnen Sie im »Grundlöffel«. Dann drehen Sie sich mehr auf den Rücken, ziehen die Knie gen Brust und schwingen Ihre Beine über sein oberes Bein. Sie liegen nun fast im Neunzig-Grad-Winkel zueinander; er hat Stoßfreiheit, Sie Handfreiheit für die Klitoris. Sogar küssen können Sie beide sich in der Position.

☞ Stöhnen, keuchen, knurren, schreien, fluchen, atmen: Diese Laute wirken erregend auf das limbische System, Sitz der sexuellen Emotionen. Die Nachbarn dürfen Ihnen herzlich egal sein. Zu laut ist weniger ein Makel als zu leise – wer in sich gekehrt liebt, kann gleich ein Buch lesen. Guter Sex funktioniert durch Feedback, egal ob verbal, atmungsaktiv oder durch körperliche Gesten. Reagieren Sie deutlich in allem – Begeisterung, Zweifel, Lust, Gelächter, Traurigkeit. Es ist alles gefragt.

Über Tisch und Bänke

Seit der Postmann zweimal klingelte, wissen wir, was Spontansex ausmacht: vögeln, egal wo, und sei es mit dem Hintern in der Marmelade. Außerdem haben Küchentische und andere Haushaltsmöbel die optimale Hüfthöhe – für den Herrn.

Allerdings: Das ist Erlebnissex at his best. Da sich die meisten wünschen, »was anderes als nur im Bett und vorhersehbar wie eine schnurgerade Straße« zu machen, darf es doch gern mal alle paar Monate ein Ausflug durch die Wohnung sein. Oder?

- *Legs up!* Sie haben es sich auf der Tischplatte rücklings gemütlich gemacht; na ja, so weit es geht. Anstatt Ihre Beine baumeln zu lassen oder über seine Oberarme zu legen, strecken Sie Ihre Beine wie bei einer Yogakerze gerade nach oben. Er stützt Ihre Waden entweder mit beiden Händen oder indem er sie gegen eine Schulter legt. Der Scheideneingang verengt sich, und irgendwie ist es doch ganz scharf, statt Frühstück einen Frühfick einzulegen …
- *Die einfache Wiener Auster.* Versuchen Sie mit seiner Hilfe, Ihre Knie (im Liegen auf dem Rücken!) so weit es geht Richtung Ihrer Schultern zu ziehen oder drücken zu lassen. Wenn Sie können, kreuzen Sie dann die Knöchel. Dadurch wird Ihr Becken stark geneigt, er taucht tiefer ein. Die »slawische« Variante: Er drückt Ihre Füße wirklich verdammt weit nach hinten, bis Ihre Knie neben Ihren Ohren liegen. Wenn er einen sehr langen Schwanz besitzt, kann die Stellung schmerzhaft am Muttermund werden – oder auch gerade deshalb so anregend, weil die Säfte feucht am Schenkel runterlaufen. Okay, Yogakönnerinnen sind hier schwer im Vorteil. Vielleicht denkt Monsieur ja auch freundlichst daran, einen nassen Daumen mit der Kuppe an Ihre Klitoris zu legen.

❖❖ *Runter vom Tisch!* Dieselbe optimale Hüfthöhe besitzen Waschmaschinen, Gefriertruhen, Tischtennisplatten, Couchtische (wenn er auf einem Kissen davor kniet), Küchenspülen ..., und er soll an den Zehentrick denken!

Zwischenfrage: Warum funktioniert dieselbe Stellung mal besser und mal weniger gut?

Die individuelle Tagesform von Männern und Frauen lassen das, was gestern gutging, heute flauer ausfallen. Alkohol, Stress, die sich ändernde Hormonlage (bei beiden Geschlechtern – bei Männern sogar von Stunde zu Stunde, bei Frauen von Tag zu Tag!), Müdigkeit oder Krankheiten beeinflussen die Erlebnisfähigkeit von Körper und Klitoris; das vegetative Nervensystem ist eng mit unserer Tageslaune verknüpft. Während wir uns jedoch bei Sport oder Arbeit leichter verzeihen, nicht so gut drauf zu sein, erlauben wir uns das bei der Sexualität selten. Sind wir Menschen oder Sexmaschinen?

Der Heilige Gral oder wo geht's hier zum Gipfel?

Die erste aller unzufriedenen Frauen war Adams erste – Lilith. Sie weigerte sich, beim Sex unten zu liegen, wie Adam es bevorzugte; sie wollte auch mal oben sein, um die Chance auf den Orgasmus zu erhöhen. Sie verlangte Gleichberechtigung sowohl im Leben als auch beim Sex. Doch Adam weigerte sich, und so verließ Lilith, empört über den weltersten Chauvi, das Paradies, zwei Engel folgten ihr. Aber sie hatte verständlicherweise keine Lust, zu Adam zurückzukehren; der nahm sich folglich Eva, die still unten lag und sich auch sonst eher als Mensch zweiter Klasse betrachtete.

Und ihr erging es vermutlich wie den meisten Frauen der westlichen Kultur:

- Etwa nur jede fünfte Frau (23 Prozent) kommt regelmäßig während des Geschlechtsverkehrs, ein Drittel der Frauen etwa jedes vierte Mal (im Vergleich: 91 Prozent aller Männer kommen jedes Mal).
- Etwa ein Drittel der Frauen ist noch nie gekommen, während ein Mann im selben Raum oder gar in ihr war.
- 80 Prozent haben schon mal einen Orgasmus vorgetäuscht, und die meisten davon tun es regelmäßig; aus Rücksicht, aus Höflichkeit und weil schon Marilyn Monroe es getan hat, um sich so für die Einladung zum Abendessen zu bedanken.
- 85 Prozent kommen dagegen immer bei der Selbstbefriedigung (in vier bis acht Minuten).
- Der Rest zieht das Spiel der Hände vor oder Cunnilingus oder kommt eher durch Zufall während des Koitus.

Erstaunlich. Die meisten von uns Frauen sind immer noch Evas, denen die Lust des Mannes wichtiger ist als die eigene; und die wenigsten Frauen sind Liliths, die sagen: »Hey! Schön, dass er Lust hat, klasse, mal sehen, was ich alles für ihn tun kann – aber ich werde mich auch um meine Lust kümmern und ihm sagen, wie er mir Gutes tun kann. Oder es einfach tun!«

Orgasmen sind uns wichtig – genauso wie die Liebe, die Lust, das Vorher, Nachher, die Stimmung, das Vorspiel. Ein Höhepunkt ist nicht *der* einzige Hit am Sex – aber wir hätten ihn gern öfter; am liebsten so oft wie Männer!

Denn möglich ist das absolut – warum also sich selber einreden, darauf verzichten zu können, ohne dass man leidet? Sicher, ein Mensch kann sein ganzes Leben zufrieden, wenn nicht sogar glücklich verbringen, auch wenn er oder sie niemals einen Orgasmus erlebt. Doch stellen Sie sich vor, Sie könnten massenhaft Desserts essen, ohne je zuzunehmen. Das wäre doch auch schön. Und so sind auch die Orgasmen: Es schadet wirklich nichts, so viele wie möglich davon zu haben ...

☞ Es kann bei 20 Prozent aller Frauen regelmäßig bis überraschend zu einer rhythmischen Entleerung der Skene-Drüse kommen, die der männlichen Ejakulation ähnelt – schwallartig, spritzend, überfließend. Manche nennen es auch den »nassen Orgasmus«. Es ist kein Urin. Die Flüssigkeit, die in dem (Skene-)Schwamm unter der Harnröhre gebildet wird, ähnelt der wasserartigen Substanz der Prostata und kann eine Menge Handtücher verschleißen. Sie riecht neutral.

Wenn bei unserem Orgasmus Schwierigkeiten auftreten, gibt es nie *einen* »Schuldigen« – es sind stets beide. Es ist sowohl das Unvermögen mancher Männer, auf unsere Gelüste und Triebhaftigkeiten einzugehen, als auch unser Unvermögen, dem Mann entweder unsere Bedürfnisse zu zeigen oder uns selbstverantwortlich darum zu kümmern und unseren Orgasmus beim Sex zu begünstigen – ob mit »unseren« Positionen, »unseren« Vorspielarten, »unserem« Rhythmus oder Tempo oder indem wir darauf bestehen, dass die Stimmung stimmt. Oder indem wir uns fragen, warum uns der Kontrollverlust so schwerfällt.

Denn dass eine Frau kommen *kann*, beweist ja der Erfolg der Masturbation. Da haben Sie aber auch alles im Griff – Sie können Drehbücher im Kopf abspulen, in denen alles perfekt ist: Beleuchtung, Worte, Sie selbst, Sie haben totale Kontrolle über das Drumherum; und Sie wissen genau, wie Sie sich berühren müssen. Was läuft bei vielen Frauen falsch, wenn ein Mann hinzukommt?

Zusammengefasst gibt es drei Hindernisse auf dem Weg zum Gipfel:
1. die innere Verkrampfung, die Angst vor dem Kontrollverlust in seiner Gegenwart;
2. die äußere Verkrampfung, weil er es auch nicht weiß oder nicht wissen will und mit seinen Techniken unkorrigiert falsch liegt;
3. die Scheu oder das Unwissen darüber, ihm zu sagen, wie Sie es sonst noch gern hätten.

Vor allem die mentale Scheu, sich gehenzulassen, wie auch unbewusste Anspannung im Bauchbereich hindern uns Frauen daran, dass wir uns fallenlassen. Denn wer fällt, will nicht hart aufschlagen. Mit einem Mann, dem wir vielleicht Lust, aber kein Vertrauen entgegenbringen, wird der Orgasmus schwerer. Ich könnte mir vorstellen, dass deswegen der Satz: »Sex mit Liebe ist besser« so zu verstehen ist: Wen wir lieben, dem vertrauen wir; und wenn wir vertrauen und uns sicher fühlen, dann sind der Hypothalamus und das Großhirn eher bereit, die Selbstkontrolle fahrenzulassen. Das nur so als These. Es gibt aber genauso gut viele Frauen, die weder das Gefühl von Liebe noch Sicherheit benötigen, um ihren Kopf so weit auszuschalten, dass sie sich bis zum Orgasmus loslassen können. Sie machen sich keine Sorgen darum, wie sie aussehen oder sich anhören, wenn sie kommen, sie schämen sich weder ihrer lustvollen Reaktion noch ihrer Bewegungen bei der Jagd nach der Ekstase. Vielleicht ließe sich von diesen selbstzufriedenen Frauen lernen: Wer mit seiner Sexualität einverstanden ist (dazu gehören auch: wie gucke ich dabei, wie rieche ich, wie stöhne ich, wie besessen juckele ich auf ihm rum, wie egal ist mir, was er sich dabei denkt, während er mich kommen sieht), der kann sich selbst auch leichter »vergessen«.

Ich möchte Ihnen noch rasch eine Geschichte aufschreiben, die ich auch den Männern in *Sex für Könner* erzählt habe. Ich finde sie nämlich wunderbar:

- In anderen Kulturen, zum Beispiel auf einigen Cookinseln (Polynesien), im Himalaja oder der Südsee, gibt es keine weiblichen Orgasmusschwierigkeiten. Frauen kommen so oft wie Männer oder mehrmals bei einem Akt. Es ist also möglich.

Frauen der Cookinseln werden mit Einsetzen der Menses, so mit elf, zwölf Jahren, in ihre Körperlichkeit und Sinnlichkeit eingewiesen, zur Masturbation ermuntert, lernen sich selbst, ihren ganzen Körper und seine erogenen Zonen und die Dark Lady samt Klitoris mit all ihren Kräften kennen und bekommen von erfahrenen Frauen eine genaue Ausbildung, wie sie einen Mann dazu bringen, ihr gutzutun, und auch, wie sie einen Mann ganz verrückt vor Genuss machen.

Jungen indes werden mit vierzehn von einer reifen Frau ausgebildet, die ihnen die Grunddisziplinen beibringt: lecken, fingern, Stellungsraffinessen, die Klitoris suchen und finden, alle Wege, eine Frau zum Orgasmus zu bringen, ganz gleich ob mit der Hand, der Zunge, dem Schwanz, einem anderen Körperteil (o, ja!), und die Jungs lernen auch so was wie Atmosphäre, erotische Spiele, Galanterie.

Das tun sie mit Begeisterung – und zu ihrem eigenen Schutz: Denn wenn sie das alles nicht beherrschen und nur versuchen, ihren Schwanz allein einzusetzen, ist es der Frau erlaubt, sich von ihm zu trennen und ihn auf dem Marktplatz öffentlich dafür zu geißeln, dass er ihre Gelüste nicht beachtet. Die anderen Männer werden über ihn lachen.

Es ist die Einstellung dieser Völker, ihre sinnliche Kultur; Jungs und Mädchen entdecken, dass es ihnen Spaß macht, alles draufzuhaben, nicht nur das Vögeln.

Ich finde, diese Haltung von selbstbewusster Sinnlichkeit und gegenseitigem Lustbereiten ist ziemlich korrekt.

Danke, wir kommen gern

Fünf Muskeltricks, damit Sie leichter auf Ihre Kosten kommen. Voraussetzung: Sie nehmen mit Ihrem Süßen eine der beschriebenen Stellungen ein, bei denen sein Schambereich oder seine Bauchmuskeln Ihre Klitoris sachte und stetig touchieren.

1. Den Bauch einziehen – nicht wegen der Optik, sondern um so die Schambein-Steißbein-Muskeln nach unten zu drücken. Dadurch hebt sich die Klitoris stärker hervor, die Vagina verengt sich in den besonders erogenen ersten drei Zentimetern.
2. Bauch-Beine-Po-Kombination: Wer alle drei Muskelpartien anspannt, erhöht auf diese Weise die Nervenkonzentration von Vulva und Vagina, um von »Ich bin kurz davor« zu »Ich komme!« zu gelangen.
3. Und wenn Sie dann kommen – lassen Sie alle Muskeln bewusst locker. Alle! Ich erwähnte schon: Die Gebärmutter zieht sich beim Orgasmus etwa 40-mal in der Minute zusammen; je lockerer die Muskeln drum herum, desto intensiver werden Sie Ihre 40-Beats-per-Minute-Wellen spüren. Und ihm könnte es sehr gefallen, ein bebendes, wollüstiges Lustsubjekt zu besteigen.

4. Wenn Sie noch denken können vor lauter Lust, denken Sie daran, Ihre Zehen hochzubiegen. So spannen sich auch jene Sehnen, Nervenbahnen und Venen, die mit Ihren Lenden verbunden sind und lassen den Orgasmus gefühlt bis in die Zehenspitzen rasen.
5. Ein ausgeprägter Schambein-Steißbeinmuskel (auch als PC-Muskel bekannt – der, mit dem Sie sonst das »Ich geh mal die Nase pudern« unterdrücken) dient nicht nur zur gefühlten Verengung Ihres Schatzkästchens. Sondern auch, um ihn kurz nach dem Orgasmus noch einige Male bewusst und kräftig hoch- und zusammenzuziehen, um von Nachbeben der höchsten Lust durchflutet zu werden.

Zeigen Sie ihm, wo es langgeht:
1. Sie halten Ihre zarten Schamlippen einladend mit Ihren Fingern auseinander, um ihn sehen, kosten oder eindringen zu lassen.
2. Sie umfassen seinen Schaft und dirigieren ihn in Ihre feuchte Vagina hinein und nutzen die Gelegenheit, seine Eichel mehrfach über Ihre erwartungsfreudige Klitoris zu rubbeln. Es kann irre erotisch sein, wenn nicht er seine Erektion dirigiert, sondern Sie.
3. Sie legen Ihren Zeige- und Mittelfinger wie ein V auf Ihren Venushügel – und unter seiner Spitze verbirgt sich Ihre Klitoris, die er nun mit der Zunge nicht mehr verfehlen kann. Legen Sie das V fest auf Venushügel und Schamlippen und ziehen sie leicht nach oben – dadurch streift die Klitoris ihre winzige Haube ab, jede seiner Berührungen wird noch intensiver

☞ Wenn Sie tief einatmen, sobald Sie kommen, weiten Sie Ihren Höhepunkt – gefühlt – über den Körper aus, denn ein Schub frischer Sauerstoff im Blut lässt Ihre Haut empfindsamer auf die Lustimplosionen Ihrer Gebärmutterzuckungen reagieren. Experimentieren Sie, was für Sie persönlich intensiver ist: Nasenatmung oder Mundatmung – bis tief in den Bauch oder ganz schnell in die Brust hinein.

Ladys first: Wer mehr fühlen will, darf kommen: Das Schöne am weiblichen Orgasmus ist, dass wir in den 20 Minuten danach noch auf einem hohen Erregungslevel sind. Anstatt Ihren Orgasmus an das Ende des Aktes zu stellen, beginnen Sie vorher mit dem »Ende«. Das beim Höhepunkt aktivierte Hormon Prolaktin entspannt, alle Muskelbereiche der Vagina sind durchblutet, weich und empfindsamer – deutlicher als vorher.

Hände weg, ich komme! Ohne dass er Sie mit den Fingern berührt, bringt er Sie zum Höhepunkt: Dazu kniet er sich zwischen Ihre Beine, Ihre Schenkel ruhen auf seinen Oberschenkeln. Wenn er nun seinen Penis umfasst und seine feuchte Eichel über Ihre Klitoris schubbert, kann das ziemlich geil sein. Kundige Liebhaber lassen Sie kommen und dringen während Ihres Orgasmus langsam ein.

Kein Orgasmus ist wie der andere, aber Sie können die Qualität mit Hilfe Ihres Atems steuern: Eine langsame Atmung, bei der Sie sich den Atem bis unter den Venushügel vorstellen, wird den Höhepunkt auf den Bereich um Ihre Vulvalippen konzentrieren. Bei schnellerer Atmung, zu der Sie rhythmisch die Pobacken anspannen, wird sich der Gipfel flacher anfühlen, aber bis in den Brustkorb rasen.

Al Gore ... ist wahrscheinlich schon leicht genervt, dass er immer wieder sagen muss, dass die Welt kaputtgeht, wenn der Klimaschutz nicht funktioniert. Aber irgendwann glaubt man ihm das. Genauso oft wiederholen Sie liebevoll, dass die Klitoris Ihr Wonnepunkt ist, bis er es glaubt und verkraftet hat. Also, nicht Al Gore, sondern Ihr Liebhaber.

**Technik, die begeistert II:
mehr Spaß beim Vögeln**

Ach, die ewige Frage, was mehr zähle – Größe oder Technik?
Technik natürlich. Wohlgemerkt: die Technik des Stoßes (seines oder Ihres), nicht die Technik der Verrenkungen und sportiven Stellungswechsel.

Meist sind es jüngere Männer, die aus Unwissenheit den Fehler begehen, sich nur auf rasches, konstantes Stoßtempo zu fixieren; sie ahmen Fickroboter nach, als müssten sie einem Duracellhasen Konkurrenz machen. Das sind die Kerle, die wir genervt Rammler nennen; sie machen immer dasselbe und hacken wie eine Nähmaschine.

Allerdings machen wir Frauen es manchmal genauso. Wir reiten auf dem Kerl oder kommen ihm im Doggystyle ruckartig entgegen, als handele es sich bei unserem Becken um einen Tacker in der Endlosschleife.

Dabei gibt es unzählige Variationsmöglichkeiten. Nehmen wir nur mal eine Handvoll davon.

Bewegungsvariationen
- Sie können seinen Schwanz langsam ein winziges Stück hineingleiten lassen, und er zieht den Schwanz ruckartig wieder heraus.
- Er kann wütend, zärtlich, hungrig, ganz tief eindringen

und verharren und dann nur die Hüfte hin und her wackeln lassen. Und Sie auf ihm drauf ebenso.
- Er kann flach und nur vornean mit der Eichel eintauchen oder von Stoß zu Stoß immer ein Stück tiefer gehen.
- Er kann ganz schnell ganz tief stoßen oder ganz schnell nur flach, und das sogar abwechselnd. Und Sie obenauf – genau. Genauso.
- Oder ihn ganz langsam und tief rein- und noch langsamer wieder rausschlupfen lassen, wenn er ihn nur hinhält.
- Er kann seinen Schwanz nur zwischen den Vulvalippen gleiten lassen wie ein Würstchen im Hotdog (oder auch mit Gleitmittel zwischen den Pobacken, ohne anal einzudringen).
- Sie können den Penis in die Hand nehmen und ihn leicht an Ihre Schamlippen schlagen.
- Sie können wippende oder wiegende Bewegungen aus der Hüfte oder aus den Knien heraus machen, während Sie über ihm hocken. Oder weite Kreise mit Ihrem Becken ziehen.
- Oder sich mehr schiebend vor und zurück bewegen und dabei Ihre Klitoris an seinen Bauchmuskeln reiben.
- Oder nur Ihre PC-Muskeln an ihm zucken und schlürfen lassen.
- Oder sogar einen Vibrator in Ihren Po stecken, den er durch die Trennwand an seinem Schwanz spürt.
- Sie können die Eichel zwischen die Schamlippen führen und mit Ihrer Vulva einsaugen.
- Sie können die Schamlippen mit der Hand spreizen, während er eindringt. Oder sogar zuhalten. Oder von ihm spreizen lassen.
- Sie können den Penis aus der Vagina schlupfen lassen, ihn ablecken und wieder reinstecken.

- Sie können im selben Rhythmus einen Finger in seinen Mund (oder seinen Po) schieben, mit dem er seinen Penis in der Vulva bewegt.
- Sie können sein Eiersäckchen mit dem flachen Finger dabei reiben.
- Sie können jeden Stoß mit einem Wort, einem Keuchen begleiten oder zu Musiktakten vögeln.
- Sie können ihn zwischen Ihre Brüste, in die Achselhöhle, unter Ihr Kinn gleiten lassen und Ihren gesamten Körper an ihm reiben (»Frottieren«).
- Oder ihm im selben Takt, in dem er zustößt, die Pobacken auseinanderziehen, drauf klapsen, reinkneifen ...
- Sie können ganz still liegen und sich einfach vögeln lassen, wie er will, und sich dabei selber an der Klitoris massieren.

All diese Varianten eröffnen ein Universum an neuen Eindrücken – und wer weiß, vielleicht ist eine Stoßversion davon sogar genau jene, die Sie anknallt? Noch einige Spezialtechniken für Spiele, die vom Sexdrogenbeauftragten verboten werden sollten:

- *Die Lustformel des Tao.* Die Neun-mal-zehn-Stoßmethode des Tao hilft ihm, länger zu können, und Ihnen, ihn so was von geil zu reiten. Nehmen Sie seinen Penis neunmal nur flach – vornean – mit der Eichel auf, erst beim zehnten Mal stülpen Sie Ihre Vagina bis zum Anschlag über ihn. Dem lassen Sie acht flache, zwei tiefe Stöße folgen. Dann sieben flache, drei tiefe ..., bis Sie bei neun tiefen und einem flachen angekommen sind und er völlig kirre vor Geilheit geworden ist. Sie können die Neun-mal-zehn-Sache sowohl schnell als auch langsam angehen. Oder die flachen Stöße ganz langsam machen, aber die tiefen rasch und hart. Oder – Sie ahnen es: die flachen Neckereien ganz schnell und die tiefen unendlich langsam.

- *Trick für spitze Penisse*: Gehören Sie zu den Frauen, die es lieben, sich zwischendurch auch mal vorne beim Scheideneingang satt ausgefüllt zu fühlen? Wenn seine Eichel eher schlank, konisch oder spitzzulaufend ist (anstatt einen breiten Helm zu tragen): Legen Sie seine flache Hand über dem Venushügel an Ihren Bauch. So presst sich das Gewebe an der vorderen Scheideninnenwand nach unten und erhöht den »füllenden« Reibkontakt.
- Keine Rumspielerei mit Tempowechsel oder Stoß-/Stülp-Variationen, wenn einer von Ihnen dabei ist zu kommen. Abwechslung ist in dem Fall tödlich. Werden Sie höchstens fester oder etwas schneller beziehungsweise kraftvoller.

Lösungen für alle Größen

Ganz egal, wie er gebaut ist – es gibt für alle Formate ein paar Stellungen, die noch besser funktionieren:

- Sein bestes Stück ist sehr schlank und »verliert« sich mal in der Vaginatube? Legen Sie im Missionar Ihre Beine nach innen statt nach außen – voilà, Handschuheffekt.
- Wenn Sie auf dem Bauch liegen und er von hinten eindringt, schließen Sie Ihre Beine und verkreuzen fest die Knöchel, spannen die Oberschenkel an. So geht er Ihnen nicht verloren. Der Vorteil eines schlanken Penis: Er kann besser geblasen werden und eignet sich gut für Analverkehr.
- Verfügt er über ein dickes, aber eher übersichtliches Exemplar (heißt: unter zehn Zentimeter im erigierten Zu-

stand), sollten Sie stets die Knie weit anziehen. Oder Sie legen sich auf die Seite, ziehen ein Bein an, er kommt von schräg hinten. Dirigieren Sie ihn so, dass er weniger rein-raus stößt, sondern sein Becken kreisen lässt (rundrund). Wenn Sie ab und an das Zwerchfell anspannen – verkürzt sich dadurch auch die Vaginatube, er kann nicht so leicht rausrutschen. Vorteil eines Dickmanns: Der Dicke ist perfekt zur Stimulation der engeren vorderen Scheidenpforte, die er so schön reizt und spreizt; die Länge ist gleichgültig.

- Gehört er zu den knapp 10 000 Männern der BRD mit 20-Zentimeter-Latte, sollten Sie in *jeder* Stellung die Beine geschlossen halten, sonst touchiert er Ihren Gebärmuttermund, und das tut nicht gut, sondern weh.

Benutzen Sie Gleitmittel? Handwarm aufgetragen, ein Genuss, kalt aus der Tube gepresst, mehr als nur ein Missgeschick. Träufeln Sie also erst auf die Finger, dann auf die Geschlechtsorgane.

- Warnung: *Niemals* Vaseline oder Salatöl verwenden! Das Zeug ist wasser-, terpentin- und atombombenfest, es verändert die Schleimhäute und Vaginalflora nur zum Nachteil und hinterlässt im Analbereich für Tage den Eindruck von Dauerdiarrhö.

Das »falsche« Loch – Machigatta dokutsu

Das Jahr 2008/09 stand ganz im Zeichen der analen Erotik. So wie in jeder Saison ein neuer Modetrend als »in« bezeichnet wird, so traf es im vergangenen Jahr die Liebe im »falschen« Loch, die in Frauenzeitschriften und seriösen Tageszeitungen als neuer »Trend« in »deutschen Betten« deklariert und als völlig selbstverständlich hingestellt wurde. Rot ist das neue Schwarz. Anal das neue Vaginal. Ja, ja.

Aber ob Trend oder Tabu – es kommt auf jeden selber an, was er mit analen Freuden verbindet, ob Scheu oder Abscheu, Neugier oder Begeisterung in Teilschritten; ob zum Beispiel ein Finger, der die Analgegend streichelt, zwar als aufregend empfunden wird, aber eine Zunge oder gar eine Erektion bitte nicht in Frage kommt. Oder ob die Liebkosung mit einem winzigen Vibrator innerhalb des Tunnels zwar köstlich ist, aber ein Schwanz nicht den Schwindel der Vorfreude, sondern nur Angst weckt. Etwa jedes fünfte Paar zieht den Anusbereich in sein Liebesspiel mit ein – jedes mit seinen eigenen Teilschritten.

Die häufigsten Sorgen, die Frauen bei dem Gedanken haben, eine Erektion in ihren Anus aufzunehmen, sind die Furcht vor Schmerz und die Furcht vor Demütigung. Letzteres wird ein einfühlsamer Liebhaber Ihnen nehmen können. Bei Ersterem kann Technik Abhilfe schaffen.

- Die sternförmige Rosette (Sphinkter), der Damm, die Ausläufer zum Po hin reagieren erogen: Eine zarte Liebkosung, vielleicht mit einem ölgetränkten Finger oder der Spitze einer Feder, enttarnt die bisherige No-go-Zone als unterschätztes Sinnlichkeitsterrain.
- Auf den inneren zehn bis sechzehn Zentimetern ist der Bereich des Rektums sauber, Sie brauchen also nichts zu befürchten, wenn Ihr Süßer mit dem Finger eindringt. Er möge bitte auf die Nägel achten und stets Gleitmittel auf Wasserbasis benutzen (dieser Schlupf bildet schließlich nicht wie die Vagina ein eigenes Gleitmittel).
- An zwei Stellen sitzt die Schmerzempfindlichkeit: einmal

am Anusring selbst. Tiefes Ausatmen lockern ihn und leichtes Nach-unten-Drücken. Dahinter ist ein zweiter Ring, der von selbst nachgibt – aber dann kommen die Kurven! In manchen Stellungen ist Analverkehr deshalb so stechend schmerzhaft, weil das Rektum gekrümmt wird und die Eichel gegen den Knick stößt, autsch – dazu gehört der Doggystyle oder wenn Sie den Rücken durchdrücken.

- Am schmerzfreiesten ist die Missionarsstellung, da »stimmen« die Winkel. Eine Liebkosung der Klitoris hilft dabei über die letzte Schwelle, die spontane Verkrampfung der Rosette etwa, hinweg. Und natürlich immer wieder: Gleitmittel. Und ein Kondom – für Ihre Scheu im Kopf, sofern Sie eine haben. All das verhindert Schmerz und Angst.
- Zeit, Zeit, Zeit lassen. Und zu Beginn sollten Sie die Kontrolle haben, wie tief und in welchem Tempo er vordringt, ob er sich bewegen darf oder lieber Sie alles selber machen.
- Was Sie davon haben? Die erogenen Nerven des Anus sind weit verzweigt und reichen bis in den Solarplexus und den Schoß. In Kombination mit dem Kick im Kopf, etwas Verbotenes, »Schmutziges« zu tun, und schöner Klitorismassage könnte daraus ein ungeahnt heftiger Orgasmus werden.

Machen Sie es sich nett – wenn Sie wissen, was Ihre Vulva inzwischen alles an Bedingungen stellt, um richtig viel Spaß zu haben, dann seien Sie konsequent und sorgen sich selber darum. Kerzenlicht. Wärme. Gut duftende Bettwäsche, weil der Geruchssinn sich am ehesten stören lässt. Unsinnliche Details aus dem Blickfeld vom Bett räumen. Etwas essen vorher. Höchstens ein Glas Prosecco trinken, bei zweien reagieren die Nervenenden nicht mehr so aufgeregt, bei einem jedoch schon. Leiten Sie den Koitus ein, und lassen Sie sich dabei gründlich Zeit, bevor er eindringt, und das so langsam, dass Sie jeden Zentimeter genau mitkriegen. Sich sicher fühlen – dazu gehören auch so Dinge wie: Sind wir vor Überraschungen (Besuch, Zimmerkellner) sicher, fühle ich mich in diesem Raum wohl (je kleiner der Raum, desto besser – sonst: immer Tür zumachen, sonst ist ein Teil des Hirns damit beschäftigt, auf Angriffe zu lauern, statt sich auf Lust zu konzentrieren), bin ich sicher vor Schwangerschaft, fühle ich mich mit dem Mann okay, bin ich mir sicher?

Schöne, schmutzige und andere Spielvorschläge

Scharfe Bilder, geile Gefühle: Fellatio und Porno gleichzeitig. Suchen Sie sich gemeinsam einen Streifen aus, der Ihnen beiden sehr gefällt. Lassen Sie ihn die schamlosen Bilderwelten genießen, während Sie ihm einen langsamen, genussvollen Blowjob verpassen und er nur schauen und genießen darf. Danach tauschen Sie Plätze, und Sie dürfen sich Ihre Lieblingsstellen des Films ansehen, während er zwischen Ihren Beinen kniet und Ihnen die Freuden eines Cunnilingus bereitet. Sie werden es lieben, wie sehr Sie die doppelte Wirkung von visuellen Sensationen und gefühlter Lust zu einem heftigen Orgasmus führen werden.

Nicht loslassen – sechs Massagespots, die Sie auch während des Liebesaktes befummeln könnten:
1. Seinen Mund, den Sie mit Ihrem Daumen massieren, während Sie ihn langsam und mit weiten Hüftschwüngen reiten.

2. Die Unterseiten seiner beiden Pobacken, die Sie massieren, spreizen, zusammendrücken – die Berührungen weiten sich bis zu seiner Prostata, dem männlichen G-Punkt, aus!
3. Wenn Sie als Reiterin auf ihm sitzen, allerdings mit dem Rücken zu ihm, dürfte ihn die Zehenmassage entzücken, die Sie ihm schenken: Ziehen Sie an den beiden großen, wenn er kommt – das verstärkt seinen Orgasmusimpuls unermesslich.
4. Der Übergang von seinem Nacken in den Hinterkopf – die Druckimpulse setzen sich über sein Rückgrat fort bis zur Schwanzwurzel. Vor allem wenn Sie noch leicht an seinen Haaren ziehen oder sie sacht hin und her rütteln.
5. Die empfindsame Kuhle seines Steißbeins, in die Sie mit einem feuchten Finger tauchen, reiben, tupfen, kratzen ...
6. Die Unterseite seiner Hoden, dort, wo sie in den Damm übergehen. Vor allem, wenn Sie sich im Doggystyle lieben, erreichen Sie diese magische Stelle gut mit der Hand, um mit flachen, gestreckten Fingern darüberzureiben.

☞ Unter gutem Sex verstehen viele unter anderem auch Abwechslung und unvorhergesehene Ereignisse. Wie beispielsweise beim Positionswechsel eine 69 einzubauen, sich über ihn zu knien, um Ihre frisch geliebten Venuslippen seinem Mund zum Kosten darzubieten, während Sie seine Eichel mit Ihrer Zunge liebkosen.

Schlagen Sie ihm einen Zweikampf vor, bei dem er seine Hände hinter den Kopf legt und sie nicht herunternehmen darf – ganz egal, was Sie tun. Und Sie dagegen alles tun, um ihn dazu zu bringen, dass er seine Hände auf Ihren Körper pressen und Sie fest an sich ziehen will. Wie genau Sie das anstellen? Ziehen Sie alle Register! Steigern Sie langsam die Intensität der Berührungen und streicheln ihn etwa zuerst nur mit einer Rose. Dann mit Ihren Fingern, schließlich mit einem Vibrator. Lecken, saugen und beißen Sie ihn. Lieben und reiten Sie ihn, indem Sie seine Eichel nur aufreizend kurz zwischen Ihre Vulva tauchen lassen. Sie werden gewinnen, wetten! Fordern Sie Revanche und erleben, wie scharf es ist, zu genießen und sich gleichzeitig beherrschen zu müssen.

Man nehme: einen weichen Seidenschal ... Bitten Sie ihn, sich nackt auf einen Stuhl zu setzen. Lassen Sie sich langsam auf ihm nieder und sehen ihn unverwandt an, während Sie den nicht zu dünnen Seidenschal heranholen, durch Ihre Faust ziehen, um seinen Nacken legen und ihn zu einem Kuss an sich heranziehen. Schlingen Sie den Schal dann um Ihre Taille, geben Ihrem Geliebten die Enden in die Hände – und lehnen sich zurück. Aber nur so weit, wie er es zulässt! Folgen Sie dem Tempo, das er mit diesen »Zügeln« vorgibt. Zünden Sie danach die nächste Stufe seiner Dominanz: Lassen Sie sich den sanften Zügel von hinten beim Doggystyle um die Hüfte legen, um sich noch heftiger gegen seine Lenden ziehen zu lassen. Oder bindet er ihn doch gleich um Ihre Brüste?

Lassen Sie sich von seinen Liebkosungen entfesseln –
in klassischen Bondage-Positionen, die seine Begierde
und Ihre Lust erhöhen. Die vier aufregendsten Stellungen
der »Ligottage« (franz. Begriff für Erotic Bondage):

- Hogtied froggy style: Bitten Sie ihn, Ihnen im Liegen jeweils links und rechts das Handgelenk an das Fußgelenk zu fesseln. So drückt sich Ihre Klitoris herausfordernd weiter nach vorn, und Sie können gar nicht anders, als mit herrlich gespreizten, weit angezogenen Schenkeln dazuliegen und ihn das machen zu lassen, wonach ihm ist.

- Das Sex-Y: Der Klassiker unter den Ligottage-Stellungen – er fesselt Ihre Handgelenke (mit Ledercuffs oder Seilen; nicht mit Handschellen, das ist Babykram), damit er in Ruhe mit allem, was er will, auf Ihrem Körper auf und ab manövrieren kann. Vielleicht reibt er genüsslich seinen Schwanz überall dort entlang, wo Sie es ihm befehlen? Hals, Wange, zwischen den Brüsten ...
- Das Sex-X: Ob im Stehen oder Liegen – nun sind auch Ihre Beine fixiert. Sorgen Sie dafür, dass Sie sie ein bisschen anziehen können, damit Sie leichter unter seinen Liebkosungen kommen können.
- Die Kunst des Crotchrope: Wenn Ihr Liebhaber richtig gut ist, knüpft er einige Knoten so in einen kühlen schwarzen Seidenschal oder ein weiches rotes Seil, dass die Knoten direkt auf Ihrer Klitoris zu liegen kommen, wenn er Ihnen das Seil sanft durch die Schenkel zieht.

Was für ein Glück hat jene Frau, dessen Geliebter Motorrad fährt, denn seine Lederhose ist ein heimliches Liebesspielzeug! Solange er sie noch trägt, aber sonst nichts, können Sie im duftigen Seidenslip oder nackt, aber dann mit etwas Gleitgel auf Ihrer Scham, auf seinem Oberschenkel reiten. Nehmen Sie sein umledertes Bein zwischen Ihre Schenkel, schubbern und reiben Ihre Klitoris daran, während er Ihre Hüfte festhält und Sie noch fester an sich presst.

☞ Die Kunst des Spontansex an anderen Orten als dem Schlafzimmer liegt in der gedanklichen Vorplanung. Denn um eine überraschende Versuchung zu erkennen und ihr nachzugeben, müssen Sie ein Bewusstsein für Chancen entwickeln. Stellen Sie sich bei einem langen Bad oder einem Glas Champagner im Bett alle Orte vor, die Sie in nächster Zeit aufsuchen werden. Scheuen Sie sich nicht, die Sache praktisch zu durchdenken: Welche Stellung, welche Praktik wäre im Treppenhaus geeignet? Was könnte ich in der Tiefgarage für leicht zu entfernende Kleidung tragen? Was ließe sich in einer Umkleidekabine, in der Waschstraße, im Weinkeller miteinander machen? Wie könnten lüsterne Handspiele in der letzten Kinoreihe aussehen? Je mehr Details Sie durchplanen (wie zum Beispiel: Sex am Strand, da könnten wir beide die Sonnenbrillen auflassen und das scharfe Spiegelbild bewundern), desto eher können Sie im Augenblick der Chance Ihre Strategien abrufen und der Versuchung nachgeben, ohne zu zögern.

10 Sekunden für ein Halleluja: Wenn er auf den point of no return zusteuert (Sie merken das unter anderem daran, dass sein Schwanz praller wird), hören Sie für zehn Sekunden auf. Und machen dann genauso weiter mit dem, was Sie vorher taten – ob mit Ihrem herrlichen Mund, den kundigen Fingern oder der Hitze Ihres Schoßes. Zwei- bis dreimal dürfen Sie diese Verzögerungstaktik anwenden, bis Sie beim vierten Mal nur für drei Herzschläge aussetzen, dann zügig und kraftvoll weitermachen und ihn in den Orgasmushimmel lassen.

Zeigen Sie ihm den Königsweg der Erregung: die Kunst der kleinen Kreise. Er möge das Häutchen Ihrer Klitoris sanft hochziehen und sie entweder mit Zunge, Finger oder einem Vibrator nass umkreisen. Zwischendurch hört er auf und macht dafür mit der Fingerspitze kleine Kreise an Ihrem Scheideneingang. Dann kombiniert er diese Techniken. Dringt er ein, soll er auch mit leicht gekrümmtem Finger kleine Kreise fahren. Wichtig ist dabei, dasselbe Tempo beizubehalten, das Sie ihm vorgeben. Kreise erfordern Koordination und Kommunikation des Stöhnens und leiser Worte, doch mit Ihrer sinnlichen Lektion wird er als Meister jedes Kreisverkehrs daraus hervorgehen!

☞ Augen auf beim Verkehr: Sich in die Augen zu sehen, den Namen des anderen zu flüstern, sich immer wieder lange und bewegungslos zu umarmen – das sind die Dinge, die die emotionale Nähe zueinander herstellen. Manchmal passiert dann etwas, was kein Sextrick dieser Welt erreicht: Sie spüren, ohne zu denken, was Sie voneinander wollen, Intuition und Körper übernehmen, Sie haben sich aufeinander eingeschwungen. Voraussetzung: Sie sind sich auch außerhalb des Bettes emotional nah, um sich auf diese seelische Nähe einzulassen.

Küsse können eine Droge sein – vor allem jene aus dem »Kopfkissenbuch« japanischer Kurtisanen: ein Zungenbad, in dem sie erst seinen ganzen Körper mit festen Zungenstrichen bedeckt. Erst der warme Mund, dann der Hauch von Kühle, wenn die Feuchte auf der Haut verdampft. Manche Geishas wiederholen das Bad, allerdings mit ihrer Vulva. Die »Miniversion« des Lippenbades ist, wenn Sie den Wechsel zwischen Zunge und Schamlippen nur auf seine begeisterte Erektion konzentrieren.

Wieso immer nur hinein? Anstatt in Ihnen zu kommen, könnte er doch mal auf Ihrem Bauch, Ihrem Busen, Ihrem Gesicht, Ihrem Po, in Ihren Händen ... kommen.

Ja, Sie können sogar, nachdem Sie gekommen sind, zu einer anderen Spielart übergehen, anstatt zu vögeln, bis er kommt – etwa mit dem Mund, der Hand, zwischen Ihren Schenkeln, mit einem Minivibrator, den Sie ihm an die Eichel halten (Vorsicht, nicht höchste Stufe!!); Sie könnten ihm die Schenkel oder Hoden lecken, während er masturbiert, an den Zehen ziehen, sich an der Wand abstützen und lasziv auf seinem Gesicht reiten, den Schwanz zwischen Ihre Brüste drücken ... Vögeln können nicht nur die Geschlechtsorgane, sondern Ihr ganzer Körper.

Aus dem Tantrischen: Lassen Sie Ihre Geschlechter »sprechen«: Während Sie ruhig ineinander liegen, konzentriert sich das Gefühl automatisch auf Ihre Körpermitte. Auf jeden Druck Ihres PC-Muskels darf er versuchen, mit einem Zucken seines Penis zu antworten. In der indischen Liebeskunst Tantra spricht man von einem »energetischen Liebeskreislauf«, wenn Sie dabei rhythmisch an der Zungenspitze des anderen saugen.

Die Lust an der weiblichen Dominanz. Wenn ich mich ab und an über einen Geschäftspartner ungeheuer aufrege und aus tiefstem, zornigem Herzen knurre: »Ich könnt ihn schlagen!« – dann sagt meine Freundin B. mit einem kleinen, süffisanten Lächeln: »Hör auf, nachher mag er das.«

Männer und die Lust auf Unterwerfung – fast ein zu schönes, großes Thema, um ihm nur einen Absatz zu widmen. Es geht dabei nicht um geschlagen oder verletzt werden oder gemäß dem S/M-Klischee um den Bankenmanager, der mal ordentlich von einer schnieken Domina vertrimmt und beschimpft werden möchte – sondern um die Lust, sich nehmen zu lassen. Vielleicht kennen Sie dieses Lustgefühl bereits von sich selbst; wenn Ihr Liebhaber Sie sich schnappt, sich an und mit Ihnen austobt, wenn er Sie mit Mund und Händen und Blicken und Worten schier verschlingen will und sich holt, was er kriegen kann.

In etwa das macht Männer ebenso an. Eine Frau, die ihn fesselt und sich auf ihm, gänzlich auf ihre Lust fixiert, zum Orgasmus reitet, eine Frau, die seinen Kopf tiefer zwischen seine Schenkel drückt und sagt: »Mach schon, leck mich.« Eine Liebhaberin, die ihn an die Wand drückt, seinen Schwanz umfasst, mit ihrer Zunge seinen Hals hinauffährt wie eine hungrige Werwölfin kurz vor dem Verspeisen eines Desserts; eine entschlussfreudige Mätresse, die ihn auf das Bett oder das Sofa schubst, sein Ding rausholt, rigoros anbläst und ihm währenddessen seine tastenden Finger beiseiteschlägt ... natürlich: Dies sind alles Gesten, ihn zu unterwerfen, und stellen einen Egokick für ihn dar. Es ist dieses köstliche Gefühl von: Sie will mich so sehr, dass sie mich benutzen will für ihre Geilheit. Es geht also nicht um Schmerz, Strafe, Demut, nicht darum, den anderen zum Objekt zu machen – sondern es ist die nackte Form des »Wow, ich werde gewollt, juchhu!«.

Doch, das macht vielen Männern Spaß. Vor allem, wenn Sie ihn zwischendurch mal zappeln lassen, gerade wenn es weniger darum geht, dass Sie sich holen, was Sie wollen – sondern wenn Sie ihn nach Strich und Faden fertigmachen wollen. Wie bei dieser Aufs-Bett-schubsen-Anblase-Sache: Aufhören, sich zurückziehen, sich zwischendurch auf sein Gesicht setzen oder ihn fragen: »Na, gefällt dir das? Soll ich weitermachen? Ach ja?« Das dürfte genau die Sorte gefährliches Spiel sein, auf das er sich gern einlassen wird. Und wenn mich nicht alles täuscht, dann hat jede Frau ein ihr eigenes Potential an Dominanz und jeder Mann sein Quantum Lust, sich dem auszuliefern.

Wie es genau bei Ihnen beiden aussieht? Beginnen Sie vielleicht mit einem Test: Drücken Sie ihn an die Wand, spreizen seine Beine, strecken seine Arme links und rechts zur Seite und gehen ihm an sein Lieblingsding. Hält er still? Wölbt er sich Ihnen gar entgegen? Schließt er genussvoll die Augen? Bingo. Das ist einer, dem Sie durchaus Freude damit bereiten können, ihn immer mal wieder zur Bewegungslosigkeit zu verdammen (Fesseln, Befehle, Festhalten), um sich an ihm zu vergehen – ob für Ihre oder auch für seine Lust.

Und wie ist das nun mit dem Hauen? Bitte nur zu. Das ist ja gerade eines der faszinierendsten Eigenheiten des Sex, das dort Gesetze außer Kraft gesetzt werden, wie zum Beispiel das Gesetz, dass man nicht schlägt, wen man liebt, oder das Gesetz, dass nur Harmonie zum Glück führe. Sexualität und geiler Sex folgen oft eigenen Regeln, die diametral zu dem, »was sich gehört«, stehen.

Aber was tut die wagemutige Gefährtin, die auf seinen hervorgekeuchten Wunsch »Schlag mich!« es tatsächlich wagt, ihn auf die Wange oder kräftig auf den Hintern zu klapsen? Sie benutzt die flache Hand und zögert keine Sekunde! Nicht eine!

Was macht die Frau, die einen schmatzigen Schlag auf den Po, ein sanftes Klapsen ihres Venushügels, einen krallenden Griff in die Brust oder eben sogar den Schlag ins Gesicht als erregend empfindet? Entweder haben Sie einen Liebhaber, der sich das traut. Weil er weiß, dass Sie dann nicht an seiner Liebe zweifeln. Weil er verstanden hat, dass Sex und Schmerz in individuellen Abstufungen ein aufregendes Team sein können. Oder er traut sich nicht – seine Liebe ist eine zärtliche, er bringt es einfach nicht über sich. Nun denn. Aber Sie haben es wenigstens probiert!

Vergessen Sie, dass Sie »schon« s/m sind, wenn Sie es sich hoch erregend vorstellen, zu hauen oder gehauen zu werden; in anderen Kulturkreisen sind die Grenzen fließender, ich sag nur so viel: Bei den Franzosen gehören Bondage (»Ligottage«) und Klapse aller Art zu einem völlig anerkannten Schlafzimmerrepertoire, da käme keiner auf die Idee, das schon in Richtung Grenzbereich zu drücken; das läuft für diese Nation unter: Oh, là, là. Und wenn Sie Lust auf mehr Grenzbereiche haben, dann werfen Sie einen kühnen Blick in die Werke meines klugen und gutaussehenden Kollegen Christoph Brandhurst (siehe Seite 331).

Es kommt allein auf Sie beide an, was Sie alles miteinander erleben wollen; und seien es Abgründe, die durch Schläge, Klapse, Zwang entstehen. Seien Sie wach, nicht ohne Absprache zu weit zu gehen. Und auch dann, wenn Sie ihn zwingen oder sich zu etwas lustvoll zwingen lassen: Sehen Sie es als Spiel, in dem Respekt gewahrt bleiben muss und in dem sogar der Zwang nur »gespielt« und einvernehmlich ist.

Die trainierte Pussy, braucht man die? Nein, aber trainierte Beine. **Wofür sich Ihr Beinmuskeltraining, Yoga und Stretching wirklich lohnen:**

1. Ihn im Missionar mit den Beinen umschlingen, die Knöchel hinter seinem Po verhaken (manche tragen dabei High Heels, damit er das kühle Leder auf der Haut spüren kann), und ihn tiefer und fester in sich hineinziehen.
2. Anstatt über ihm zu knien, in die Hocke gehen – das beschert nicht nur geile Einblicke, wie sein schöner Schwanz zwischen Ihren engen Vulvalippen eintaucht, sondern verengt außerdem den Scheidenkanal, und Sie können mit Ihrem PC-Muskel an seinem Schaft auf und ab »küssen«.

3. Und noch einmal die Hocke: Anstatt über seinem Gesicht zu knien, um seine kundige Zunge auf Ihrer Vulva zu spüren, hocken Sie sich über ihn – so geraten Sie beide nicht in die Gefahr, dass Sie im Eifer des (knienden) Gefechts versehentlich Ihren Venushügel zu fest an seine Nase drücken und er keine Luft mehr bekommt.
4. Um sich im Stehen über ihn herzumachen, während er auf einem Stuhl sitzt (gefesselt womöglich? Oh, là, là!), und aufreizend langsam nur auf seiner Spitze zu wippen, bevor Sie ihn tief in sich aufnehmen – und dann wieder die Beine strecken, um erneut nur seine Eichel aufzunehmen und lustvoll zu necken.
5. Um den »Fliegenden Adler« zu testen: Dabei stehen Sie auf zwei Stühlen (oder Fußhockern), während er vor Ihnen steht. Dann gehen Sie etwas in die Hocke, er dringt ein, und Sie wippen mit leichten Kniebeugen auf seiner Erektion.
6. Um endlich die Wiener Auster zu probieren: Dabei ziehen Sie die Knie so weit an, bis sie wahlweise neben Ihren Ohren zu liegen kommen oder Ihr Geliebter nachhilft und Ihre Füße so weit hinter Ihren Kopf drückt, dass Sie sich nicht mehr rühren können. Und da glänzt sie auf, die Perle, wie in einer Auster. In dieser Position verengt sich der Scheidenkanal, er wird kürzer, so dass Sie mehr von allem spüren – und er auch ...
7. Um sich mit den Füßen einen Widerstand beim Liebesakt im Missionar zu suchen (eine Wand, die Bettkante) und sich unter ihm per Beinkraft schiebend hin und her zu bewegen und Ihre Klitoris an seinem Schambein zu reiben.
8. Und ebenso, um endlich mal auszuprobieren, was an der Budapester Beinschere dran ist: Dabei liegen Sie einan-

der gegenüber, die Beine so angeordnet wie zwei geöffnete Scheren, die ineinander gleiten. Dort, wo sich die Mitten treffen, wird es scharf ...
9. Weil eine Frau mit kraftvollen Beinen auch immer kraftvoll im Leben stehen wird – unabhängig.

... und danach?

Sterne betrachten, zusammen nackt tanzen, im Bett essen, lachen wie die Brüllaffen: Am meisten bleibt das von einem schönen Abend in Erinnerung, was als Letztes passiert ist. Dazu gehört, den Sex sanft ausklingen zu lassen und nicht unter die Dusche zu hetzen (manche Männer haben diesen Spleen – ätzend), sondern sich zum Beispiel eine Liebeserklärung zu machen, noch mal Hand in Hand dazusitzen, sich gegenseitig den Kopf zu kraulen, etwas im Bett zu essen oder sich zu massieren ... und auf jeden Fall, wenn Sie nicht gekommen sind, darauf zu bestehen, dass er mit Finger oder Zunge mitmacht, dass Sie ihn einholen. Warum? Weil Sie sich mit Orgasmus besser fühlen werden, darum. Und sich nicht vor dem nächsten Sex mit der Frage rumplagen müssen, ob Sie denn diesmal vielleicht kommen. Auf Dauer immer diejenige zu sein, die verzichtet, kann die Lust auf Sex empfindlich mindern.

Ich würde gern mal ein halbes Buch vollschreiben über die Bedeutung des »Danach« für das Liebesleben und die Seelenlage eines Paares. Es geht dabei nicht um »Nachspiele« oder wie er ihn das zweite Mal hochbekommt. Sondern um die Stimmung, um die Art, wie miteinander nach der erfüllten Lust umgegangen wird. Je älter ich werde (und daran mag es vielleicht liegen), desto mehr Achtsamkeit verwende ich für das Hinterher, es gibt nicht mehr so viel Fixierung auf das Vorher und seine Verführungs- und Heißmach-Varianten.

Wie oft hatte es mich gekränkt, wenn ein Mann sich verlegen abrollte, mich hilflos anguckte, weil ich nicht gekommen war, und zurück zum Alltag zappte, ganz gleich, ob ich noch in Flammen stand oder nicht; abrupte Übergänge lassen das gesamte Erlebnis irgendwie schal werden. Es geht nicht um: Frauen wollen danach im Arm gehalten werden. Nö. Aber streicheln, tanzen, quatschen, berühren oder noch ein bisschen Schweinkram mit Fingern, Mund oder Spielzeug machen – sehr wohl. Irgendwann wurde das »Danach« für mich zum Test: Erst jener Mann, der auch nach seinem Orgasmus noch hundertprozentig zugewandt war, der bekam die Chance auf ein Wiedersehen. Es hat sich gelohnt, dieser Test.

Und jetzt das Schleifchen: Das sexuelle Universum zwischen zwei Menschen kann unermesslich und grenzenlos ausgeweitet werden. Wenn Sie und Ihr Liebster einander zeigen, was Sie anmacht, wenn Sie einander erzählen, was für neue Ideen Sie haben, wenn Sie einander Ihre Eigenheiten offenbaren und sich daran erinnern, was der andere alles Schönes will. Wenn Sie einander Aufmerksamkeit und Wohlwollen entgegenbringen; manche nennen das Liebe, es kann aber auch Respekt, Leidenschaft, Vertrauen genannt werden. Wenn Sie einander umwerben und mit Großmut und Mut begegnen. Wenn Sie sich immer wieder zuflüstern, wie sehr Sie aufeinander stehen.

Es sind nicht die bombastischen, ausgefeilten, glamourösen sexuellen Dinge, die wir voneinander erwarten; es ist – wie in der Liebe – die Summe der Kleinigkeiten, die das Liebesleben glänzen lassen. Beginnen Sie mit den Kleinigkeiten, und Sie werden etwas Großartiges erleben: Dass es erwünscht ist, was Sie wollen. Dass es erregt, wenn Sie sich sichtbar machen und zeigen, wie Sie erregt werden können. Dass Sie sich vor nichts zu fürchten brauchen.

Absolut phantastisch: das weite Land in meinem Kopf

Phantasien, Phantasien, Phantasien! – Was wären wir ohne sie? Nein, nicht glücklicher. Wir wären immer noch Baumratten.

Der Verstand schenkte uns die Fähigkeit zum Rumspinnen. Jede hat eine oder mehrere heimliche Phantasieszenerien, die zutiefst erregen. Sie verwirren, weil sie unser Idealbild von uns selbst auf den Kopf stellen. Sie animieren uns zum Träumen, zu den schönsten Nächten. Oder führen zu den schlimmsten Auseinandersetzungen zwischen zwei Liebenden, wenn die Phantasien allzu leichtfertig gestanden werden.

Phantasien sind zärtlich, brutal, pervers, göttlich, anmutig oder kokett – immer grenzenlos, amoralisch, sie sind das Licht und der Schatten in uns. Und gerade diese Janusgesichtigkeit macht sie so unheimlich und so unheimlich schön.

Ich bin fest davon überzeugt, dass die Kraft der erotischen Phantasie jede und jeden und alles in unserem Leben, Denken, Fühlen und Verhalten durchdringt. Ohne sie gäbe es keine Literatur und keine Filme (und keiner würde sie kaufen, um sich von den Phantasiewelten entzücken zu lassen). Sie macht, dass wir scharfe Unterwäsche kaufen, Hotelzimmer mieten, Lederstiefel lecken. Sie erlaubt, dass wir uns verlieben oder begehren – weil sie parat steht und uns ausmalt, was wir mit dieser Person alles erleben und fühlen könnten ... Sie treibt uns in Sexshops, in Swingerclubs, in Vollmondnächte am Strand, in die Arme Fremder, ins Kino. Sie lässt uns an Werbung glauben, die mit jedem Produkt eine erotische Phantasie erzählt.

Allerdings bin ich auch überzeugt, dass es zwei Sorten von Menschen beim Umgang mit Phantasien gibt: *die Freien* und *die Gefangenen*.

Die *Freien* kennen ihre Phantasien, akzeptieren sie bereits als Teil ihrer Persönlichkeit und wissen genau, welche Szenerien sie in die Realität transportieren und welche sie im Schutz des Kopfes belassen wollen, weil sie nur dort funktionieren. Vergewaltigungsphantasien, Schmerzphantasien, Seitensprungphantasien. Die *Freien* sind frei, weil sie die Freiheit ihrer Gedanken ertragen können und wie diese Gedanken sie durchdringen.

Die *Gefangenen* dagegen haben eine Hornhaut gegen ihre Phantasien gebildet, um sich von ihnen abzugrenzen. Weil sie ihnen zu laut, zu »pervers«, zu sündig oder »krank« vorkommen. Weil sie so ganz anders erscheinen als das, was »konform« oder »normales Sexualverhalten« ist, oder weil sie der eigenen Persönlichkeit diametral gegenüberstehen (der Erfolgsmann gönnt sich seine Unterwerfungsphantasie nicht, die übergewichtige Frau verbietet sich die Szenerie, von ganz vielen attraktiven Männern gewollt zu werden). Solchen Menschen bereitet die Freiheit ihrer eigenen Gedanken unerträgliche seelische Schmerzen. Sie mauern sich ein in Selbstvorwürfe, sie wollen ihren Schatten nicht sehen, und sie haben Furcht vor den freien Menschen, die sich mit ihren Phantasien arrangiert haben.

Dabei ist der Mensch, weil er Mensch ist, immer beides: hell und dunkel.

Was für ein Typ sind Sie? Und was für ein Typ ist wohl der Mann, der morgens mit Ihnen aufwacht?

Haben Sie einen peitschenschwingenden Zerberus im Kopf, der Sexphantasien hinter Gitter scheucht und sie geißelt?

Diesen Mister Zensor haben wir übrigens alle. Der Idealbild-Überwacher, der Ihnen (und auch mir, was denken Sie denn! Ich liege oft mit ihm im Clinch, weil er mir verbieten will, über Sex zu schreiben) diktiert, was sich gehört, was frau macht und was nicht – und der auch entscheidet, was pervers ist und was nicht.

Er ist in Ihrem Kopf, sein Urteil besteht aus tausend Stimmen, die Sie in der Kindheit, der Jugend, in den vergangenen Jahren gehört und gelesen haben, er spricht mit der Zunge der Männer, die Sie abwiesen, mit dem Zweifeln der Freundin, wenn Sie mal eine Phantasie andeuteten, mit der Häme der Boulevardzeitung, wenn diese sich über eine Pikanterie eines Prominenten echauffiert. Er verbietet Ihnen den Mund, über Ihre konkreten Bedürfnisse zu reden – Sie bleiben mit Ihrem Geheimnis allein oder teilen es vielleicht mit Ihrem Tagebuch, mit onlinebeichte.net oder im anonymen Forumschat oder mit Ihrer besten Freundin, die auch nicht weiterweiß.

Dabei zensieren Sie sich strenger, als es nötig wäre:

Zwölf Realitäten über die Phantasie

1. Wären Phantasien nicht so amoralisch und der Vernunft abgewandt, wären sie nicht erregend und keine Phantasien mehr. Die Anstößigkeit liegt nicht in der Sache, sondern in der Individualität. Seien Sie froh, dass Sie welche haben, sonst wären Sie ein Insekt.
2. Sie hätten auch keinerlei Sex. Erotik ist so gar nicht interessiert an dem, was sich gehört: Sex muss schamlos, anstößig, schmutzig sein, um höchste Lust zu schenken; wenn er es nicht in »echt« ist, muss er die Chance haben, auf Phantasien auszuweichen, um nicht zu versteinern.
3. Was immer Sie bereits an Phantasien hatten oder haben und bisher dachten, diese seien schlimm – es gab schon vor Ihnen Menschen, die dieselben hatten. Und es wird welche geben, deren Phantasien noch ausschweifender, detailreicher, pompöser sind.
4. Sich selbst nicht zu zensieren für das Schamlose, das man denkt, und aufhören, sich zu schämen für das, was erregt – dafür muss man über einige Monate und Jahre die Chance haben, damit es sich entwickelt. Der freie sexuelle Mensch wird nicht in einer Nacht geboren.
5. Sie brauchen nicht über Ihre Phantasien zu reden. Jeder Mensch muss seine sexuelle Autonomie behalten, es muss einen von anderen abgegrenzten Bereich im Selbst geben. Denn erst ein »Ich« ist fähig, in ein »Wir« einzugehen. Und selbst wenn Ihr Partner sich ausgeschlossen fühlt, schmollt, eifersüchtig ist, weil Sie partout nicht sagen wollen, was Sie sich so alles denken, müssen Sie sich nicht offenbaren, es ist keine Liebespflicht.
6. Sehen Sie Ihre still gehüteten Phantasien als Kurort, um sich von dem Rest der Welt zu erholen. Wo Sie sich

austoben können mit all Ihrer Liebessehnsucht, mit fordernden, egozentrischen, wütenden, passiven Seiten. Ohne dass es jemanden stört. Wo Sie die Schattenseiten rumrasen lassen. Ich gehe sogar so weit zu sagen, dass Phantasien ein Seelenhygieneprogramm sind, ein Ventil, um mit Emotionen zu spielen, die wir in der Wirklichkeit bestens beherrschen, aber deren archaische Seiten oft keinen Platz in der Realität haben. Sie ab und zu frei laufen zu lassen in der Sicherheit des Kopfes – wo Sie sie ja zu jedem Augenblick »abschalten« können –, erhält die innere Gelassenheit.

7. Phantasien sind »Proberaum«. Sie können ohne Konsequenzen Emotionen ausprobieren und, wenn sie Ihnen gefallen, entscheiden, ob Sie sie in die Realität bringen wollen. Insofern sind Phantasien ein Ausblick darauf, was Sie noch erleben könnten.

8. Phantasien müssen nicht alle erfüllbar sein, um sie zu genießen, und sie sind auch nicht alle dafür gedacht, in die reale Sexualität einzufließen! Sie haben bereits ihren sinnlichen Zweck erfüllt – indem Sie sie im Kopf ankicken. Und nur dort.

9. Phantasien, die so »anders« erscheinen, als Sie sich wahrnehmen, sind *kein* Anzeichen dafür, dass Sie ein anderer Mensch *sind*. Der Mensch ist gegensätzlich. Sie sind alles, hell und dunkel, mit Grauzonen dazwischen. Betrachten Sie die Phantasien als Appendix oder Triangel Ihres Charakters, aber nicht als Dirigentin.

10. Es gibt eine tragische Magie der Phantasie: Eine Phantasie, die zur Gänze ausgesprochen, die in allen Details erklärt wird, in der alle Emotionen offengelegt werden, verliert mit jedem Wort ihren Zauber. Phantasien und Realität sind Gegenpole. Das macht die phantastische

Magie aus, ihre Kraft, ihre Erotik. Phantasien wehren sich, aus der »magischen« Zone, in der sich Bilder und Emotionen chaotisch ineinander schieben, in die pragmatische überzugehen, geordnet zu werden, sich einem Zuhörer zu stellen. Sie wehren sich, sich der Machbarkeit und Moral zu stellen, die die Wirklichkeit von ihnen abverlangt: »Ah, du phantasierst, dass ein Mann dich auf dem Küchentisch leckt, im Restaurant gar? Welches, französisch? Weiße Tischdecken oder rote? Kerzenlicht? Und wie sieht er aus? Nicht wie ich?! Nun sag doch mal!« – Die Realität ist niemals ein so perfekt durchkomponiertes Drehbuch wie das Kopfkino. Und was es der Phantasie noch so schwer macht, im kühlen Licht der vernünftigen Realität zu überleben: Es ist ja dann ein anderer Mensch dabei und mit ihm auch *seine* Hoffnungen, seine Erwartungen, seine Phantasien, seine Zensoren. Wie kann man ihm da alles mit dem Verstand erklären, was die Phantasie so berauschend macht, wenn sie doch in der Emotion geboren wurde?

11. Der Faktor Liebe. Es ist erstaunlich, dass wir so sehr lieben können, dass wir uns nicht trauen, Phantasien auszusprechen. Was hält er dann von mir, verletze ich ihn, schockiere ich ihn, belaste ich ihn, stoße ich ihn ab? Die Scham ob der Lust (und das befällt Männer manchmal noch mehr als uns!) ist manchmal so groß, wie die Liebe ist. Wie seltsam wir Menschen sind.

12. Die gute Nachricht: Es gibt zwei verschiedene Sorten Phantasien. Die, die nur im Kopf funktioniert. Und die, in der sich reale Machbarkeit und Magie der chaotischen Emotion kreuzen. Und das sieht in der Praxis so aus ...

Phantasietransfer in die Realität

Ich möchte versuchen, die Phantasie offiziell in zwei Bereiche zu trennen:

Erstens: *Die Traumwelten*. Das sind jene Phantasieszenarien oder Drehbücher, die nur im Kopf funktionieren. Von denen Sie genau wissen, dass Sie sie in der Realität nicht ausleben wollen, um glücklich zu sein. Die in die tiefsten Untiefen hinabsteigen (Schmerz, Dominanz, Gewalt) oder die kreativsten Unmöglichkeiten beinhalten (Sex unter Wasser, Sex auf der Opernbühne, Sex mit einem Minotaurus). Die ganz Ihnen gehören und die Sie nicht zu verraten brauchen und denen Sie sich bei allen Gelegenheiten widmen können – ob als Tagtraum, Masturbationshilfe, um eine Kurzgeschichte zu schreiben oder, ja, auch dann, wenn Sie mit einem Mann schlafen und einen Kick brauchen, um sich zum Kommen zu bringen.

Diese Phantasien sind ein Ausflug, eine Bilderschau, als ob Sie sich einen Film ansehen. In echt? Och. Nö, wieso?

Und wozu drüber reden?

Um Absolution zu erhalten, um sich ganz besonders ehrlich und nah zu begegnen? Auch wenn Sie Absolution erhielten: Eine Phantasie kann ihren verbotenen Reiz dadurch rasch verlieren; und Ehrlichkeit und seelische Nähe erreichen Sie auch auf zig anderen Wegen.

Für diese Sorte Phantasien, die Traumwelten, habe ich nur einen Rat: *Behalten Sie sie für sich und erfreuen sich daran.*

❖▸ Der Seitensprung-Irrtum: Es ist ein Gerücht, dass Männer dauernd von Sex mit anderen Frauen, möglichst vielen, träumen. Sehr oft ist die Partnerin Teil der Phantasien – nur an anderen Orten, mit anderen Spielereien. Und wenn sie nicht Teil des Ganzen ist? Ach – dann haben Männer alles Mögliche im Kopf: Sex auf dem Fußballplatz, Frauen beim Masturbieren zusehen, von irgendeinem Star einen geblasen bekommen, dominiert werden, von einer gesichtslosen Fremden gewollt werden, eine Schlafende vögeln, von einem Hund derweil die Eier geleckt bekommen, geschlagen werden, von seiner Lehrerin verführt werden, ein Dandy im viktorianischen Zeitalter sein und an einer Orgie im Spiegelsalon teilnehmen ...

Wenn Sie erfahren wollen, wie die Traumwelten von Männern, wie ihre in der Realität nicht gewünschten Phantasien aussehen: Erwerben Sie *Die sexuellen Phantasien der Männer* von Nancy Friday. Bedenken Sie immer: Das sind die Geschichten, die ein Mann sich selbst erzählt. Er kritisiert damit weder Ihr gemeinsames Liebesleben, noch träumt er von Untreue, noch ist er unerfüllt.

Zweitens: Die Geilheiten. Jene Phantasien, die sich in Erlebnismöglichkeit abspielen, die »machbar« sind, weil sie konkrete Praktiken oder realitätsnahe Accessoires beinhalten. Dazu gehört zum Beispiel die Idee, es mit einem Mann am Strand zu tun oder im Fahrstuhl oder anal im Keller. Dazu gehören Phantasien, die sich mit der Lust an körperlicher Unterwerfung beschäftigen, Phantasien, in denen Appetit auf Schläge auf den Po (Spanking) mitschwingt. Auf Rollenspiele. Auf Risiko. Auf neue Orte.

Diese geil machenden Eros-Dirigenten bewegen sich immer noch im diffusen Bereich der Phantasie und chaotischer, unerklärbarer Emotionen – es sind *nicht* die konkret körperlichen Bedürfnisse wie »berühre meine Klitoris zarter«,

»lass es uns mal morgens tun, das mag ich« oder »könntest du mir bitte mal meine Zehen lecken«. Diese »technischen« Raffinessen sind die Aufklärung, die Geilheiten dagegen das Barock. Bei der Technik geht es um die Sache, die problemlos ausgesprochen, erbeten oder mit Gesten gezeigt werden kann. Beim Barock um die Schnörkel: um das Drumherum, das emotional verstrickter ist. Und schwer zu erklären.

- Einige dieser phantastischen Welten, in denen diese Eros-Blüten angekickt werden, sind bekannt und liefern vorgefertigte Bühnen, Accessoires, die sich quasi selbst erklären: etwa der S/M-Bereich, Fetische wie Lack/Leder/Korsetts/Schuhe/Latex und so weiter, Bondage, »sich mal wie eine Hure aufführen« und so weiter.
- Andere Drumherums wollen selbst erobert und mit Accessoires oder Inszenierungen kreativ gefüllt werden: etwa Rollenspiele, Macht- und Unterwerfungsspiele, Kicks wie Sex in der Halböffentlichkeit; anderen beim Sex zusehen (im Swingerclub) oder die Lust darauf, es mit einem völlig Fremden sofort zu tun. Oder Sex wie mit einer Affäre zu haben – und das in ein Spiel mit dem eigenen Partner zu übertragen, sich phantasiegemäß zu verstellen, zu schauspielern.
- Die konkretesten Versuchungen sind »nur« Praktiken, die eine bestimmte Emotion auslösen sollen: Spiele mit heißem Wachs auf der Haut (Schmerzlust), Schläge von zart bis hart, Angst-Lust-Spiele wie Augen verbinden, Befehle geben oder empfangen, gespielte Entführungen, gespielte Vergewaltigung, gespielter Streit ...
(Merken Sie? Je pragmatischer man über Phantasie und Emotion redet, desto stärker wollen sie ausweichen.)
- Versöhnungssex hat nicht umsonst den Nimbus der Lei-

denschaft: Auf körperlicher Ebene Zorn, Unsicherheit oder Verlustangst auszutragen wandelt negative Emotionen in Verlangen. Männer sind allerdings verwirrt, wenn Sie nach dem Versöhnungssex immer noch sauer sind.

Ich denke, Sie wissen genau, was Ihre persönliche Geilheit ist. Wir können *Liebhaberei* oder *Leidenschaft* dazu sagen (weil man auch ein kleines bisschen unter ihnen leidet).

Im Englischen werden diese Vorlieben *Kinky Sex* genannt. Ich verwende diesen Begriff nicht so gern, seit ich im Wörterbuch die Übersetzung nachgeschlagen habe: Kinky bedeutet »abartig, pervers, abnormal oder verdreht«.

Schämen jedenfalls müssen Sie sich für Ihre Leidenschaft auf keinen Fall! Was dem einen als Perversion vorkommt, ist dem anderen eine Freude; was dem einen Phantasien sind, das können sich andere nicht mal vorstellen. Und was Paare treiben, ist allein ihre Sache und geht keinen was an. Bleiben wir also bitte liberal. Und wenn Sie neugierig sind, was andere so treiben: Die sehr gute Reihe *Extrem!* (Band 1 bis 3) von Christoph Brandhurst zeichnet die Protokolle der ausgelebten Leidenschaften aller Art nach; 2010 wird Brandhurts Buch *Kinky Sex* erscheinen. Damit gibt es dann endlich ein Nachschlagewerk für das »Wie geht das?« bestimmter Spiele, für die sowohl mir als vielleicht auch Ihnen das Handwerk fehlen.

Hier ein kleiner Auszug aus Leidenschaften, die mir Frauen verrieten:
- geohrfeigt werden
- gefesselt und dann geleckt werden
- er soll sich an ihr bedienen, während sie im Halbschlaf liegt

- ein Hintern, deren stoßender Schatten an der Wand zu sehen ist
- ein schwarzes festes Kondom, das er sich überzieht und das so dunkel und anders aussieht
- ihn langsam zum Kommen bringen und dass er ihren Namen stöhnt
- ein Latexhöschen tragen, darunter feucht werden und sich von einem Mann durchs Höschen hindurch reiben lassen
- alle Sorten von Lebensmittelspielkram
- Jeans, Lederjacke, weißes Hemd an ihm
- in der Dusche seinen pinkelnden Schwanz liebkosen
- Befehle geben
- fang mich auf dem Dachboden spielen
- mal ein Stripgirl sein und alle gucken
- genau zuhören, wie er ihr sagt, was er mit ihr tun wird
- von ihm im Kino gerieben zu werden und unbeteiligt tun
- beschimpft werden
- beim Kommen in seine offenen Augen sehen
- mit verbundenen Augen gestreichelt werden

Und diese Leidenschaften gestanden die Herren:
- lange rote, spitze Fingernägel, die Ballons zum Platzen bringen
- nackt, in schwarzen Skistiefeln um den Küchentisch laufen
- Schulmädchenuniformen (sie trägt sie)
- hellblaue, durchsichtige Unterwäsche (die trägt auch sie)
- Damsel in Distress, die Jungfrau in Nöten, in allen Variationen; von der Gefangenen im Dschungel bis hin zu der Lady in rotem Lack und weißen Schnüren, die er erst fesselt, dann befreit

- auf dem Friedhof gezwungen werden, sie zu lecken
- der feuchte Fleck einer langsam nasswerdenden Vagina vorne auf einem grauen Sportslip
- sich unter eine stehende Frau legen und sehen, wie sie masturbiert
- sie soll ganz still liegen und sich schlafend stellen
- weißes Sperma auf schwarzem Lack-BH
- das Stöhnen ihres Höhepunkts gedämpft durch einen Knebel
- sexuellausgehungerte Sekretärin
- ihr beim Pinkeln in einem tiefen, dunklen Wald zusehen
- zusehen, wie beim Blowjob Speichel am Schwanz runterläuft
- dass sie sich wie ein Varietégirl anzieht und ihn kokett umwirbt
- halterlose Strümpfe tragen (also, Sie)

... die sie gern mal erleben möchten, aber sich bisher nicht trauen. Oder die sie erlebt haben, aber nicht wissen, wie sie es in ihrer neuen Beziehung wiederholen können. Oder sie hüten diesen Schatz und nehmen sich vor, es eines Tages einfach zu tun, anstatt darüber groß zu reden.

Und das ist vermutlich das Sinnvollste, das ich Ihnen raten kann: *Reden Sie weniger, handeln Sie mehr.*

... und seien Sie vorsichtig, wenn er fragt: »Und was hast du so für Phantasien, Schatzi?«
Wenn es um Leidenschaften geht, liest sich das in den meisten Sexbüchern häufig so: »Sagen Sie Ihrem Geliebten, was Sie sich vorstellen. Finden Sie seine Wünsche heraus, und erfüllen Sie sie.«

Klaro, Honey: »Schatz, ich steh übrigens total auf Bondage. Würdest du bitte so nett sein und mich im Zofenkostüm fesseln, am liebsten mit Knebel. Ach so, warum mich das anmacht, weiß ich nicht, muss irgendwas mit Kindheit oder so zu tun haben. Es wäre auch schön, wenn du dabei Waldmädchen zu mir sagen könntest. Und was willst du so?«

»Ähhh ... ich wollt eigentlich nur mal Sex in der Badewanne.«

Der Erfahrung nach funktioniert diese Methode, sich gegenseitig die sexuellen Phantasien zu erzählen, um sie zu erleben, in der Realität selten.

1. Ihr Kerl wird Ihnen nicht rundheraus sagen, was er will, von was er träumt und was ihm den Kick genau an seiner unzüchtigsten Vorstellung besorgt. Er wird Teile auslassen, lügen, verschleiern, schweigen, Gegenfragen stellen, sich zieren, schämen, lauern, dass es gegen ihn verwendet wird – kurz: Erotische Redekultur funktioniert nicht von jetzt auf gleich. Und bei Phantasien erst recht nicht.
2. Es könnte Ihnen nicht gefallen, was Sie da an Wünschen und Leidenschaften zu hören kriegen, und Sie haben dann die Aufgabe, trotzdem ein sich liebendes Paar zu bleiben, das einander respektiert – auch in der *Unmöglichkeit*, sich alle erotischen Wünsche restlos erfüllen zu wollen.
3. Sie haben in dem Moment, wo Sie einander Ihre Phantasien – gleich welcher Gewichtsklasse – mitteilen, Verantwortung. Egal ob Sie ein Ehepaar sind oder Fremde: Sie sind ab heute der Hüter dieser Phantasien, ob diese Inhalte Ihnen zusagen oder nicht. Gehen Sie damit pfleglich um, tratschen Sie nicht herum, benutzen Sie sie nicht zur Erpressung. Und auch nicht als Instrument, um Vorwürfe zu machen oder sie der Lächerlichkeit preiszugeben.

4. Nur weil etwas gesagt wurde, heißt das nicht, dass Sie es ausleben. Viele Paare haben sich bei einem Küchengespräch schon gesagt, was sie mal wollen – Augen verbinden, dass sie mal Stiefel trägt, dass er was Schlimmes zu ihr sagt oder dass er Sex im Waschsalon haben will. Aber die Taten lassen auf sich warten. Bequemlichkeit, Vergesslichkeit, keine Zeit, keine Lust, passt grad nicht, bin so vollgefressen grad ... und irgendwann bleibt nur noch eine diffuse Erinnerung daran, dass man doch mal was wollte. Folgen auf Worte nicht bald Taten, ist der Moment vorbei, das Beichten verhallt.
5. Wenn umgekehrt Sie gefragt werden, wie es denn um Ihre sexuelle Religion so stünde, dann haben Sie ein Problem.

Der Fragende will etwas Bestimmtes hören, um erleichtert zu sein.

Ja, erleichtert.

Eine Frage nach Intimitäten enthält *immer* auch eine Erwartung. Vor allem die Frage nach den sexuellen Erfüllungsphantasien: die Erwartung, dass es einfach ist. Die Erwartung, dass es seinen eigenen moralischen Prinzipien entspricht. Die Erwartung, dass Sie eine Phantasie haben, in der er eine tragende Rolle spielt. Die Erwartung, dass Ihre Phantasien den Eros-Welten des Fragenden ähneln. Die Erwartung, dass Sie alles preisgeben. Die Erwartung, dass es nicht so abgedreht ist, dass er sein gesamtes Bild von Ihnen revidieren müsste.

Und da zeigt sich schon das ganze Problem in seiner Pracht: All diese Erwartungen implizieren, wie Sie »richtig« antworten müssten.

»Richtig« aber widerspricht den chaotischen, emotionalen Prinzipien der Geilheit. Eine möglichst passende Antwort, eine Lustidee, die er sich gewünscht hat zu hören – eine solche Antwort gibt es nur im besonderen Glücksfall, etwa wenn sich ein Paar findet, deren Leidenschaften sich ähneln!

Außerdem: Es bleibt ja nicht bei der Frage nach dem *Was*. Gleich darauf folgt bestimmt noch das *Warum*. Und das *Wie* genau. *Warum* springen Sie auf diese oder jene Liebhaberei an? (Und dann haben Sie den Salat, denn emotionale, erotische Kicks zu *erklären*, ist unerotisch. Man will sie *fühlen*.)

Ruckartig wird der Schleier des Erotischen entfernt. Darunter harrt die Kühle der rationalen Erklärung.

- Was also bei der Frage »Schatz, was sind denn so deine erotischen Phantasien ...« tun? Schweigen? Gute Idee. Oder nur andeuten? Ja, das wäre eine Möglichkeit. Beste Idee: Nicht erklären. Handeln. Wenn möglich, sofort.

Am nachfühlbarsten ist, wenn Sie sich *nicht* erklären – sondern wenn Sie ihn ohne große Erklärungen in diese Ihre Lustwelt mitnehmen. Wenn Sie es inszenieren. Nicht reden – *tun Sie es*.

»Liebling, frag nicht. Komm. Komm mit mir. Ich zeig's dir ...«

Und ihn dann auf den Dachboden zerren. Oder hinaus in den Regen. Oder seine Hand führen und sie während des Sex an Ihre Wange führen und klapsen, damit er versteht.

Das Handlungsprinzip hat einen Vor- und einen Nachteil.

Den Nachteil zuerst: Sie können scheitern und zurückgewiesen werden – mittendrin, wenn Sie ihm gerade die Gerte hinhalten, wenn Sie das rote Lackkleid mit Müh und Not anbekommen haben, wenn Sie ihm rasch die Worte geflüstert haben, die Sie gern mal gekeucht hören wollen von ihm ... Aber keine seiner Reaktionen ist wie erhofft, er zieht sich zurück. Seien Sie weder ihm noch sich selbst böse. Es kickt ihn nicht an, er fühlt sich nicht gut dabei, es ist nicht sein Ding. Macht nichts. Sie haben es versucht und wissen es nun. Sie werden es schaffen, darüber eines Tages kichern zu können und eine Anekdote draus zu basteln.

Der Vorteil: Während man etwas Sexuelles erlebt, hat man in der Regel keine Zeit zum Nachdenken, man fühlt drauflos. Das Chaos der Lust, die aus Verbotenem, Ungewöhnlichem entsteht, wirbelt die Gefühle auf. Und nur so kann das passieren, was Erklärungen niemals schaffen: Ihr Geliebter kann es nach-*fühlen*, was an Ihren Geilheiten so höllisch himmlisch ist, er fühlt und sieht und riecht und schmeckt, dass es Sie anmacht, und da Ihre Lust die seine anfeuert, begreift er durch Erfahrung, was er durch Erklärung nicht begriffen hätte.

Er sieht es an Ihren hingebungsvollen Reaktionen, im besten Fall fühlt er die unerklärbare Lust in sich selbst. Lust und wie sie entsteht, entziehen sich der Analyse des Verstandes; auch wenn wir uns viel vorstellen können – es zu fühlen überzeugt oft mehr, als zu denken.

- Fazit: Auch wenn ich reden im Prinzip für eine prima Sache halte, um das Liebesleben in technischer Hydraulik einfacher zu machen, umso dringlicher muss ich in Sachen erotische Phantasien vom Redeprinzip abraten, wenn Sie ahnen, dass er nicht der Mann fürs Zuhören ist. Erklären Sie sich nicht. Tun Sie es.
- Oder tun Sie es sofort, wenn Sie es ausgesprochen haben.

Ich träume von ...
Bekenntnisse lustvoller Frauen

Abschließend möchte ich das Leben für sich sprechen und einige Frauen davon erzählen lassen, wie sie ihr Liebesleben gestaltet haben, wie sie ihre Phantasien auf vielfältige Art in die Realität umgesetzt oder auch mal erklärt haben.

M., 32: »Irgendwann wagten wir es doch: und erzählten unsere Phantasien. Etwas, was ich noch keinem Mann verraten hatte, denn ich habe mich nie getraut. Jetzt traue ich mich. Weil er er war. Weil ich ihm traute.

Was ich wollte? Warte, warte, lass es mich einfach erzählen, sonst traue ich mich schon wieder nicht!

Ich schlief und träumte einen Traum voller Bilder und Düfte, die sich wandelten; ich war an einem Meer, es glänzte golden, die Wellen kamen näher, küssten meine Beine, küssten mich dort, wo es wärmer war ... Es war kein Meer. Er war es. Die Wellen der Feuchte lockte er aus mir heraus, mit kosenden, wasserzarten Strichen, alle Härchen stellten sich auf. Ich wollte nach ihm greifen, seinen Kopf zu mir ziehen, doch ein Widerstand hielt mich auf. Ich erwachte vollends. Langsam gewöhnten sich meine Augen an die Dunkelheit, ich erkannte die Fesseln an meinen Handgelenken als Lederbänder ... genau solche, von denen ich laut geträumt hatte! Seine Zunge tanzte und lockte, und ich glitt aus der Trance des Schlafes hinüber in einen Rausch der Lust.

Ich konnte mich nicht wehren, wie ich es sonst tat, wenn mein Geliebter meine Vulva leckte, ich musste ihn gewähren lassen, in der Nacht, in mir. Als er bemerkte, dass ich wach war und mein Stöhnen den Raum erfüllte, schob er sich an meine Seite.

›Ich will dir guttun ... ohne dass du mich davon abhältst‹, raunte er, seine Stimme heiser vor Lust. Bittersüße Qual, als er seine Finger hinzunahm, ich mich seiner Hand, seiner samtigen Zunge entgegenbäumte.

›Ist das gut so ... willst du es fester ... darf ich das noch mal machen?‹

Er fragte und verführte, mal langsam und zart, mal hart und schnell. Die Vielfältigkeit seiner Variation machte mich rasend. Mein Körper schrie ja, ich flüsterte meine Worte in wollüstigem Chaos heraus. Ihm ausgeliefert zu sein, ließ etwas in mir hervorschnellen, ein wildes Tier, das schamlose Dinge erbat.

Doch er ließ sich Zeit, hörte auf die Reaktion und Schwingung meines Körpers. Dann ging er in einen steten Rhythmus über, und ich spürte, würde er so weitermachen, triebe er mich auf den Gipfel. Ich spannte meinen Po an, drückte mich ihm entgegen, o bitte, mach weiter, hör nicht auf ... und in die erste Welle hinein rückte er nach oben, beließ seinen Daumen auf meinem Zauberpunkt, nahm seinen Schwanz, dirigierte ihn an meine Muschi und stieß zu, tiefer, immer wieder.

Und genau das hatte ich mir gewünscht: Gefesselt und geleckt und geliebt zu werden, und zwar so lange, bis ich komme, in aller Zeit der Welt, und dass er nur daran denkt, mir gutzutun. Er hat es getan.

Wunschlos glücklich? Glücklich – ja. Wunschlos: Nein. Ich werde mich bald wieder trauen.«

C., 41: »Was ich wollte? Fremde Augen, die mich beobachten. Und einen fremden Mann, der mich unter fremden Augen berührt. Und das, ohne fremdzugehen. Ich stellte mir vor ...

... Seine Augen fliehen von der Straße in den Rückspiegel. Es gefällt ihm, was er sieht. Er kann nicht wegschauen. Er ist Taxifahrer, und ich sehe nur seine Augen im Rückspiegel. Graue Augen. Und ich sehe seinen Nacken. Ein leicht ausrasierter Nacken, ein Hauch von Rasierwasser steigt mir in die Nase. Wie von selbst öffnen sich meine Schenkel, nur ein wenig, einen kostbaren Millimeter.

Er ist das Publikum. Für mich. Uns.

Ich und der Mann auf dem Rücksitz. Ich kenne diesen Mann, der neben mir sitzt, wir gehören zueinander. Doch für einen Moment wünschte ich, er wäre ein Fremder, dessen Finger zart den Rock hochschieben. Außer Sicht des Chauffeurs. Der vielleicht spürt, was hinter ihm passiert, aber nicht alles sehen kann. Die Dunkelheit der Nacht legt sich wie ein milder Mantel sanft von außen an die Scheiben. Meine weiße Haut auf dem schwarzen Ledersitz. Der Ansatz eines halterlosen Strumpfes, der sichtbar wird. Ich greife nach dieser Hand, die mein Delta erobern will; zart nehme ich sie in meine Finger. Massiere den Daumen. Sehe meinem Begleiter tief in die Augen, während sich mein Mund warm und feucht über seine Kuppe stülpt und ich meine Zungenspitze um seinen Daumen wandern lasse.

Ich weiß, an was er jetzt denkt. Wo er sich meine Lippen stattdessen wünscht. Doch er kann den Berührungen an seiner Hand nicht entgehen, denn dort sitzen jene geheimen, erotischen Akupressurpunkte, deren Liebkosung ihm direkt zwischen die Beine fährt. An seinem Daumenballen. Zwischen den Fingern, die ich mit meiner Zunge bespiele. Jeden einzelnen feuchte ich an und führe dann seine Hand langsam, ganz langsam zwischen meine blanken Schenkel. Genau dorthin, wo ein Hauch Haut zu sehen ist. Und schlage den Saum meines Mantels darüber.

Die grauen Augen suchen meinen Blick. Ich weiche ihnen

nicht aus, als ich meine Hüfte unmerklich anhebe und mich dem feuchten Spiel der Finger entgegendrücke. Meinem Begleiter den Hals darbiete, damit er mich beißen kann. Nein, wir werden nicht zu weit gehen. Und doch. Ich wünschte, wir täten es. Das Wissen darum, dass wir nicht allein sind, lässt mich fast laut aufseufzen. Als hätte es unser Chauffeur gespürt, dreht er die Musik lauter. Ich atme heftiger. Unter dem Mantelsaum greifen meine Hände fest nach dem Oberschenkel meines Begleiters. Ich flüstere ihm Worte, Sätze ins Ohr. Dass ich ihn ficken will. Dass ich ihn langsam zum Kommen bringen will. Dass ich ihn in meiner Muschi haben will. Dass ich weiß, wie er aussieht, wenn er kommt. Immer wieder zwei Worte. Die Nacht rauscht vorbei. Seine Finger erobern den Slip. Seine Finger gleiten zwischen meine Vulva. Ich bin nass, ganz cremig nass. Ich würde es am liebsten sofort tun. Dann bremst das Taxi sanft ab. Wir sind da.

Wieder sehe ich kurz in die Augen des Chauffeurs. Ich weiß, er wird mich nicht vergessen.«

S., 34: »Ich hatte Angst, dass es schiefgeht. Solche Angst! Aber ich dachte mir ... wenn ich es nicht versuche, werde ich es bereuen, nicht zu wissen, was alles hätte passieren können.

Das, womit ich mich nicht zurückhalten wollte, hatte ich in einem Spielfilm gesehen: *Das Mädchen Rosmarie*. Sie betrat ein Hotel und ging bis zu einem Tisch voller Männer. Dort löste sie den Gürtel ihres Trenchcoats. Darunter trug sie nichts als das Kleid ihrer nackten Haut. Das! Genau das wollte ich auch können.

Im vergangenen Sommer wagte ich erst mal eine Mutprobe. Diese Wickelkleider waren gerade in, ob aus Seidengemisch, Wolle oder anderen Stoffen. An einem warmen Tag ließ ich die Unterwäsche weg. Ging so durch die Stadt. Der

Stoff rieb über meine Brust, verfing sich an meinem Venushügel, die Luft kitzelte an meiner Vulva.

Dieses Gefühl, nur durch das Lösen des Gürtels nackt dazustehen, war unglaublich. Zu Hause, beim Einkaufen und später, als mein Mann nach Hause kam. Ich drückte mich an ihn und griff nach seinen Händen, legte sie fest auf meinen Po. Seine Finger wussten vor seinem Verstand, dass ich nichts unter dem Kleid trug, und fuhren bedächtig an den frei schwingenden Rundungen auf und ab.

›Warst du etwa so draußen?‹, raunte er, und ich kam mir vor wie eine entdeckte Femme fatale. Dass ich überhaupt eine Femme fatale war, war das entzückend Schockierende. Aber ich fühlte mich so. Auch wenn es vielleicht andere lächerlich finden, pff, nackt unterm Wickelkleid, na und? Ich fand es berauschend.

Unser zweiter Hochzeitstag schien mir ein geeigneter Anlass, und ich dachte, ein Zimmer in einem Hotel sei das Richtige, um meinem Rosmarie-Traum näher zu kommen. Wir verabredeten uns dort. Er sollte auf dem Zimmer warten. Ich trug einen knielangen, hellen Mantel, bis zum Hals zugeknöpft. Ganz durchsichtige halterlose Strümpfe. Hohe Pumps. Er ahnte nichts.

Im Wagen wurde ich immer aufgeregter. Nackt unter dem Mantel! Was ist, wenn mir im Hotel jemand den Mantel abnehmen wollte? Oder was wäre, wenn … wenn mein Mann lachen würde. Im Hotelaufzug, der leer war, begann ich, den Mantel aufzuknöpfen. Feuchte Hände. Schutzlos sein. Und dennoch, ich wurde feucht. Niemand war auf dem Flur. Nur noch der Gürtel hielt den Mantel in der Mitte zu. Ich klopfte. Als er öffnete, löste ich den Gürtel. Hielt den Mantel weit auf. Zählte innerlich bis fünf. Und band ihn wieder zu.

Das Gesicht meines Mannes werde ich nie vergessen.

Überraschung. Bewunderung. Lust. Ja, auch ein Lächeln, aber keines der Lächerlichkeit.

›Du bist ... unmöglich. Und wunderbar. Komm ...‹, sagte er und zog mich in das Zimmer.

›Darf ich dir den Mantel abnehmen?‹, fragte er, aber ich bat ihn, erst einen Kaffee in der Bar zu trinken ... und ich blieb so. Nackt unter dem Mantel. Es war ein schneller Kaffee. Dann schaffte er mich rasch wieder ins Zimmer und liebte mich auf dem weichen Teppich.«

C., 45: »Ein One-Night-Stand. Das wollte ich. Einen Fremden, der auf mich zukommt, sagt, ›komm‹, und ich gehe mit ihm.

Eine Bar, ein Theaterfoyer, die Sauna; ohne viele Worte bugsiert der Fremde mich von der Menge weg in eine Gasse, drückt mich gegen die Wand; oder bedeutet mir, ihm zu folgen. In einem finsteren Hausflur versenkt er sein Gesicht zwischen meinen Schenkeln, wir gehen als Fremde auseinander, er nimmt meinen Duft mit sich ... Ich träumte schon immer von dem Unbekannten, dem Seitensprung mit einer Zufallsbekanntschaft und der Lust auf all das, was vielleicht ein wenig ›verboten‹ ist.

Genau deswegen war ich an jenem Samstagabend dort, in der Pianobar eines edlen Hotels. Schwere Sessel aus cognacfarbenem Leder, die Wände reich getäfelt mit schimmerndem Holz – eine Höhle der Nacht. Ich sitze allein am Tresen und trinke einen roten Cocktail, die warme Farbe passt zu meinem Kleid. Annäherungsversuche ignoriere ich, bis ein Mann herein tritt, der mich elektrisiert. Die Kantigkeit seines Gesichtes, das Grübchen im Kinn, die Intensität seiner Augen, die an mir auf und ab gleiten wie gebieterische Hände. Er setzt sich auf die andere Seite des Tresens. Ein Feuerwerk an Blicken entlädt sich zwischen uns, bis er dem Barkeeper bedeutet, mein nächster Longdrink geht auf ihn. Ich sehe ihm an, dass ihm gefällt, was er sieht. Dann lasse ich meine Augen sprechen: Komm her. Wenige Sekunden später ist er an meiner Seite, wir reden immer noch nicht, in unseren Blicken ein Einverständnis. Er fragt nicht, woher ich komme oder wer ich bin. Leise macht er mir Komplimente. Ich kann ihn riechen, ein würziges, ledriges Parfüm.

›Ich will mit Ihnen schlafen. Jetzt.‹

Diese wenigen Worte betören mich zutiefst. Er zahlt und befiehlt: ›Komm.‹ Er hat sich mich ausgesucht, ich gehe einfach mit. Auf sein Hotelzimmer. Schon im Aufzug küssen wir uns. Mit der süßen Schärfe der Fremdheit. In seinem Zimmer drückt er mich gegen die Tür, erobert meine Haut mit seinen hungrigen Küssen, seinen wissenden Fingern. Ich trage nur noch BH und Rock, die Strumpfhose hat er mit einem Griff zerrissen, ich bin nackt darunter. Er weiß, wie er mich berühren muss, und dirigiert mich zum Bett, lässt mich hinknien. Er steht hinter mir, einen Fuß auf der Kante, und die Hast fällt von ihm ab. Er liebkost mich, bis seine Finger vor Feuchte glänzen, erst dann kommt er näher, dichter, drängt sich hinein. Ich genieße den wilden Rausch, mich einem völlig Fremden hinzugeben …

Später bringt mir der Mann ein Glas Wasser.

›Schöne Fremde, lass uns heiraten‹, schlägt er vor.

›Schon geschehen‹, schmunzele ich und hoffe schon auf den nächsten One-Night-Stand – mit meinem eigenen Mann, der für mich den Unbekannten spielt.«

D., 43: »Es ist bald Sommer, und plötzlich geht's. Alles. Luft wie Samt und Seide, die Moorseen schimmernd, und mein Mann kommt mir wie eine Versuchung vor. Urlaub, er trägt

Dreitagebart und dieses weiße Hemd. Ein Knopf zu weit auf, die Ärmel hochgekrempelt. Ich liebe diese Unterarme. Die Muskeln, die Sehnen, und ich liebe diese Stelle, an der sein Hals an die Schlüsselbeine anschließt. Ich will. Ich will ihn. Ich will mehr.

Ich will, dass er mich unterwirft.

Ich greife nach ihm.

›Die Glut ist gut‹, sagt er, er beugt sich über den Grill.

Ja. Die Glut. Ich sehe mich einen Schluck von der Limonade trinken, die ich mit Pastis und Grenadine vermischt habe. Ich reiche ihm das Glas … Seine Gürtelschnalle ist dann rasch geöffnet. Das metallische Klicken lässt mich an das denken, was ich mir von ihm wünsche. Fessele mich. Nimm mich. Drinnen, im kühlen Haus, während draußen die Nachmittagssonne brennt. Ich ziehe den Gürtel aus seiner Hose, er lässt mich gewähren. Dann falte ich den Gürtel in der Mitte, drücke ihn zusammen und ziehe die übereinandergelegten Enden heftig auseinander. Leder knallt auf Leder. Peitschenhiebe der Phantasie. Ich lege meine Handgelenke auf den Rücken, wickele seinen Ledergürtel um meine Arme und drehe mich um. Beuge mich nur ein wenig vor. Gerade so weit, dass der Saum des federleichten Sommerkleids nur noch den Po bedeckt. Verschnürte Hände, direkt über dem Po.

›Diese Glut ist auch so weit‹, denke ich, aber stattdessen sage ich: ›Komm schon.‹

Er kann nicht anders, als auf dieses unmoralische Angebot einzugehen. Mit einem Schritt ist er da, greift nach dem Gürtel, der meine Hände umschließt wie ein sperriges Seil.

›Mach mit mir, was du willst‹, verspreche ich, aber dirigiere ihn dorthin, wohin ich will. Hinein, ins Haus, die halb heruntergelassenen Jalousetten lassen den Raum dunkler wirken. Ich blinzele, kann nicht sehen, nur fühlen. Wie er mir den Ledergürtel abnimmt. Den Reißverschluss des Kleides öffnet. Den Gürtel um meine Brust, meine Schultern legt. Verschließt. Mich vor sich hertreibt, mit Küssen und süßen Worten, sein Atem in meinem Nacken. Im Schlafzimmer, wir verstecken uns in den Schatten, während er meinen Körper so auf das Bett biegt, wie er es möchte. Ich spüre, wie er irgendwann den Gürtel um meine Taille fesselt.

›Beweg dich nicht …‹, raunt er, und während ich auf dem Bett knie, liebkost er meine Vulva, um mich bereit zu machen. Er tut es mit der ganzen Hand, er hat sie im Griff. Als er endlich eindringt, spüre ich das Leder um die Taille. Er zieht mich an dem Gürtel zu sich heran. Erst langsam. Dann immer schneller. Er reitet mich, und sein Gürtel ist der Zügel.

Es ist Sommer. Plötzlich ist alles möglich.«

K., 29: »Mit 18 … war ich unschuldig. Ich wusste nichts von dem, was Männer wollen. Oder von dem, was ich will. Ich hatte mir schon als Teenager gewünscht, einen Liebeslehrer zu haben. Natürlich bekam ich ihn nicht. Der Wunsch blieb.

Ich verriet ihn nur einem Mann. Es war ein Fremder, er wollte mit mir schlafen, und ich sagte ja, doch bitte, nur auf diese Art – als Liebeslehrer.

Er sah mich lange an.

›Ja‹, sagte er.

Ich stellte mir vor, wie es wäre, unberührt zu sein, aber hungrig nach Lust. Er nahm mich in seine Arme, er trug mich zu dem Bett, ich sah ihm an, wie er sich sammelte, um sich vorzustellen, ein Liebeslehrer zu sein.

Er zog mich aus, ich spürte seine Finger auf meiner Haut, seine Zunge, die über jede Stelle leckte, seinen Atem, wie er die nasse Haut einsaugte. Kühle Schauer. Ich verlor mich in meiner Rolle, drückte die Beine zusammen, zwischen Scham und Neugier, genoss, wie er meinen Venushügel behauchte, wie er ihn mit allen zehn Fingern massierte, Feuchte aus seinem Mund auf sie rollen ließ.

Er zog sich vor meinen Augen aus, befahl: ›Sieh mich an.‹ Dann griff er nach meinen Händen und legte sie an seine Lenden. Seine Erektion wippte. Ich wartete ab. Bis er meine Finger führte und mich unterwies, wie er noch härter wurde. Er zeigte mir Stellen, von denen ich nicht ahnte, wie sehr es ihm gefiel – bis er in höchster Erregung nach meinen Fingern griff.

›Du bist eine zu gute Schülerin‹, keuchte er.

Wieder legte er mich aufs Bett und begann einen Singsang von Wörtern.

›Ich werde dich erst nehmen, wenn du es willst ... wenn du bereit bist, dich ficken zu lassen ... wenn du in Flammen stehst, weil ich dich küsse, wo du es brauchst, weil ich dich beiße, wie ich es will ...‹

Ich ließ mich treiben, musste nichts tun, nur wehren und nachgeben, wehren und nachgeben. Schweiß zwischen uns, ich vernahm seine heiseren Befehle, ihn alles machen zu lassen, kneten, klapsen, küssen, meine Brüste darzubieten, damit er sich an ihnen reibt. Er war Diener meiner Lust und machte mich zur Dienerin der seinen. Ich zerfloss, gab mich seiner Führung hin. Und öffnete schließlich meine Beine, bot mich dar, damit er endlich das tun konnte, was er wollte.

›Lass mich dich nehmen ...‹, sagte er, und ich ließ ihn. Ließ ihn. Ließ ihn.

Wir sahen uns nie wieder.«

S., 37: »Alles war bereit. Überall Kerzen, weiße, dicke Stumpen, die auf silbernen Tabletts standen, in Schalen mit geschwungenen Ornamenten. Ihr flackerndes Licht übergoss den stabilen, ovalen Eichentisch, das Holz glänzte. Fast konnte ich mich in ihm sehen. An diesem Abend würde ich die Hure sein. Eine Liebesdienerin. Liebende Hure? Die Jalousien waren heruntergelassen, vor dem Fenster verhinderten Läden, dass ein Lichtstrahl nach draußen drang. Ich schritt zu dem Spiegel und strich meine Kurven entlang. Das schwarze Korsett, das knapp über dem Schoß endete. Kein Slip. Nur wenige Fingerbreit unter meinem Schoß begann das Leder der Stiefel. Nuttig, aber schön fand ich mich.

In einer Schale lagen rote Früchte. Aufgeschnittene Passionsfrüchte. Trauben, Datteln, Feigen, Mangoscheiben, lutschbereite Orangenstücke. Aus den Boxen klangen leise, weiche Töne, ›Principles of lust‹, sang die rauchige Stimme. Die Prinzipien der Lust. Ich hatte den Mann, der es wert war, für ihn die liebende Hure im nuttigen Outfit zu sein, in einem Brief vorgewarnt. Er hatte geantwortet, dass er kommen würde, dass er auf sich selbst gespannt sei, dass es ihn rührte, berührte, geil machte, dass wir beide sehen würden, wohin es uns trieb und wie.

Eine einzelne Kerze würde im dunklen Flur auf ihn warten. Neben einem Glas Sekt. Wenn er hereinkäme, läge ich auf dem Tisch. Jeden Wunsch dürfe er äußern. Darum hatte ich gebeten. Sobald er ihn aussprach und die Kerze auspustete, würde es beginnen ...

Er kam herein. Sein Gesicht übergossen mit Liebe. Lust. Neugier. Er kam mit der Kerze in der Hand auf mich zu.

›Bleib so‹, flüsterte er. ›Lass dich ansehen. Spreiz die Beine‹, befahl er.

Ich folgte seinem Willen. Wie er um den Tisch herumging, mich berührte. Mit den Fingern. Seinen Lippen. Und dann legte er mir etwas Warmes, Lebendiges in die Hand.

›Dreh dich um. Komm näher‹, sagte er und pustete die Kerze aus.

Ich drehte mich auf dem Tisch auf den Bauch und schob

mich an die Kante. Meine geöffneten Lippen schlossen sich um seine bebende Erektion. Er griff sanft nach meinem Kopf und stieß langsam aus der Hüfte zu, immer wieder. Bis er mir bedeutete, mich an die Kante des Tisches zu setzen. Er auf einem Stuhl vor mich und zwischen meine Beine. Bewundernd strich er mit seinem harten Schwanz über die Stiefel, das Korsett, öffnete es.

Leckte mich. Richtete sich wieder auf, sagte mir, was er von mir hören wollte. Ich sagte es. Er leckte mich weiter.

Danach wandte er mich auf dem Tisch in jede Stellung, in die er wollte, und dann fickte er mich, in Liebe, und dann, wie ich es wünschte, selbstvergessen.«

J., 42: »Nichts tun. Nur fühlen. Die bittersüße Mischung aus Hilflosigkeit, Hingabe und Lust – genau das wollte ich. Ich wusste, er ist ein Mann, der die Liebe liebt und die Varianten noch mehr. Er war mein Liebhaber. Er spielte gern.

An dem Abend reichte ich ihm die Augenbinde.

›Mach mit mir, was du willst …‹, bat ich.

Dunkelheit umfing mich. Ich stand mitten im Raum und konnte seine Präsenz spüren, doch nicht ihn. Ich zuckte, als sich seine Hände von unten gegen meine nackten Beine legten und aufwärts strebten. Er zog mir den Slip aus, den Rock ließ er mir. Als Nächstes hörte ich, wie er seinen Gürtel öffnete, den Reißverschluss – allein diese kleinen Geräusche erregten mich. Warm umschlangen mich seine Hände von hinten, legten sich um meinen Hals.

›Beug dich vor …‹, befahl er und half mir, mich gegen etwas zu stützen – ich ertastete die Form des Glastisches. Er öffnete von hinten meine Bluse, meine Brüste glitten wie Früchte in die Wölbung seines Fingernestes. Ich spürte, wie er seine Lenden an meinen Po drückte, den Rock öffnete.

›Bleib so‹, verlangte er.

Vornübergebeugt, erwartete ich seine nächste Anweisung.

›Stell die Beine auseinander‹, raunte er, und ich tat es.

Er spielte mit mir mit seinen Fingern, ich spürte seine Eichel, die er an mich drückte, aber nicht hinein. Wenn ich mich bewegte, hielt er inne. Ich hielt still, er machte weiter. Reizte mich. Lange. Langsam. Meine Beine begannen zu zittern. Er nahm mich bei der Hand.

›Komm‹, sagte er, und sacht führte er mich fort, unsicher waren meine Schritte, feucht mein Geschlecht. Er drückte mich herunter, bis ich auf etwas saß. Das Bett? Wo war ich überhaupt?

›Heb deinen Kopf‹, befahl er, ›und öffne deine Lippen. Beide …‹

Mein Mund geöffnet, meine Schenkel ebenso, er führte meine Hände, bis sie auf meiner Vulva lagen und sie spreizten.

›Ich sehe dich an …‹, keuchte er, ›du bist so sexy, du bist unglaublich …‹

Bilder meines eigenen Anblicks, die schwarze Augenbinde, die geöffnete weiße Bluse, nackt, der Mund geöffnet, die Beine auch, die Vulva auch, alles rot, hochrot, er sah mich, ich nicht ihn, ich begann, mich zu streicheln … Wärme flutete meinen Schoß, und ich spürte, wie er etwas gegen meinen Mund presste – es schmeckte süß und scharf, es mochte Cognac sein … meine Zunge ertastete seinen Daumen, dann seinen Mund, der mich küsste. Seine Erektion rutschte zwischen mein zweites Lippenpaar, doch ohne einzutauchen, nur auf und ab. Auf und ab. Ich rieb mich. Ich hörte ihn meinen Namen flüstern.

Bis er forderte: ›Leg dich zurück. Arme und Beine auseinander.‹

Sein Daumen kreiste auf meiner Klitoris, während er mich langsam vögelte. Als ich kam, schob er die Binde beiseite und sah mir in die Augen. Ich sah mich in ihnen und sah, wie ich kam, und es war, als hätte ich mich endlich wirklich gesehen. Ich sah mein weites Land.«